중국인의 일상세계
—문화인류학적 해석

석학人文강좌 24

중국인의 일상세계
─문화인류학적 해석

초판 1쇄 인쇄 2017년 12월 15일
초판 1쇄 발행 2017년 12월 20일
지은이 김광억
펴낸이 이방원
편 집 윤원진·김명희·이윤석·안효희·강윤경·홍순용
디자인 전계숙·손경화
마케팅 최성수
펴낸곳 세창출판사
출판신고 1990년 10월 8일 제300-1990-63호
주소 03735 서울시 서대문구 경기대로 88 냉천빌딩 4층
전화 723-8660
팩스 720-4579
이메일 edit@sechangpub.co.kr
홈페이지 http://www.sechangpub.co.kr

ISBN 978-89-8411-725-9   04300
          978-89-8411-350-3(세트)

이 도서의 국립중앙도서관 출판시도서목록(CIP)은 서지정보유통지원시스템 홈페이지(http://seoji.nl.go.kr)와
국가자료공동목록시스템(http://www.nl.go.kr/kolisnet)에서 이용하실 수 있습니다. (CIP제어번호: CIP2017033421)

석학
人文
강좌
24

중국인의 일상세계
─문화인류학적 해석

김광억 지음

세창출판사

이 강좌는 얼마 지나면 흔적도 없이 사라지는 시간의 무상함을 넘어서 깊고 유장한 인간의 내면을 파고드는 인문학적 성찰에 익숙한 사람에게는 어쩌면 실망스러운 것이 될지도 모른다. 나는 여기서 현실, 즉 눈앞에 실천되는 사상(事象)의 해석적 재현을 인류학이라는 방법론적 시각을 통하여 이야기 형식으로 시도한다. 인류학이란 인문학과 사회과학 그리고 자연과학에 걸친 통합과학적인 학문인데 그 궁극적인 키워드는 인간과 문화이다. 말하자면 인류학자는 문화적 존재로서의 인간을 핵심단어로 삼아 인간이 만들고 또한 스스로 영향을 받으면서 부단히 역동적인 관계를 만들고 있는 문화의 개념을 가지고 삶의 현실, 즉 정치적·경제적·사회적 삶의 모습의 연원과 과정 그리고 그것들이 우리에게 주는 의미들을 밝혀내려 한다.

이 강좌의 주제를 "중국인의 이해"로 삼은 까닭은 내가 그나마 조금은 자신감을 가지고 여러분에게 이야기할 수 있는 주제라고 여겼기 때문이다. '대한민국'의 국적을 가진 사람으로서 나는 1990년이 되기까지 중국 대륙에 들어갈 수가 없었으므로 오랫동안 문헌자료의 섭렵과 대만이나 홍콩과 같은 '주변적' 지역사회의 방문, 그리고 화교에 대한 관찰에 의한 '중국연구'에 머물러 있을 수밖에 없었다. 1990년 5월에 비로소 조사를 목적으로 한 체류를 허용받고 지금까지 매년 일 년에 3-4개월씩 중국 대륙의 농촌에서 '현지 조사'를 해 오고 있다. 나의 강좌는 어떤 이론의 천착보다 그러한 경험의 조각들을 꿰어 이야기를 늘어놓는다는 성격이 더 강하다. 즉 내가 중국인들과 일상생활 속에서 함께 지내면서 보고 듣고 경험한 것을 이제 독자들과 일상적인 차원에서 이야기로 나누려는 것이다. 인류학자들이 즐겨 사용하고 또한 다른 학문분과에 비하여 일종의 자부심을 갖는 이 방법은 단순히 이야기를 하는 것이 아니라 우리에게 익숙한 많은 일상의 파편들이 하나의 이야기가 되도록 맥락을 부여하는 것이다.

문화의 정치학

이 강의에서 나는 현대 중국인의 일상세계를 국가와 사회의 관계 및 문화의 정치학이라는 두 맥락을 하나의 논의체계로 결합하여 살펴보려 한다. 우리는 흔히 일상세계나 문화를 아주 자연스럽고 자동적이며 자율적으로 진행되는 것인 양 취급하는 데에 익숙해 있다. 일상생활이 관행이나 전통에 따라 자동적으로 이루어진다고 여겨서 그것들에 대해 민속학적으로 설명하는 나머지 우리는 곧잘 두 가지 핵심적인 요소를 간과하게 된다. 즉 생활의 주체인 사람과 그 사람으로 하여금 특정 양식의 생활을 실천하는 데 영향력을 행사하는 권력의 실체를 잊어버리기 쉽다. 전통과 관행과 관습은 개인에게 일정한 구속력을 행사하지만 동시에 현재 그 사회를 구성하고 있는 사람들에 의하여 선택되고 실천되는 것이다. 그리고 일상의 세계는 생각이나 가치관이나 생활에 부여하는 의미가 각각 다른 이질적인 사람들로 구성되는 것이다. 그 일상의 세계는 또한 공공의 법과 제도와 규율과 이념을 생산하고 구사하는 국가에 의하여 규정되고 국가 안에서 의미를 갖는다.

국가는 사람의 본성이 서로에게 이리(狼)처럼 이기적이고 폭력적이라는 홉스적인 상상을 부과함으로써 이성과 합리성 공공의 이익과 도덕으로 이루어진 완벽한 공동체를 위하여 법과 공권력과 이념으로 개인을 관리하고 계도하고 상과 벌을 주면서 우리로 하여금 국가의 이상적인 운용을 위한 기능적 부속품으로 존재할 것을 요구한다. 이에 대하여 개인의 모임인 사회는 구성원들의 이익을 추구하는 성향을 가지고 있으므로 때로 국가의 제도적 장치와 대립하고 갈등을 일으키기도 한다. 국가와 사회 사이의 이러한 대립과 갈등 그리고 경쟁은 국가의 입장에서는 부정적으로 보지만 다른 한편으로는 사회의 민주화와 시민권의 확보를 향한 움직임이라는 평가를 받을 수 있다. 그런데 우리가 자세히 들여다보면 국가와 사회는 경쟁을 하면서 때로는 협력을 하며 심지어는 공모를 한다는 사실을 쉽게 발견할 수 있다. 심지어 불법, 비정규, 탈법, 부패, 그리고 백성의 어리석음과 무절제와 무질서, 비도덕성 등은 개인의 소질 때문만이 아니라 국가에서 조장하거나 묵인하며 더 적극적으로는 특정 세력 집단과 함께 공모함으로써 일어나는 현상이기도 하다.

그러므로 국가와 사회 사이에 실천되고 있는 역동적인 공존양식과 은폐된 공모를 간파해야 한다. 문화는 그러한 다양한 힘들 사이의 경쟁, 지배, 타협, 공모 등의 과정 속에서 의미와 실천의 기능을 갖는다. 중국인의 생활세계를 문화실천의 장으로 인식해 나가는 과정은 궁극적으로는 우리를 자신에 대한 성찰적 발견으로 이끌어 줄 것으로 기대한다. 곧 이 강의는 중국을 살펴보는 것이지만 결과적으로는 우리의 자신과 세계를 비교학적인 맥락에서 검토하는 하나의 색다른 시도이기도 하다.

모더니티 이론의 대안적 시각

현대 중국을 연구하는 서구 학자와 서구적 훈련을 받은 동양의 학자들은 모더니티를 중국의 시대적 구분에 적용하는 데 익숙해 있다. 시대구분뿐만 아니라 모더니티가 중국에 수용되는 또는 정착하는 과정에 대한 논의도 많다. 주로 청말(淸末) 시기의 경험을 논의하는 것이 가장 많고 심지어는 명대(明代)에 중국과 서양의 만남의 기록에도 눈을 돌린다. 오늘날 개혁개방 시대의 중국에 대한 접근에 이 모더니티 이론이 가장 주도적인 지위를 차지하고 있다. 소위 중국 고유의 ―이 말 자체가 논란거리이지만― 제도와 삶의 양식에 변화가 일어나는 것을 모더니티의 징후로 보는 관점에서 대개는 서구로부터 기독교와 과학기술의 유입에 초점을 맞추어 설명하는 경향이다. 그러나 이는 자칫 그 이전에는 오직 중국적인 것만이 있었다는 논리를 전제하게 되는데 사실 무엇을 중국 고유의 것이라 하며 어느 시기를 중국 고유의 것이 존재하는 시기로 보는가에 대한 질문을 야기한다.

그러나 중국에서 모더니티를 논한다는 것은 그리 쉽지 않다. 중국이라는 나라 자체가 오랜 역사를 통하여 판도와 구성이 끊임없이 변하여 왔기 때문이다. 제도와 사상과 구성원의 민족적, 종족적 성분도 시대에 따라 달랐으므로 무엇을 중국이라고 할 것인가가 처음부터 문젯거리가 된다. 누구를 중국의 구성원이라고 할 것인가도 시대와 관점에 따라 다르다. 장구한 중국의 역사가 곧 다양한 문명과 문화의 혼합 과정의 역사이다.

또한 중국은 동시대 지역적 다양성이 있으며 지역에 따라서 소위 모더니티의 실현 정도와 전개양상이 다양하다. 그리고 이러한 다양한 이질성의 혼합과 공존은 언제나 있어 온 것이다. 이러한 문화사 혹은 문명사는 사실 국가의 역사가 오래된 한국에 대해서도 적용할 수 있을 것이다. 도대체 모더니티, 포스트모더니티의 구분이 전국적 차원에서 가능하다고 할 수 있는가? 어쩌면 서구적인 것이 들어오기 이전에 동양적인 모더니티는 있어 왔던 것이 아닐까? 소위 아시아적 가치론을 아시아적 모더니티 논의로 확대할 수 있을 것이다. 나의 이 말은 역오리엔탈리즘을 옹호하려는 뜻은 아니다. 다만 서구적 모더니티 개념을 가지고 그리고 어느 날 갑자기 서구와의 접촉이 있었던 순간부터 비로소 동양은 특히 중국은 모더니티라는 단어를 처음으로 음미하게 된 듯이 취급하는 접근 자세의 오류를 경고하기 위함이다.

이 책은 국가로서의 중국을 논하는 대신에 한족(漢族)과 그들의 민족문화로 대표되는 사회에 초점을 맞춘다. 강좌는 다섯 차례에 걸쳐서 진행되었으나 책으로 출판함에는 7장으로 다시 나누었다.

1장에서는 특히 종래의 시간과 공간의 틀을 초월한 사변적이고 지식 엘리트 중심의 인문학적 접근의 한계와, 역사적 기억과 감정 및 이념에 대한 인간의 주체성(human agency)을 망각하고 제도와 구조에 구속되는 인간을 상정하는 사회과학적 접근의 한계를 동시에 살펴본다. 이로부터 인간에 의하여 실천되고 있는 삶의 현실을 이해하기 위하여 인문학과 사회과학의 결합을 시도하고, 일상세계에 대한 중층적 기술(thick description)을 통한 새로운 방법론적 시각으로 중국과 중국인을 이해할 것을 제안한다.

2장에서는 일상의 세계에서 사람들은 역사적 인식과 자기 영역의 공간에 대한 인식을 바탕으로 행위와 생활을 영위한다는 점을 살핀다. 권력, 정치제도, 경제체제 등에 의거한 국민 관찰을 벗어난 이 접근법은 한국의 인류학적 연구에서도 그리 익숙한 방법은 아니다. 그러나 나는 사람들이 눈앞의 경제적 이익과 권력에 대하여 행하는 냉정한 합리적 계산 외에 과거로부터 내려오는 경험과 기억, 그리고 자신과 자신의 세계를 스스로 규정짓는 관념과 생각의 틀을 함께 봐야 한다고 믿는다. 중국인의 시간, 공간, 중국과 세계에 대한 인식의 특징을 파악할 필요가 있다.

3장에서는 중국이 그 구성 민족의 이질성, 문화의 다양성, 역사의 복합성, 인구와 영토의 거대함 등으로 이루어진 하나의 상상의 공동체라는 점에 주목한다. 이 상상에 정당성을 부여하고 사실적 후광을 확보하기 위하여 그들은 중화(中華)라는 독특한 이념체계를 만들어 낸다. 그것은 중국문명론, 천하론, 조공체계를 기반으로 한 세계관 등으로 나타나기도 한다. 따라서 여기서는 한족과 비한족의 관계와 접촉, 이웃하는 동아시아의 나라와 민족들에 대한 인식의 틀을 살펴본다. 또한 대중적 애국주의와 대국주의 혹은 제국의 부흥이라는 상상의 형상화를 위한 국가 주도하의 다양한 문화 프로젝트의 진행을 검토한다.

4장에서는 중국인의 사회생활의 기층구조와 사적(私的) 관계의 문화적 바탕으로서 가(家)와 족(族)의 구성 원리와 현대 사회주의 국가체제하에서의 그 실천양상을 분석한다. 그리고 이것이 국가와 어떤 경쟁과 타협의 정치적 관계를 만들어 오고 있는가를 살펴봄으로써 일상의 차원에서 국가권력과 인민의 문화적 자원이 어떤 역동적인 공간을 형성하는가를 이해한다.

5장에서는 중국인의 감정과 도덕체계, 가치관 및 인간관의 특징을 이해한다. 이를 위하여 현재 그들의 일상생활 속에 실천되고 있는 유교, 도교, 불교 및 민간신앙의 전통을 분석한다. 즉 경전에 대한 학문적 해석을 둘러싼 지식 엘리트 사이의 논쟁 대신에 보통 사람들이 생활에 적용하는 그들의 이해를 살펴보는 것이다. 이를 통하여 한중 사이에 문명의 공유에도 불구하고 존재하는 문화적 공통성과 차이에 대한 이해의 폭을 넓힐 것이다.

6장에서는 이 강좌에 특별히 초청된 몇 분의 토론자들과 가진 총괄적인 평론과 이에 대한 나의 변명을 문답의 형식으로 정리하였다. 그 내용은 강의 내용의 불충분한 부분을 보충하고 잘못되거나 오해의 여지가 있는 점을 지적함으로써 보다 분명하게 설명을 하도록 이끌고 나의 강좌로부터 더 깊게 연구할 아이디어와 주제들을 끌어내는 것들이다. 나는 이들의 생산적인 평론을 드러냄으로써 오히려 이 강의가 더욱 충실한 이야기의 장이 되기를 기대한다. 그리고 그것은 필자로서 지켜야 할 도덕적 의무이기도 하다.

7장에서는 간단히 우리가 중국을 심층 이해하기 위한 몇 가지 제언을 한다. 강좌 전편을 관류하는 관심은 중국을 중심으로 전개하여 온 문명론과 (동)아시아론을 재고할 뿐만 아니라, 중국의 현재적 역동성의 관찰로부터 우리가 겪고 있는 격렬한 초국적 문화 교류와 접촉 그리고 급진적인 다문화 사회로의 진행을 바탕으로 삼아 우리가 정면으로 부닥쳐야 할 민족(주의) 및 국가의 상에 대한 논의를 위하여 인문학적 사유와 사회과학적 방법론의 세련된 결합을 추구하는 것이다.

이 글은 2012년에 행한 석학인문학강좌의 내용을 바탕으로 하여 약간의 보완을 한 것이다. 강좌로부터 시작하여 출판을 위한 원고를 완성하는 과정에 이르기까지 크고 작은 좌절감과 두려움이 끊임없이 있었다. 인류학적 접근 방법과 방식이 우리나라 학문 풍토에서 낯설기 때문이다. 인문학이란 다른 사람 특히 지식인이 쓴 글을 참조로 하여 지식과 생각을 발명하거나 재생산하는 작업으로 여겨지고 있다. 그래서 소위 참고 문헌에서 추출하는 부분이 많을수록 충실하고 정직한 연구로 여겨진다. 사회과학에서는 통계 분석과 남의 의견을 인용하는 것을 객관성, 대표성, 사회적 현실에 충실한 연구라고 여긴다. 그러니 한 학자가 발로 뛰면서 지식 엘리트가 아닌 '보통 사람들'과 살아가면서 그들을 느끼고 이해한 바를 서술하는 인류학의 글쓰기는 기존의 인문학과 사회과학적 글쓰기에 익숙한 사람들에게는 인정하기가 쉽지 않게 마련이다.

그러나 앎의 내용과 과정과 방법에 대한 새로운 도전을 위해서 나는 굳이 이를 시도한다. 현실 혹은 현재적 실천을 관찰하고 분석한다는 점에서 사회과학적이며 그 속에서 생각과 의미를 간파한다는 점에서 인문학적 관심이라고 할 것이다. 중국연구 영역에서 이 글이 저간의 사회과학자와 인문학자의 글과 다른 스타일과 내용과 관심을 보여 준다면, 독자는 내가 그 어느 편에서 보더라도 설익은 글쓰기를 한다고 비난할 것이 아니라 인류학적 접근의 한 방식을 시도하는 것으로 이해해 주면 좋겠다. 그러므로 나의 강좌를 중국에 대한 또 다른 시각 혹은 내용인 동시에 중국을 보는 또 다른 시각과 방법을 시도하는 것으로 관용해 주기를 바란다.

강좌를 조직한 서지문 위원장 이하 위원들과, 강좌 내내 사회자로서 역할을 해 준 한경구 교수, 그리고 강좌에 꼬박꼬박 참석하고 원고를 읽고 종합토론을 해 주신 장수현·장정아·문지성 세 분 교수께도 깊은 감사를 드린다.

2017년 12월
김광억

제 1 장

—

서: 인류학적 접근을 위하여

온갖 수치를 무릅쓴 노력 끝에 말단직이나마 얻은 두보는 비록 박봉이지만 생계는 보장받는 처지가 되었다. 천보14년(755) 11월 초 가난 속에 버려졌던 처자식을 데려오기 위하여 그는 차갑고 음울한 바람을 맞으며 장안을 떠나 봉선현을 향하여 길을 나섰다. 가슴속에는 지나온 나날의 기억들이 그득하였다. 〈서울에서 봉선 가는 길에 읊은 회포 오백 자〉(自京赴奉先詠懷五百字)라는 긴 제목이 붙은 시의 중간 부분에서 그는 성당시대(盛唐時代)의 부귀영화가 만백성의 질고를 은폐한 장안의 풍경을 피눈물을 쏟는 심정으로 술회하였다. "귀족의 집에는 술과 고기 냄새 진동하는데 길바닥에는 굶어 얼어 죽은 백성의 뼈다귀가 뒹구는구나. 영화로움과 쇠함이 지척 간에 이리 다르니 오장육부를 쥐어뜯는 이 괴로움과 슬픔 어찌 말로 할 수 있으랴"(朱門酒肉臭 路有凍死骨 榮枯咫尺異 惆悵難製述). 화청궁에서 현종과 양귀비는 그렇게 호화롭고 현란하게 부귀영화를 누리면서 국운을 도탄에 빠트리고 있었다.

두보가 여산(驪山)을 지나 위수(渭水)와 경수(涇水)를 건너 동관(潼關)의 어지럽고 험난한 길을 걸어 마침내 집에 다다르니 마을 입구에서부터 곡성이 들려온다. 그의 시 뒷부분에는 다음 구절이 나온다. "문을 들어서니 울음소리가 들린다. 어린 자식은 굶주림에 끝내 죽어 버렸구나. 내 차마 울지도 못하여 슬픔을 누르는데 동네 사람들도 목이 메어 울음을 삼키네"(入門聞號咷 幼子飢已卒 吾寧捨一哀 里巷亦嗚咽). 아비가 되어 자식을 굶어 죽게 한다는 것은 얼마나 비참한 부끄러움이랴. 이 구절에서 두보는 개인의 슬픔과 분노를 누르지만 백성이 참기 어려운 한과 원을 어떻게 삼키는가를 보여 준다.

1949년 마오쩌둥에 의하여 신중국, 즉 중화인민공화국이 성립된 이후 궈머러우(郭沫若)는 전국의 박물관을 인류사회의 진화론의 전시, 즉 사회주의 혁명을 진화의 최정점에 도달한 것으로 인식하게 만드는 교육의 장으로 할 것을 지시하면서 두보의 위 구절을 걸게 하였다. 당시 혁명을 지지하는 국민이라면 누구나 외웠던 이 시를 지금의 젊은이들은 더 이상 읊지 않는다. 서안의 화청궁(華淸宮)은 1990년대 초의 조잡한 상태를 벗어던지고 호화롭게 단장되어 성당시대의 찬란한 부귀영화를 재현하고 있다. 관광객은 풍만한 몸매를 자랑하는 양귀비(楊貴妃)의 석상에 유혹되다가 그녀가 사용했다는 욕탕에 들어가서 목욕을 하고 나와서 꽃그늘이 진 긴 회랑의 난간에 몸을 맡긴 채 과거의 영광을 상상으로 더듬는데 젊은 안내원은 고음으로 화청지(華淸池)를 고대 중국의 풍요와 영화의 증거로서 설명하는 데 열을 올린다. 그리고는 백거이(白居易)의 장편시를 환상적인 영상기술과 결합하여 대형 무대에 찬란하게 펼치는 가극 〈장한가〉(長恨歌)[01]의 관람을 추천하고 있다.

혁명은 더 이상 필요가 없게 되었는지도 모른다. 순간적인 관찰과 재빠른 해석을 추구하는 사람들은 아마도 중국에서 혁명은 이제 과거가 되었다거나 혁명은 실패했다고 할 것이다. 그리고 자본주의의 필연적인 승리를 축하할 것이다. 우리들 중에는 이러한 언술로 이루어진 중국 들여다보기를 즐기는 사람들이 많다. 그러나 혁명은 아직도 진행 중이며 다양한 방식의 실험을 동반하고 있을 뿐이다. 경제적 부를 성취하면서 동시에 평등사회를 실현하는 이상이 그들의 혁명이다. 비록 많은 문제점이 노정되고 그러한 문제점들로부터 사회주의 혁명의 타당성과 가능성에 부정적인 판단을 하는 사람

---

01 당현종과 양귀비의 사랑, 안록산의 난(755-763)에서 양귀비의 죽음 이후 현종의 애틋한 슬픔. 마침내 현종이 죽어 저승에서 선녀가 된 양귀비를 다시 만나는 세 부분으로 된 장편의 서사시. 두보의 전쟁과 국난을 탄식하는 시가 이 시기에 쓰여진 것이다.

들이 있지만 중국의 권력 엘리트들은 지금도 그러한 혁명정신의 실현을 목적으로 삼고 있음에는 틀림없다. 바로 이 지점에서 우리는 지난 세기의 자본주의 대 사회주의라는 이분법적 사고방식을 일단 보류하고 다른 각도에서 특히 보통 중국인들의 입장에서 세상 보기를 시도해 볼 필요가 있다.

문학을 좋아하는 사람들 중에는 당송(唐宋) 시절의 시문학으로 마음속의 중국을 찾아 나서는 경우가 많다. 나는 중국을 이해하기 위하여 시(詩)를 해설할 생각은 없다. 그럴 만한 능력과 자격도 없다. 다만 화청지에서 시대에 따라 한 구절의 시도 읽히고 잊히는 까닭이 무엇인지를 생각하게 된 것이다. 시를 쓰는 것처럼 기억하거나 망각하는 것도 모두 세상에 대한 정치적 참여의 한 문화형식이 아닐까 한다. 더욱이 시대의 이념과 이상에 따라서 어떤 시는 읽어야 하는 반면 어떤 것은 잊어야 한다. 그러므로 인류학자로서 나는 지금 화청지에 오는 사람들이 무엇을 생각하는지를 살펴보는 데 더 관심을 쏟게 된다. 이는 동시에 그들이 무엇을 어떻게 생각하도록 유도되는지에 대한 관심이기도 하다. 두보의 잊혀진 시와 뮤지컬로 다시 태어난 백거이의 시 사이에서 나는 현실과 상상, 그리고 옛날과 지금의 시간과 공간이 어떻게 이어지고 있는가를 생각한다.

그것은 결국 사람들의 기억에 작용하는 힘의 정체를 밝혀내고 싶은 호기심일 것이다. 그 힘은 사실 다양하다. 국가의 이념체계가 강요하는 압력, 합리적 계산에 따른 경제적 이익의 유혹, 기회를 차등적으로 제공하는 권력, 법적인 장치와 제도의 구속력뿐만 아니라 무엇이 옳고 정당하며 마땅한 것인가에 대한 판단, 집단적인 감정, 실체를 드러내지 않으면서 지배력을 행사하는 전체적 분위기, 책임자가 없으면서 모두를 몰고 가는 미래에 대한 예측 등이 개인을 지배하는 다양한 힘을 구성한다. 그리고 여기에는 권력이나 자본뿐만 아니라 문화와 역사의식 등이 포함된다. 나의 질문들은 결국 '그

오늘의 중국 – 홍색 얼굴과 자본주의가
들어선 머릿속에는 마오쩌둥이 아직도
살아 있다. 웨민쥔(岳敏君) 작
출처: 사진 필자 2011

들'의 '머릿속'에 중층적으로 들어 있는 의미와 그 의미들이 어떻게 연관되어
말과 행동으로 서술되는가를 보는 '문화해석학'이 될 것이다.[02] 이러한 맥락
에서 나는 인류학을 통하여 전통적 인문학과 사회과학의 만남을 시도할 것
이다.

  인문학이란 오랜 시간을 걸쳐서 축적되어 온 앎의 체계화된 세계에 대한
지식과 사유의 고고학이다. 인문학자는 문학과 역사와 철학 그리고 예술과
종교의 바다를 시간과 공간의 제약을 넘어서 넓고 깊게 들어간다. 이런 맥
락에서 나는 오늘 그러한 인문학으로부터 약간 생소하고 기이한 방식으로
중국인의 일상세계로 들어가려 한다. 인류학이라는 또 하나의 인문학은 상
상과 현실, 신화와 역사 그리고 이야기와 사실의 연결 속의 사람에 대한 이
야기를 다른 사람에게 전하는 방법을 찾는다. 타자를 또 다른 타자에게 이
야기하는 것은 마침내 자기 발견에 이르는 성찰을 하는 행위이자 과정이다.

  인류학적인 접근이 필요한 또 하나의 근본적인 이유는 우리가 '그들'을 이

---

02 C. Geertz. 1973. *The Interpretation of Cultures*. New York: Basic Books Inc.(문옥표 옮김. 1998. 『문화의
    해석』. 까치).

해하기 위해서는 시간과 공간을 넘나들면서 개념이 어떻게 달리 해석되는가 혹은 그들과 우리가 동일한 단어를 사용하면서도 어떻게 각각 다르게 이해하고 있는가를 알아야 하기 때문이다. 즉 우리가 현실 혹은 삶의 현장 속에서 '그들'을 이해하려면 그들과 나 사이에 그리고 그들 사이에도 시간과 공간에 따라 문화의 번역(translation) 문제에 직면하게 될 것이다. 예컨대 현대(모더니티), 민주, 자유, 평등, 자본, 시민 등의 단어는 시대에 따라서 그리고 국가에 따라서 달리 해석되고 실현되고 있다. 간단히 말하자면 오늘날 중국의 지식계에서 현대성과 시민에 대한 논의가 활발하지만 그들의 언술에는 서구의 개념과 일본의 재해석 등이 임의적으로 수입 혼재되어 있고 각자가 임의로 해석하고 재발명하고 있기도 하다. 중국전문가들은 중국의 지식계에서 말해지는 다양한 이념과 사상을 과연 얼마나 공통된 용어로 사용하는지를 천착하지 않은 채 그대로 서양의 것과 동일한 듯이 받아들이는 경향이 있다. 예컨대 중국식 좌파와 우파 사이에 시민정신이란 것이 어떻게 다른지 그가 미국적 개념을 사용하는지 일본적 용어에 기대어 있는지도 분별할 필요가 있다. 그런 의미에서 경험의 철학(empirical philosophy)으로서의 인류학적 방법론이 도움이 될 것이다.[03]

이 책이 이제야 나오게 된 가장 큰 원인은 어영부영한 나의 입장에 있었다. 하루가 다르게 급속도로 그리고 급격하게 변하는 중국을 앞에 놓고 중국을 논한다는 것이 허망할 뿐만 아니라 자칫하면 본의 아니게 독자를 속이는 결과를 자아낼 것이라는 판단으로 글쓰기를 주저하였다. 그때그때 "지금"이라는 부제를 붙여서 말로써 강연을 하는 것과 달리, 글이란 일단 활자화되면 영원히 그대로 남게 되는 것이니 어찌 두렵지 않을 것인가. 더 솔직

---

03 E. E. Evans-Pritchard. 1962. *Social Anthropology and Other Essays*. New York: The Free Press.

히는 당시 나의 중국이해 실력은 순간적인 변화의 와중에서 저변을 꿰뚫어 보기에는 아직 미흡하였기 때문이기도 하다. 그보다 더 깊은 비밀은 인류학적 입장을 벗어나지 못하는 소심함에 있었다. 우리가 타자와 주위에 대하여 약간의 안전거리를 확보하면 우리는 역설적이게도 얼마든지 그것들에 대하여 자유롭고 또한 감동적인 글을 쓸 수 있다. 그러나 그들의 일상 속에서 그들과 밀착되어 함께 살아가는 인류학자는 그렇게 안전거리를 확보하기가 쉽지 않다. 자기가 쓴 글로부터 결코 완전히 자유롭지 못할 것임을 안다면 글쓰기를 두려워하지 않을 수 없다. 인류학자에게는 그런 점에서 글쓰기가 쉽지 않다. 그러나 몇 년 전부터 나는 강좌를 지원해 준 한국연구재단으로부터 점잖지만 강한 재촉을 받기 시작하였다. 결국 압력과 재촉과 양심을 빌려서 게으름을 변호하는 것도 비양심적이라는 내면의 압력에 떠밀리기 시작하였다. 할 수 없이 앞으로 몇 년 사이를 두고 수정보완을 하리라는 마음으로 일단 이 책을 내기로 하였다.

이 책은 그러므로 순간적으로 변하는 끊임없는 중국의 최신 현실을 취급하는 중국전문가에게는 그 '최신'이 이런 바탕 위에서 이루어지고 있다는 점을 잠시나마 생각하게 해 주고, 지금의 중국인들이 어떤 미래상을 형성할지를 궁금해하는 보통 독자들에게는 이 책의 내용이 바탕이 되어서 그들이 시도해 나가는 중국의 미래를 상상하는 데 도움이 되기를 바랄 뿐이다.

제 2 장

—

보통 사람 중심의 문화해석학

1. 어떤 중국에 눈길을 맞출 것인가?

오늘날 우리 사회에서 중국에 대한 관심이 '중궈러'(中國熱)라는 단어가 생
길 만큼 부쩍 늘고 있다. 그 열기는 크게 두 가지로 나뉜다. 하나는 장구한
문명의 역사 속에서 이루어진 문학과 철학적 자산을 찾아서 서구화에 지친
우리의 머리와 가슴을 충족시키려는 동양 인문학적 욕구이다. 기이하고 장
려한 풍광, 귀에 익은 역사 이야기의 자취, 공맹과 후대 사상가들이 남긴 언
술, 그리고 이백과 두보와 소식을 필두로 당송(唐宋)의 시문학 기행을 찾아
나서는 것이다. 그것들은 언제나 거기에 있는 듯하여 찾아가는 사람에게는
수백 년 혹은 수천 년을 다시 만나는 것 같은 즐거운 환상을 제공한다. 그것
은 기실 내 마음속에 있는 오랫동안 꿈꿔 왔던 중국이라는 이상향을 찾아가
는 순례활동이다.

또 하나의 열기는 중국 대륙에서 진행되고 있는 정치와 경제현실에 대
한 관심에서 출발한다. 현재의 중국에 대한 연구에서는 중화인민공화국
의 정치체제와 이데올로기 그리고 경제제도와 구조에 초점을 맞추어 이해
하는 것이 주류를 이루며 주로 중국정부가 제공하는 통계수치와 국책수행
의 청서(靑書: 藍皮書라고 부른다)와 백서(白書), 그리고 기자와 여행가의 카메라
가 제공하는 영상물이 기본 자료가 된다. 이를 바탕으로 연구자가 단기 방
문을 통한 현지확인 조사를 하는 것이 주된 연구방법이다. 이들 연구는 대
개 1980년대를 기준으로 하여 마오쩌둥 시대(1949-1978)의 사회주의 혁명 과
정의 경험과 덩샤오핑을 필두로 하여 전개된 소위 개혁개방 정책 혹은 시장

경제체제의 실시 과정이 대비되면서 급격한 변화 과정에서 일어나는 사회와 경제 영역에서의 다양한 갈등과 모순과 충돌의 현상을 관찰한다. 중국의 국력과 잠재력이 전 세계에 미치는 영향력이 지대하기 때문에 그 변화의 방향을 통찰하는 것은 아주 중요하다. 그러한 궁금증은 중국의 현실에 대하여 적극적 긍정론에서 소극적 혹은 비판적 전망에 이르기까지 다양하게 전개된다.

인문학적 성향을 가진 사람들은 그러한 목전의 현실은 인류의 역사에서 그리고 이 세상 어디에서든지 볼 수 있는 보편적이고 항상적인 것이어서 새삼 새로운 풍경이 아니며 장구한 인류의 발전사의 흐름 속에서 보면 한갓 순간적인 것에 지나지 않는다는 호연지기를 부린다. 혹은 그러한 갈등의 사건들은 결국 인류의 진보와 발전의 긴 여정을 만드는 역할을 해 온 것이라는 기능주의적 역사관을 내세워서 그리 크게 충격을 받거나 두려워할 것이 아니라는 관조적이고 대범한 자세를 취한다. 그러므로 중국여행에 나서면 모든 만나는 것들을 인간의 희로애락을 노래하는 소재로 삼아 그 풍경과 요리와 술과 차와 시와 서와 화를 즐기는 것이다. 이러한 자세는 곧 각 나라가 국경으로 칸막이가 되어 있고 따라서 우리는 중국이라는 칸막이 안으로 들어가서 그 안에서 제공되는 경험 즉 '중국적' 특색을 즐기고 돌아오면 된다는 세계관에 바탕을 두는 것이다. 즉 중국이 화려하고 풍요하거나 혹은 가난하고 낙후되거나 아름답거나 무질서하거나 그것들은 오직 중국의 현실일 뿐이고 우리는 객이 되어 그것을 보고 체험하고 제 나름대로 느끼는 것을 즐기고 돌아오면 된다는 입장이다. 물론 사람에 따라서 중국에서 조우하는 사상(事象)들을 인류 공통의 문제를 생각하는 단서로 삼아서 감동과 탄식을 할 수 있다. 그럼에도 불구하고 중국은 언제나 나오는 격리된 객관적 실체일 뿐이다. 그런데 중국에서 일어나고 있는 현실이 중국이라는 땅 안에 국한되고 그 안에 사는 중국인의 운명에만 작동하는 것이 아니라 이제 세상의 모든 나라와 사람들이 상호 유기적 관계에 있는 글로벌 맥락에서 볼 필요성이 더욱 절실해져 있음을 직시해야 한다. 중국은 닫힌 하나의 특별한 공간이 아니라 우리에게 열려 있고 우리와 연결된 이웃공간이다. 그러므로 중국에서 일어나는 모든 현실은 곧 우리의 현실과 미래의 일부이다. 따라서 우리와의 상호 연관성 속에서 중국의 변화와 발전과 갈등과 문제들을 봐야 한다. 이에는 일단 크게 두 가지 진단으로 나눌 수 있다.

첫째는 예측하기가 어려울 정도로 급변하는 상황과 증대하는 사회 내부의 각종 갈등현상은 중국이 급격하고 근본적인 성장을 할 때 필연적으로 따르는 과정상의 고통, 즉 성장통(成長痛) 혹은 치러야 할 대가(代價)이며 궁극적으로는 정치적 능력에 의하여 해결됨으로써 중화대국의 확립으로 귀결될 것이라는 예견이다. 곧 갈등은 정상적인 현상이라는 긍정적 진단이다. 다른 하나는 부패, 불공정, 분열, 격차 등의 심화가 국가능력의 한계를 넘어서게 됨으로써 결국 혼란과 붕괴로 귀결될 것이라는 비관적 경고이다. 긍정적 결과를 성취하든 부정적 결과를 방지하든 그 관건은 공히 정치력과 사회적 능력에 달려 있다는 것은 자명하다.

이때 정치력이란 민주화를 의미하며 금융질서, 투자 유치, 기술혁신, 에너지 수급과 환경오염의 해결, 국제질서와 글로벌 기준에의 적응을 의미한다. 사회적 능력이란 이러한 문제를 판단하고 해결하는 과학과 지식의 심화 및 도덕적 공정성, 제도적 투명성, 법 정의의 실천을 주도할 인적 자원의 질적 향상을 의미한다. 가장 핵심은 사람으로서 누려야 할 권리에 대한 사회적 공인이 이루어지고 여러 다양성과 이질성 속에서도 사회적 통합이 이루어지는 것이다. 대국굴기에 성공한 중국에 대하여 세계의 관심은 화이부동(和而不同)과 화해(和諧)의 구호 아래 정부가 주도하는 많은 문화 프로그램의 개발이 과연 이러한 이상적 목표를 어떻게 실현하는가에 집중하고 있다.

1) 마오쩌둥(毛澤東): 혁명의 의미

여기서 중국의 미래를 전망하기에 앞서 현대 중국의 역사적 진행 과정을 잠시 살펴보자. 왜냐하면 우리는 역사를 중시하면서도 타자를 대함에는 그들의 역사경험에 대한 이해를 가끔씩 망각 내지 소홀히 하기 때문이다. 오늘의 모습은 오랜 시간의 축적을 통해서 비로소 이루어지는 것이고 우리가 그러하듯이 중국인들도 그들의 현재와 미래를 축적된 역사를 통해서 바라보는 것이다. 즉 어떤 한 역사적 사건을 그 시대 그 지역의 맥락에서 해석하는 것을 넘어서 현재 사람들이 그 역사를 그 시공간의 경계를 넘어 자신의 현재의 세계와 다가올 미래와 연결하여 어떻게 해석하는가를 이해할 필요가 있다. 이 역사인식은 사람들의 가치관과 행위양식을 이해하는 데 아주 중요한 요소이다. 특히 현재로부터 거슬러 지난 200여 년의 역사경험과 기억은 현재의 중국인에게 가장 심각하고 실질적인 영향을 미치고 있다. 그중에서도 현재까지도 진행되고 있는 혁명 과정 속의 국가역사는 일상생활 속에서 작동하고 있으므로 우리는 지난 100년의 현대사에 대한 충분한 이해가 필요하다.

1949년 중화인민공화국 성립으로 시작된 마오쩌둥의 사회주의 혁명은 전통시대의 신분제적 구조와 불평등 그리고 사유제와 자본주의가 가져오는 인간 소외현상으로부터 인민을 해방시켜서 평등의 이념과 공동체적 가치를 실현함으로써 인민의 존재가치가 확보되는 세상을 만드는 것을 의미한다. 그 핵심은 사유제의 철폐, 토지와 자원의 전민(全民)소유화 즉 국유화, 그리고 시장거래의 폐지였다. 혁명사업의 강력한 진행은 평등을 이념의 차원에서 정착시키는 데는 성공했지만 점차 당과 정부의 권력과 권위를 절대화하게 되었다. 국가의 비대화는 개인이 누렸던 사적 영역과 사적 관계를 축소함으로써 개인은 전통적인 인간관계와 혈연과 지연의 공동체적 가치관으로부터 벗어나서 국가에 개별적으로 직속되는 이른바 세포화의 과정을 겪게 되었다. 무산계급을 사회주의 혁명의 주인공으로 삼는 공식적인 이데올로기는 그만큼 지식인의 사회적 지위를 폄하하는 제도적 풍조를 낳았다.[01]

혁명사업은 전민소유제 외에도 집체화, 단위제, 호구제, 시장의 폐쇄 등으로 대표된다. 집체화란 개인의 자율권과 사적 영역을 극소화하고 소유와 생산과 소비를 촌락이나 직장 단위로 집단화하는 것이다. 노동력과 개인이 소유했던 가축과 토지를 포함한 모든 생산수단과 도구를 자기가 속한 단위의 공동소유로 양도하고 공동으로 생산하고 공동으로 소비하는 제도이다. 농촌에서는 20여 호가 하나의 생산소대로 묶이고 10개의 생산소대가 하나의 생산대대가 되었다. 오늘날의 규모가 큰 촌락이 대개는 생산대대가 된 것이다. 그리고 10개의 생산대대가 하나의 인민공사로 편제되었다. 1980년대 이후 이런 편제는 향촌체제로 바뀌었지만 사람들은 아직도 생산대(生産隊)나 대대(大隊) 혹은 공사(公社)라는 단어를 습관적으로 사용하는 모습을 보인다. 처음에 이를 소비에트라 하였다. 이것은 시장의 폐쇄와 연결된다. 소비에트 체제에서는 생산 분배 소비가 집체 단위에서 이루어지기 때문에 시장이 필요 없다. 나아가서 시장은 개인이 이익을 취하기 위하여 공공의 선과 공동의 이익을 갉아먹는 것을 정당화하는 이데올로기의 사회제도이므로 소비에트 체제의 적인 것이다.

사람들은 농민과 비농민, 즉 공인(工人)으로 분류되어 신분이 정해졌다. 농민은 자신이 속한 농촌을 단위로 삼아 그 공동소유의 토지를 경작하여 그

---

01 판선(翻身)이란 단어로 흔히 설명되는 신분이 뒤집혀지는 급진적인 변화 과정에서 인민은 아홉 개로 그 성분이 분류되었는데 지식인은 구린내 나는 최하급(제9류) 인간으로 낙인찍혔다.

생산된 것으로써 생계와 복지를 자체적으로 해결한다. 공인은 노동자라고 흔히 부르는데 토지가 없고 각자가 소속된 직장을 한 단위로 삼아 노동력으로써 공업, 교육, 행정, 군사, 의료 등의 비농업 부문에 종사한다. 대신에 국가로부터 식량을 비롯한 물질적 조건과 복지를 보장받는 배급제에 들어간다. 사람들은 보통 농민호구와 성시(城市: 도시)호구로 스스로를 분류한다. 즉 농민이냐 도시인이냐의 구분인 것이다.

모든 개인은 호구제에 의하여 신분이 정해지고 이에 따라 생활 영역이 정해지며 단위제에 의하여 개인의 경제활동의 영역과 사회적 신분이 정해지는 관계로 개인이 마음대로 단위를 이탈할 수 없다. 예컨대 농민이 자기 마을을 떠나서 도시로 가면 그는 그 도시의 어느 단위에도 속한 존재가 아니므로 당장 잘 곳이 없을 뿐만 아니라 일할 곳이 없고 아파도 병원에 갈 수 없다. 병원이나 학교도 단위제이기 때문에 오직 단위의 소속원만 이용이 가능하다. 이는 달리 말하자면 한 직장 단위 안에는 학교와 병원과 기타 필요한 복지시설이 구비되는 것이 원칙이다.[02] 개인이 자기가 속한 촌락이나 직장 단위를 이동하는 것은 받아들이는 단위가 결정할 일이다. 한 사람이 들어온다는 것은 생산력의 증가가 되기도 하지만 동시에 분배와 소비의 부담이 늘어난다는 뜻도 되기 때문에 특별한 경우가 아니면 새로운 성원이 증가되는 것은 쉽지 않았다.

예컨대 농민호구의 자녀가 대학이나 전문학교에 입학을 하면 그는 비농업에 종사하는 국가의 공공인력 집단에 들어가는 것이므로 농민에서 성시

---

02 이런 제도는 1990년대에도 계속되었기 때문에 당시 중국에 진출하여 공장을 건설한 한국의 중소기업가들이 큰 곤란과 갈등을 겪게 되었다. 즉 그들은 자본주의 체제에서의 경험을 토대로 공장만 지어 놓으면 직공들은 자기 집에서 출퇴근하고 월급으로 자녀 교육이나 가족의 의료비를 충당한다고 믿었기 때문이다. 사회주의 중국에서 기업을 운영한다는 것은 공장부지의 확보와 공장 건축과 기기 설치비용 외에 직공의 월급을 넘어서 모든 직공의 평생 복지를 보장하는 비용이 더 큰 것이다.

호구로 신분이 바뀐다. 농민호구를 가진 사람이 도시에 와도 일자리를 얻지 못하듯이 그는 이후 농촌에 가도 다른 농민처럼 토지를 분배받지 못하고 국가로부터 배급 즉 식량과 집과 월급과 보험을 받는다. 개인의 신분은 선택이 아니라 국가가 부여하는 것이다. 그의 사회적 · 지리적 이동은 당안(檔案)이라 하여 일종의 공식적인 신상기록부에 기재된 내용에 의하여 결정된다.

개혁개방론자들은 국가가 개인을 장악하고 관리하는 이러한 체제는 빈부 차이를 없애고 생존을 위한 최저 조건을 확보하는 역사적 성과를 이루었지만 필연적으로 생산력의 저하와 비효율화로 인한 사회 전반의 낙후를 초래하였다고 평가한다. 즉 풍요의 보편화가 아니라 가난과 낙후로써 평등이 실현되었다는 것이 일반화된 평가이다.[03] 어쨌든 혁명 초기의 희망찬 기대와 노력에도 불구하고 생산성의 발전이 더디고 정체되는 현실 앞에서 공산당 지도부 안에서도 이념 지향적 혁명파와 행정과 경제 전문가 집단 사이의 갈등이 야기되었다. 즉 빈곤과 낙후 그리고 정체(停滯)가 혁명 이데올로기를 충분히 인식하지 못한 간부들의 정신적 해이와 나태와 책임감 결여에 기인한다는 이데올로그들의 주장과 이념보다는 실리를 취하여 혁명의 물질적 발전을 가시화해야 인민의 혁명이 가능하다는 실용주의적 주장의 대립이 나오게 된 것이다. 문화대혁명(1968-1978)은 바로 마오쩌둥이 주도하는 사상 주의파(紅)와 류샤오치(劉少奇)와 덩샤오핑(鄧小平)이 대표하는 전문가 집단(專)의 경쟁에서 홍(紅)의 극단주의적 공격이었던 것이다. 많은 지식인들이 그것을 대혼란이었고 역사를 후퇴시킨 다시 생각하기도 싫은 악몽 같은 사

---

03 혁명 이전의 시대가 호화로움을 누린 소수의 특권적 부유층과 기아와 처참한 가난에 희생되는 수억의 인민으로 구성되었음을 상기한다면 2000년대 들어서 역사상 유례없는 경제성장이 이루어고 동시에 빈부격차와 부의 소수자 편중이 생기면서 많은 빈곤층 사람들은 마오쩌둥 시절에 대한 향수를 말한다. 그때는 가난하였지만 적어도 모든 사람이 생존을 보장받을 수 있었다고 회상하는 것이다.

문화대혁명 때의
천안문 광장 군중대회
출처: 중국정부 기록물

건으로 평한다.

문혁의 폭력적 전개는 전 인민에게 하나의 트라우마가 되었다. 사상의 오염을 척결한다는 이념의 순수한 열정에 심취한 중고등 학생들이 주된 동력이 되어 군중대회를 열고 그들의 선배와 부모 세대를 지위나 직위를 무시하고 무차별적으로 척결하였다. 국가주석 류샤오치마저 비참하게 죽었다. 살아남은 피해자는 심신이 결코 완전히 치유되지 못한 채로 세월이 지나면서 세상을 뜨고 있다. 우리가 망각에 의존하거나 경험의 당사자가 사라지기를 기다린다면 세월이 이 역사적 고통과 상처를 치유해 줄 수 있을지는 모른다. "홍위병"(紅衛兵)이란 완장을 차고 붉은색 표지의 "마오쩌둥 어록"을 환호하며 흔들던 당시의 가해자들은 이제 중국사회의 각 분야에서 상급자층을 형성하고 있다. 그들은 당시를 기억하거나 거론하는 것을 애써 피한다. 세상이 원래 그런 것이어서 그들 중 많은 사람들은 재빨리 미국으로 건너가 자신을 숨기고 열심히 미국에 적응하는 노력을 하거나 혹은 서방사회의 취향에 호소하는 고해성사의 회고록을 써서 명성을 쌓으면서 출세를 하고 이중의 국적을 가지고 다시 '모국'에 나타나서 글로벌리제이션의 전도사가 되어 새 시대 새 기회를 향유한다.

이 '트라우마'는 신체적·정신적으로 가해진 폭력에 대한 기억이 아니다. 더 깊게 그것은 군중의 힘이 얼마나 무서운 폭력이 될 수 있는가, 인간이 자기확신에 매몰되면 얼마나 남에게 잔인해질 수 있는가, 그리고 군중이란 얼마나 쉽게 조작될 수 있는가를 가해자·피해자 모두 너무나 직접적으로 경험했기 때문에 오는 인간의 본성에 대한 신념과 신뢰의 상실이 주는 불안과 공포증이다. 실은 문화대혁명의 주체는 순수한 열정에 상대적으로 많이 젖어 있는 30대 이하의 청년과 소년들이었으니 모든 사람이라고 할 수는 없다. 다만 자식이 부모를 고발하고 제자가 스승을 매도하며 동료가 적이 되고 부하가 상관을 척결함으로써 중국의 전통적인 윤리와 도덕체계를 뿌리째 뒤흔드는 일이 벌어진 것은 사실이다. 그것은 사람들에게 의리에 대한 중국 전통의 가치관을 부정하며 사람이란 서로 믿지 못하고 경계해야 함을 깨우쳐 주는 사건이었다. 그러한 새로운 공포의 발견과 체험에 대한 기억이 너무나 생생하고 강하여 사람들은 지금도 그 역사의 그림자를 입에 올리는 일을 그리 쉽게 여기지 않는다. 오직 낮고 빠르게 그리고 짤막하게 언급하며 지나가는 식으로 가끔씩 기억을 위한 장치로 이야기하는 것이다. 1991년에 전국을 휩쓴 TV 드라마 〈갈망〉(渴望)은 문화대혁명 기간의 남녀 이야기로서 그 주제가는 "무엇을 진정한 사실이라고 취할 것인지 무엇을 한갓 환영에 불과한 것이라고 버려야 할지 참으로 어렵네"(以眞以幻難取捨)라고 노래한다.

2) 덩샤오핑과 개혁개방

1978년, 10년간의 문화대혁명이 끝나고 덩샤오핑이 집권하면서 중국은 새로운 혁명의 길로 들어섰다. 그의 실사구시 이념은 개혁과 개방이라는 두

키워드로 압축되며 초점은 경제 활성화이다. 개혁정책은 1990년대를 지나면서 삼철(三鐵), 즉 쇠 보수(鐵工資), 쇠 밥그릇(鐵飯碗), 쇠 의자(鐵倚子)로 상징되던 이전의 사회제도와 경제생활 양식에 많은 변화를 가져왔다.

개혁개방 정책은 시장경제의 중국식 도입에 집중된다. 덩샤오핑은 먼저 마오쩌둥 시절의 정사(政社)합일제인 인민공사제도를 혁파하여 향진(鄕鎭)체계로 행정체제를 개편하고 책임생산제와 탈집체화로써 사회경제체제를 혁신하였다. 촌락 단위로 국유 토지를 획정하고 그 경작권을 촌락 성원에게 분배하여 농민은 각자 생산의 일정량을 국가에 바치고 잉여분은 자기 소유로 하는 승포제(承包制)를 실시하였다. 이전의 생산대의 일원으로서 공동생산·공동소비를 하던 체제에서 각자가 독립된 존재로 촌락의 성원이 되며 개인의 입장에서 경제활동에 대하여 국가와 계약을 맺는 것이다. 이것은 중국인에게는 마오쩌둥 시절에는 생각하지도 못했던 대단히 혁명적인 변화이다. 후야오방(胡耀邦) 총서기와 자오쯔양(趙紫陽) 총서기로 이어지는 새 정부는 향진(鄕鎭)기업의 육성을 모델로 하는 농촌공업화 정책을 추진하였다. 그것은 지역의 특성에 따라 인력과 자원의 적절한 결합방식을 개발하여 향촌에 소규모 공장과 기업을 일으키는 전략이다. 이로써 촌락은 잉여 농업 노동력을 촌락이 경영하는 비농업 부문에 투입함으로써 집체 수익을 올리며 농민이 대대로 살아온 촌에 가족을 지키면서도 동시에 비농업 분야에 종사하게 되는 것이다. 따라서 이는 인구의 유동을 막고 농촌을 안정시키며 농촌경제를 높이는 효과를 보았다. 농민이 농사를 더 이상 짓지 않으면서도 사회적으로는 기존의 향촌을 떠나지 않게 되었다는 뜻으로 흔히 리투부리샹(離土不離鄕)이라 한다.[04]

---

04 그들은 도시 공장에 일을 하지만 호구법에 의하여 도시인으로서의 법적인 입지를 갖지 못한다. 이를 진창부진청(進廠不進城: 공장으로 들어가지만 도시인으로 들어가는 것은 아니다. 즉 여전히 농민의 신분이다)

1980년대부터 승포제(承包制: 책임생산제)와 단위제의 해체가 맞물려서 사람들의 새로운 변화에 대한 다양한 적응전략이 시도되었다. 농촌의 공업화나 향진기업운동에 따라 촌락이나 도시의 직장 단위가 더 이상 개인을 묶어둘 사회적·경제적 힘이 없어졌다. 거대한 직장 단위로서는 시장경제체제에 효율적으로 적응할 수 없으며 모든 성원의 복지를 보장할 수 없다. 자연히 구조조정이 취해져서 대량 실업사태가 생기고 이들은 새로이 출현하는 중산층에 대비한 신빈곤층을 이루게 된다. 개체호(사영업자)의 출현과 시장의 재개 등이 두드러지게 진행되면서 중국사회에는 급격한 변화가 이루어졌다. 세계에서 유례없는 두 자릿수 경제성장률이 계속되면서 온포(溫飽: 의식주) 문제가 해결되고 고수익 집단이 출현하면서 2000년대에 들어서는 이전에는 없었던 계층화가 빈부격차라는 단어와 함께 새로운 중국을 말하게 되었다. 한마디로 개혁개방 30년을 지나면서 경제성장에 따른 생활의 질이 향상되었고 라이프 스타일과 가치관은 근본적이고 급격한 변화를 겪게 되었다.

3) 장쩌민: 도시 건설, 인구유동, 농촌문제

1989년 6월 4일 소위 '천안문사태'가 발생하였다. 개혁개방 10년이 지나면서 많은 발전현상이 전개되었으나 고등교육을 받은 새로운 세대들은 구직에 어려움을 겪고 실업자로 전락하는 일이 증가하였다. 또한 직장에서 받는 임금은 기대에 비하여 낮았다. 청년들의 불안과 불만은 결국 5월 들어 천안문 광장에서 '민주화'를 내걸고 정부에 대한 대규모 항의를 조직하게 만들었

이라 하였다. 그러나 2000년대 들어서면서 농민들이 대량으로 대도시로 나가서 비농업 노동에 종사하며 아예 눌러앉아서 농촌으로 돌아오지 않는 풍조가 굳어지게 되면서 리투리샹(離土離鄕: 농사를 떠날 뿐만 아니라 농민으로서의 신세. 즉 농촌의 고향과의 관계도 떠난다)을 말하게 되었다.

고 이를 공산당 영도하의 체제와 이념에 대한 도전으로 받아들인 정부는 강력한 유혈진압책을 발동하였다. '료우쓰'(6·4) 또는 '동란'이라는 짧은 단어로 언급되는 이 사건은 국가의 공식적인 평가가 이루어지지 않은 현재까지는 공공의 담론에 오르지 못하고 무언과 망각의 틀에 묶여 있다. 이로 인하여 총서기 자오쯔양이 실각하고 강경보수파인 장쩌민(江澤民)이 이끄는 정부가 들어섰다. 1990년대 중반부터 정부는 도시 건설정책을 적극 추진하였다. 덩샤오핑은 개혁개방의 첫 단계로서 일단 농촌공업화를 통하여 안정 속의 성장을 시도하였는데 이제 도시 위주의 경제발전을 위한 구조적 변화를 과감하게 추진하게 된 것이다. 베이징과 상하이를 비롯한 곳곳의 대도시를 초고층 빌딩과 고속도로로써 현대도시의 모습을 갖추게 하는 동시에 국제적 경제도시로 개발하였다. 이것은 중국의 면모를 일신하고 외국의 찬탄을 불러일으킴으로써 투자를 촉진할 뿐만 아니라 발전하는 강대국으로서의 중국의 이미지를 확립하는 효과를 가져왔다. 1990년대에 들어서 시작한 대도시 재개발은 홍콩과 뉴욕을 모델로 삼은 고층 빌딩 숲을 만들었으며 이는 중국의 모더니티(현대성)의 실천이었다. 전국적으로 토목사업이 일어났고 농민들이 대거 육체노동의 일자리를 찾아 도시로 몰려듦으로써 "농민공"(農民工)이라는 신조어가 등장하였다. 인구의 유동현상은 비단 농촌에서뿐만 아니라 도시에서 다른 도시로 이루어지기도 한다. 빈곤지역이나 편벽한 곳에 위치한 도시에서 보다 더 나은 조건과 수익을 위해서 도시호구의 인력이 또한 대도시로 집중 이동하는 것이다. 이는 도시 간에 질 높은 노동력이나 고학력의 인재 즉 두뇌의 지역 유출을 야기하여 지역 간 생산력 불균형을 가져온다.

2000년대에 들어서면서부터 2008년 베이징올림픽을 앞두고 전국적으로 토목 건설사업이 전개되었다. 베이징(北京), 톈진(天津), 상하이(上海), 충칭(重慶) 등 중앙정부의 직할시는 물론 지난(濟南), 칭다오(靑島), 난징(南京), 항저우

(沆州), 우한(武漢), 샤먼(廈門), 광저우(廣州) 등 전통적인 대도시는 이제 옛날의 모습을 거의 찾기가 어려울 정도로 넓은 길과 초현대식 높은 건물과 공원과 밝고 거대한 백화점과 서구식 소비시설들을 갖춘 메트로폴리스로 변하였다. 지하철 건설, 대형 교량 건축, 하천과 호수의 정비 및 공원 조성, 공항과 항만, 고속철도와 자동차를 위한 고속도로망의 건설 등이 대규모로 진행되었다. 이전의 작은 무명의 지방도시가 초현대식 대도시로 바뀌고 새로운 도시가 만들어졌다.

개혁개방 30년 만에 농촌과 도시에 실질적으로 거주하는 인구의 수로 볼 때 그 구성 비율은 개혁개방 당시 8 : 2였던 것이 지금은 거의 6 : 4로 변했다. 이는 곧 오늘날 집체와 단위제가 더 이상 사람들을 지역과 직업에 묶어 둘 만한 힘이 되지 못함을 말해 준다. 동시에 화려한 도시화 정책은 도농 간, 지역 간, 직업 간의 '격차'를 가져왔으며 사회 통합을 위협하는 엄중한 사회적·정치적 문제와 농촌인구의 대량 감소가 필연적으로 야기되었다. 주식(股分)과 주식시장이라는 새로운 경제제도와 방지산(房地産)이라는 부동산 투자업이 일상생활 속에 자리 잡았다. 도시인구 ―엄밀히 말하자면 도시거주의 인구― 의 증가는 식량의 자급자족에 상당한 차질이 빚어질 것임을 예고하며, 도시의 화려한 성장은 그만큼 농촌의 상대적 낙후를 대가로 치르는 것이어서 결국 도시와 농촌 간의 심각한 격차를 낳게 되었다.

4) 후진타오: 대국굴기와 중화부흥론

상하이 푸동(浦東)지구로 대표되는 도시 건설에 집중한 장쩌민 정부는 소위 "삼농문제"(三農問題)를 다음 정부의 숙제로 남겨 주었다. 즉 공업에 비하여 농업이 경제적으로 열등한 지위로 떨어지게 된 문제, 일취월장하는 도시의 발달에 상대적으로 낙후한 삶의 현장에 머물게 된 농촌사회의 문제, 농민

상하이 푸동지구
출처: 필자 2012

이란 신분이 갖게 되는 열악한 경제적·사회적 입장의 문제이다. 이를 떠안고 들어온 후진타오(胡錦濤) 정부는 농업세를 없애고 신농촌운동을 벌이면서 상대적 박탈과 낙후감에 젖어 있는 농촌과 농민 그리고 농업을 살리기 위한 노력을 하였다. 농촌과 농민에게 특별혜택을 부여하게 되자 많은 농민들이 도시호구를 획득하는 대신에 농민호구를 유지하는 전략을 취하게 된다. 호구를 개인의 선택사항으로 정하자 심지어 대학에 들어온 농민호구의 학생이 이전에는 자동적으로 성시호구(城市戶口)를 획득하던 것과 달리 농민호구를 유지한다. 그렇게 하면 토지를 유지하고 의료보험과 대학 입학에서 농민자녀에 관한 우대정책 등을 포함한 여러 혜택을 누릴 수 있기 때문이다. 한편으로 정부는 경제의 고속성장 속에서 불균형과 격차가 가지고 오는 통합의 위협에 직면하여 화해(和諧)의 철학을 내세워 안정과 균형을 도모하였다. 도시의 변화는 전혀 생각하지도 못했던 새로운 세상이 눈앞에 펼쳐지는 것을 보여 주었으며 농촌 또한 절대적인 발전을 이룩하였음에도 불구하고 도시와 농촌 그리고 신흥 부자와 새로운 빈곤층의 괴리가 너무나 커서 사람들은 상대적인 박탈감에 빠지게 되는 것이다.

중국의 경이적인 변화는 소비생활과 경제 부문에서 가장 두드러진다. 1990년대 초반에는 도시에서도 여성들이 길게 땋은 댕기머리나 단발머리를 하고 푸른색 무명 솜옷을 입고 푸셰(布靴)를 신은 모습이 흔하였지만 어느샌가 급작스럽게 시골에까지 밝은 색과 얇은 천으로 만든 원피스, 플라스틱 샌들이나 하이힐, 청바지, 파마가 들어섰다. 도시에는 쇼트팬츠와 티셔츠 그리고 나이키류의 운동화가 유행하였다. 맥도날드 햄버거의 입점과 홍콩식 도시락 서비스나 자조찬(自助餐: 뷔페)의 도입은 전통적인 중국식 식사 풍경을 바꾸었다. 나아가 농촌 마을에까지 식당과 만두 행상이 출현하여 여성들이 부엌으로부터 해방되며, 사먹을 수 있다는 경험은 새로운 라이프 스타일과 가치관을 수반하게 되었다. 이러한 변화는 한 달이 멀다 하고 부단히 이루어졌으며 드디어는 TV는 물론 2000년대 들어서서는 퍼스널 컴퓨터와 스마트폰까지 급격하게 대중의 일상생활 속에 확산되었다. 한국에서와 마찬가지로 이제는 모든 사람들이 머리를 숙여 스마트폰에 열중하면서 길을 걷는 '저두족'(低頭族)이 되었다. 불과 20년도 안 되는 짧은 기간 안에 이루어진 근본적인 변화인 것이다.

이러한 숨이 찰 정도의 급격하고 급진적인 변화의 물결 앞에서 서구 학자들은 경제 부문에서의 자본주의화 혹은 시장경제체제화가 궁극적으로 정치의 민주화와 사회적 민주화, 즉 시민사회로 이어질 가능성에 대한 기대를 갖는다. 그러나 중국의 발전은 여러 가지 서구식 제도의 조심스러운 실험적 실시에도 불구하고 기본적으로는 여전히 헌법으로 보장된 공산당의 지배체제에 의하여 진행되고 있음을 주목할 필요가 있다. 이를 두고 두 가지 견해가 있다.

즉 한편에서는 민주화는 필연적이며 그 진행은 중국사회의 통합성을 보

1978년 〈뉴스위크〉 특집호의 표지.　　　　개혁개방 25년(2003) 베이징의 신세대 남녀
베이징 이화원의 청년 남녀　　　　　　　　　출처: 필자 2003

장하는 것과 함께 가는 것이기 때문에 기대보다는 완만할 뿐이라는 견해를
편다. 다른 한편에서는 그것은 안전판의 마련일 뿐 거대한 규모의 인구와
복합적인 민족 구성체를 유지하기 위하여서는 '중국식' 통치체제 혹은 정치
체제는 불가피하다는 시각을 표명한다. 후자에 주목을 한다면 결국 중국식
정치와 경제발전의 상관관계를 하나의 이론적 모델로 인정해야 한다는 논
의가 대두되고 있다. 저간의 미국발 세계경제 위기는 서구식 자본주의와 정
치체제의 상관성에 대한 자성적 질문을 제기하게 된 것과도 무관하지 않다.
즉 개혁개방 25년간 중국은 서구와는 다른 경제체제를 가지고도 서구보다
더 빠르고 높은 경제성장을 이루었다는 사실에 초점을 맞추어 '중국식 발전'
모델 혹은 방식의 우월성 내지 타당성을 주장하는 것이다. 이들 신좌파는
급격한 경제성장과 빈부격차를 두고 시장주의의 폐단을 비판하면서 국가권
력의 중요성을 강조한다. 대국굴기를 천명한 후진타오 정부의 후기에 더욱
목소리를 갖게 된 이러한 이념적 성향은 홍색자본론의 주장으로 이어지고
있다.

내가 조심스럽게 진단하는 점은 중국에서 사회주의 혁명 프로그램은 끝나지 않았다는 현실이다. 사람들의 물질생활과 거리의 풍경이 이전과는 상전벽해라는 말을 증명할 정도로 획기적인 변화를 보이고 있다. 그래서 많은 사람들, 특히 우리나라를 비롯한 외국의 정치사회학자들은 중국에서 자본주의 체제의 경제가 확산됨에 따라 자유와 민주사상의 자연적인 발전이 따르게 되고 세대에 따라 다른 이념과 가치관과 라이프 스타일의 보편화는 마침내 사회주의 체제를 민주주의와 시민사회 체제로 대신하게 될 것이라는 기대를 확신에 찬 예언으로 말한다. 그러나 현실을 깊이 들여다보면 단위제와 집체주의가 대폭 해체되고 있음에도 개인은 호구제도에 의하여 사회적 진출과 혜택에서 차등대우를 받고 있고 경제의 토대가 되는 토지를 비롯한 많은 기간자원은 여전히 전민소유(全民所有)라는 이름의 국유재산으로 되어 있으며 정치적 권력이 모든 것을 우선하여 작동한다는 사실을 발견할 수 있다.

　　여기서 덩샤오핑의 개혁개방 노선이 곧 서구 시장자본주의를 말하는 것이 아니라는 점을 상기할 필요가 있다. 그가 소위 남순강화(南巡講話: 광둥성을 순방하면서 경제발전에 대한 그의 견해를 밝힌 말)에서 선부론(先富論)을 제창한 것은 마오쩌둥 시절의 평등주의를 추구한 사회주의 혁명 이데올로기와 정면으로 대립되는 것으로 여겨지기 쉽다. 그러나 그가 말한 바는 경제발전을 더욱 가속화하기 위한 기술적인 전략을 의미하는 것이다. 즉 누군가 먼저 경제적 부를 성취하면 낙후된 집단은 이를 모델로 삼아서 따라가면 된다는 것이다. 덩샤오핑은 흑묘백묘론(黑猫白猫論)으로 실리주의 혹은 실용주의자라는 말을 듣는다. 그 말의 감추어진 핵심은 고양이의 겉으로 드러나는 색깔 즉 구호상의 이념이 아니라 머릿속에 자리 잡고 있는 핵심적인 이념과 가치이다. 즉 겉으로 사회주의든 자본주의든 관계없다. "속에 사회주의가 깃들어 있는 한"이라는 말이 생략되어 있다고 이해하는 것이 안전하다고 본다. 실은 더 깊게는 홍(紅)과 전(專)은 대립이 아니라 하나로 결합되어 있음을 간파해야 한다. 그것이 곧 '사회주의 시장경제'이며 '중국식 자본주의' 또는 '홍색자본주의'인 것이다.

중국을 대표하는 굴지의 기업이나 공장은 그 이름과 경영진의 직책 명칭을 자본주의 사회의 기업처럼 바꾸고 있지만 실제로는 모든 단위와 조직체에 공산당위원회가 있어서 조직적 힘에 의하여 운영된다. 우리는 흔히 상하이를 자본주의 경제와 사상의 성공적인 실험지로 생각하기 쉽지만 국가의 기간산업체들이 국유라는 점을 알아야 한다. 즉 시장경제를 표방하더라도 국가에 의하여 관리된다. 여기서 '국가에 의한 관리'란 집권 공산당의 정치적 주도와 결정에 소수 정파들이 '이해'와 '협조'를 하여 실천한다는 뜻이다. 간단히 말하자면 중국에서는 공산당의 설계 시에 '정치협상위원회'를 통하여 조율을 한 후 '인민대표대회'에서 통과 선포하는 정치적 과정을 거친다. 따라서 덩샤오핑의 개혁개방은 중국을 간단하게 서구적 시장경제체제와 자본주의로 바꾼다는 뜻이 아니다. 현재 중국의 사회체제와 경제구조는 여전히 사회주의에 기초하고 있는 것이다. 즉, '사회주의적 시장경제'나 '중국식 자본주의' 등의 단어는 궤변이 아니라 하나의 엄연한 실험임을 주목할 필요가 있다. 그러므로 정부는 서구 학자들과 서구 학계의 풍조를 따르는 소위 진보적 중국학자들이 자본주의, 시장경제, 신자유주의, 글로벌리제이션, 민주화, 시민사회 등의 용어를 대입하여 중국의 변화를 설명하려는 시도를 중국에 대한 깊은 이해가 부족하거나 중국을 왜곡하는 것으로 평가하며 국내 학자들은 때때로 여러 형태의 학습과 교정 과정에 참가한다.

물론 그동안 정치 지도자와 행정관리는 세대교체가 되었다. 혁명 1세대와 2세대가 물러나고 3세대가 중앙의 영도 세력 집단을 이루며 지방의 간부들은 세대의 젊은이들로 채워지게 되었다. 공산당은 개혁개방 정책의 실시를 위한 하부구조의 개혁 과정에서 1980년대 후반에는 이전의 혁명 1세대의 이념형 간부 대신에 젊은 인재로 바꾸고(年輕化) 간부의 직무를 전업으로 삼고(專業化) 전문적 지식과 기술을 갖추도록 하며(專門化), 이상을 갖추고(有理想) 교육수준이 높고(有文化) 지식을 갖추고(有知識) 도덕적 가치를 갖추어야(有道德) 한다는 구호하에 간부의 근본적인 교체가 시작되었다. 그리하여 1990년대 중반에 들어서 현급(縣級) 행정 단위는 거의 30대 연령의, 전문대 이상의 학력을 가지고, 농업이나 공업 혹은 기업 운영의 전문지식을 갖추고, 다른 부업 없이 오직 직책에만 전념하는 새로운 유형의 간부로 채워졌다.

후진타오 이래 국가급 지도자 반열에 오른 새로운 인재들과 혁명 1세대 사이에는 점진적으로 거리가 생기고 있다. 문혁 및 문혁 이후의 세대는 시장경제체제를 더욱 적극적으로 추진해야 한다는 자유주의자와 홍색자본주의를 외치는 신좌파의 논쟁을 공론화하는 데 적극적이다. 시진핑(習近平) 정부에 들어와서 홍색자본주의적 추세는 더욱 뚜렷해지고 있다. 시진핑은 혁

중국몽과 사회주의 핵심가치
시진핑의 등장과 함께 그가 주창한 '중국의 꿈'과 12개의 '사회주의 핵심가치'의 선전판이 중국 전역을 장식하고 있다. 즉 부강, 민주, 문명, 화해로써 국가의, 자유, 평등, 공정, 법치로써 사회의, 애국, 경업, 성신, 우선(友善)으로써 개인의 핵심 가치로 삼는다는 것이다. 여기에 "공산당 없으면 신중국도 없다"는 과거의 구호와 노래도 함께 재강조된다.
출처: 필자 2015

명 원로들이 남긴 전통 위에서 새로운 인재의 포용 범주를 확대하는 정책적 변화를 보이고 있다.[05] 그는 대국론을 펴고 신질서체제론을 내세워 국제질서체제가 미국과 중국을 두 정점으로 하는 것으로 재편되기를 꿈꾸며, 중국이 법치와 민주와 공정성 등을 사회주의 핵심가치로 규정하고 이를 실천하는 '중국의 꿈'(中國夢)이란 이념적 단어를 유행시키고 있다. 내부적 선진국화를 위하여 법체계의 확립과 부정부패와 비정상적인 것을 바로잡는 개혁 작업을 천명하고 있다. 이러한 것은 이전에 법 없이 행정력으로써 부정과 부패를 정리하여 왔던 관행으로는 한계가 있었음을 의미함과 동시에 지구화 시대로 열린 세계 속에서 중국이 확립해야 할 위상과 입장을 추구하는 것이다. 이러한 새로운 개혁은 사회주의 체제와 이념의 틀 안에서 강하게 추진되고 있다.

새로운 세대의 간부들은 그들의 조부모 세대와 달리 개방적인 분위기를 풍기고 지식인의 자질을 갖추고 서구적 분위기를 연출하는 데에도 익숙하다. 그러나 그들은 대개 공산당의 인력 배양의 제도적 장치 안에서 허용된 경쟁을 하는 것이다. 이를 당내 민주화라고 한다. 물론 긍정적 시각의 중국 연구가들은 당내 민주화의 발전이 필연적으로 전체 사회의 민주화로 이어지게 될 것이라는 기대를 표명한다. 이미 민주라는 단어는 정부가 적극적으로 사용하고 표방하고 있다. 우리가 가져야 할 관심은 민주화가 과연 이루어지는가의 여부가 아니라 어떤 민주화가 이루어지는가에 관한 것이다. 우리가 깨달아야 하는 점은 위에서 말했듯이 중국이 마오쩌둥 시절에 많은 변화를 시도했음에도 그 체제의 근간은 아직은 사회주의를 중심으로 삼는다는 사실이다. 중국공산당의 핵심적인 입장에서는 아직도 혁명은 끝난 것이

---

05 과거에 마오쩌둥을 정점으로 하여 혁명의 주체들이 결집했다면, 이제 시진핑의 등장은 그를 중심으로 마오쩌둥을 계승하면서 제2의 혁명시대를 시작하려는 움직임을 의미하는 것으로 보인다.

아니다. 국가와 사회 발전의 방법과 형식이 때에 따라 다양하게 채택되는 것일 뿐 처음 시작한 혁명의 대장정은 계속되고 있다. 오늘날 중국에 대한 우리의 기대와 중국이 보여 주는 현실 사이에 괴리가 있는 까닭이 여기에 있다. 그 안에서 우리는 마치 우리가 1980년대에 그랬던 것처럼 중국의 정부와 지도자들이 지난 30년에 이룩한 성공 신화로 강한 자신감을 가지고 있으며 인민들 또한 당대에 이루어진 '천지가 뒤바뀌는' 발전으로 말미암은 자신감과 성취감이 있음을 발견할 것이다.

우리는 1992년에 중국과 수교를 하였으므로 중국에 대한 접근이 그만큼 늦어졌다고 볼 수 있다. 그러므로 현대 중국에 대한 우리의 지식은 아직도 깊이에 있어서 충분하지 않다. 사전의 충분한 정보 없이 찾아가는 한국인의 눈에 맞닥뜨려지는 중국의 현실은 거리를 그득 채우고 있는 남루한 차림의 유동인구(농민공)와 도시의 장사꾼과 시끄러운 관광객들의 모습으로 각인되게 마련이다. 2010년을 지나면서 베이징과 상하이를 비롯한 대도시들은 고층 빌딩과 고급호텔과 가게와 대형 백화점으로 모습이 바뀌고 거기서 우리와 다름없는 현대적 패션과 명품을 갖춘 젊은이들의 물결을 만나게 된다. 게다가 한류를 즐기며 서울과 제주도를 분주하게 채우면서 쇼핑하는 중국 손님(遊客)을 보면서 이제는 한국의 경제가 중국인들의 소비에 달려 있다는 생각을 하게 되었다. 그럼에도 불구하고 우리가 중국을 가도 중국인의 일상생활이 이루어지는 현실의 심층에 다가가는 기회는 그리 쉽게 열려 있지 않다. 당국의 허가된 관광 루트는 베이징의 창안제(長安街)와 동청취(東城區) 그리고 상하이의 와이탄(外灘)과 푸동(浦東), 신티안띠(新天地)와 난징동루(南京東路), 화이허루(淮河路) 같은 화려하고 세련된 국제적 도시 부문이거나 충더(崇德), 시안(西安), 다퉁(大同), 둔황(敦煌), 청두(成都), 취푸(曲阜), 쑤저우(蘇州), 항저우(杭州) 등 광활한 영토에 널려 있는 고대에서 근대에 이르는 역사유적

중국은 크다. 전국인민대표
대회에서는 동시에 1,800명
이 식사를 한다.
출처: 초대장 사진

지와 태산(泰山)을 필두로 한 오악(五嶽), 황산(黃山), 장자제(張家界), 창장(長江)
과 싼샤(三峽), 주자이거우(九寨構) 등 기괴하고 장려한 자연풍광에 집중되어
있다. 그러므로 보통 사람들의 일상생활 세계를 직면하는 기회는 거의 없어
서 경험적으로 알 수 있는 '중국'이란 여전히 편파적이고 피상적인 수준에
머물 수밖에 없다.

　우리가 좀 더 눈을 깊게 하면 우리가 만나는 "중국 사람"의 대부분이 한족
이라 일컫는 사람이고 따라서 중국문화라는 것도 그들의 문화를 말하는 것
이지만 국가 차원에서 말하는 중화인민공화국은 56개의 민족 집단과 세계
인구의 1/4에 해당하는 13억 인구와 동서 5,000km 남북 5,500km의 서유럽
전체와 같은 규모의 광활한 영토로 이루어진 거대하고 복합적인 나라라는
사실을 발견할 수 있다. 한국과 달리 중국은 국가의 구성 성분이 고도의 이
질성과 다양성을 가지고 있다. 그러므로 중국은 국력과 체제 및 문화 구성
에 있어서 우리와는 비대칭적 관계에 있는 상대임을 인식해야 한다. 찬찬히
들여다보면 그러한 중국의 역사를 만들어 가는 각 영역의 엘리트 집단과 다
양한 사회 집단이 만들어 내는 문화적 역동성을 경험하게 될 것이다. 달리

말하자면 중국에서 일어나고 있는 많은 역동적 현실과, 중국식 모델이라는 이름 아래 실현되는 중국식 자본주의나 시장경제는 결국 고도의 이질성을 국가적 통합으로 수렴하기 위한 정치의 틀에서 객관적이고 종합적인 안목으로 이해해야 한다.

2. 누구의 이야기를 할 것인가?

앞에서 언급했듯이 대개 사람들은 세상을 자기의 정서와 감정과 상상의 틀에서 바라보는 경향을 강하게 지닌다. 또한 지식 엘리트들의 언술과 주장이 세상을 지배하고 대변하는 것으로 여기는 지성사(intellectual history)의 틀에 의거하여 세상 읽기를 한다. 이러한 인문학적 접근을 일단 접고 내 스스로 그 인문세계를 이루고 있는 '그들' 보통 사람들에게 다가가 보는 것, 즉 그들의 세계 속으로 직접적으로 걸어 들어가 보는 것을 시도해 볼 필요가 있다. 이는 발과 눈과 가슴으로 현실의 인문학 지평을 열어 보는 시도이기도 하다.

최근 중국연구의 주도 세력을 형성하는 사회과학적 접근이 이러한 전통적인 인문학적 접근을 대신하고 있다. 그런데 눈앞에 전개되는 급격한 변화 속의 정치적 문제를 분석하고 경제적 과제의 해결책을 모색하는 사회과학자들의 접근은 중국의 역사와 문화의 중요성을 무시한 단편적 안목의 연구 풍조를 만들고 있는 것도 사실이다. 중국에서 국가권력이 막강하고 정치가 갖는 결정적 역할에 대한 인식으로부터 학자들은 정부의 정책과 법, 각종 통계수치, 제도와 조건에 초점을 맞춤으로써 행위주체로서의 백성(일반적으로 인민이라고 부르는)에 대한 이해를 간과하는 경향을 갖게 되었다고 보겠다. 그래서 지역의 역사적 깊이와 문화적인 전통이 사람들의 사고와 행위방식에 미치는 영향이 심대함에도 불구하고 우리는 중국이라는 거대한 공간을 어떤 사람들이 채우고 있는가에 대한 분석을 결여한 채 제도와 정책이 현상을 자동적으로 만들어 내는 것으로 이해하도록 유도된다.

문화의 중요성에 대한 인식은 인문학에서 이루어졌다. 인문학적 접근은 정치권력과 경제적 이익의 추구에도 불구하고 인간에게는 그것을 뛰어넘는 어떤 정신적인 요소가 있다는 믿음에서 출발한다. 인문학자들은 종교, 예술, 도덕, 가치관 등의 중요성을 말한다. 그런데 인문학은 대개 시간과 공간을 초월한 인간의 보편적인 특성을 추구함으로써 종종 지역적인 환경과 조건 그리고 시대적인 특수성을 무시하거나 과소평가하는 경향에 빠지는 경우가 있다. 나아가서 문화의 공유성과 자율성을 신뢰하는 나머지 그것이 사회구조나 권력체제 그리고 경제적 조건에 따라서 다양하게 실천된다는 점을 소홀히 취급하기 쉽다.

물론 인문학자들은 문학과 사상과 역사 연구를 통하여 그 시대의 사회상과 가치관과 시대정신을 찾아낸다. 또는 시공간을 초월하여 중국인의 정신세계에 관류하는 문화체계를 찾아내기도 한다. 사서오경과 춘추전국시대의 제자백가의 사상과 당시(唐詩)와 송사(宋詞) 그리고 원곡(元曲)을 통하여 이해하는 가치와 정서와 세계관이 오늘날의 현실을 빚어내는 것으로 여긴다. 유구한 전통에 대한 믿음은 중국인들로 하여금 모든 것을 주(周)나라 시대로부터 면면히 이어 오는 소위 "5,000년 중화전통"으로써 설명하는 경향을 만든다.

이러한 접근은 문화전통의 중요성을 일깨워 주지만 실제로 문화의 공유성과 자동성 그리고 제일성(齊一性)에 치우침으로써 한 사회와 시대에 문화가 다양하며 서로 다른 문화적 성향 사이에 갈등과 경쟁 그리고 타협의 끊임없는 과정이 있다는 점을 간과한다. 인문학적 문화의 핵심은 문자를 매개로 하여 만들어지고 전해지고 실천되는 것이어서 결국 식자들이 특권적으로 향유하였던 흔히 대전통이라고 하는 것이다. 그러므로 오늘날 중국의 전통문화를 감상한다는 것은 문자 엘리트들의 전통을 회상하는 것으로 집중된다. 우리가 좀 더 균형적 시각으로 놓쳐서는 안 될 것은 그러한 대전통에서 수용되지 못한 소전통 혹은 대다수 보통 사람들의 역사관, 인생관, 도덕관, 가치관 그리고 미적인 생활 부문이다. 이 다양한 인문적 전통들의 결합 양상이 곧 그때그때의 사회문화상이다. 한 사회의 여러 이질적인 요소와 성향들은 그 사회의 통합을 파괴할 수도 있지만 동시에 사회의 활성화를 이루는 역동적 관계를 만들기도 한다. 그러므로 중국이 5,000년 동안의 변함없고 무기력한 사회가 아니라 끊임없이 변해 온 사회라는 점을 설명하기 위해서는 사회의 내적 역동성의 원천으로서 문화의 다양성과 이질성에 주목할 필요가 있다.

사회적 역동성은 세계관과 정치적 권력 그리고 경제적 힘에 대한 서로 다른 입장의 사람들의 다양한 전략적 반응의 관계에서 찾을 수 있다. 그러한 역동성을 설명하기 위하여 학자들은 국가와 사회, 지배 집단과 민중, (정치 및 경제적) 권력과 문화, 중앙과 지방 사이의 관계라는 이론의 틀을 개발하여 왔다. 앞에서도 언급했듯이 사회과학자들은 국가와 사회의 관계에 주목하면서 국가의 힘이 사회 기층까지 침투하는 기술과 방식을 보거나[06] 사람들이 자신의 이익에 대한 합리적 계산을 토대로 국가의 힘에 대하여 갈등, 저항, 대립, 경쟁, 타협 등 다양한 방식으로 대응을 하는 사회적·문화적 방식

---

06 P. Evans. T. Skocpol *et al.* eds. 1985. *Bringing the State Back In.* Cambridge: Cambridge University Press; V. Shue. 1988. *The Reach of the State.* Stanford: Stanford University Press; H. Siu. 1989. *Agent and Victims in South China.* New Haven: Yale University Press; 김광억. 2000. 『혁명과 개혁 속의 중국 농민』. 집문당.

을 주목한다.[07]

여기서 우리가 관찰과 분석의 단위로 삼는 중국사회란 어떤 것인가? 사회를 종합적으로 파악하기 위해서 우리는 그것을 정치적 권력체계와 경제 즉 시장구조 그리고 문화가 결합되는 접점(nexus)에서 찾아야 한다. 왜냐하면 사람들이 자신이 속한 세계를 인식할 때에는 정치 및 행정 단위로서의 지역사회와 사회적 관계가 작동하고 경제생활을 함께하는 단위로서의 사회와, 가치와 신념, 관행, 신앙생활 등 문화가 실천되는 지역적 범주를 생각하게 되기 때문이다. 이 세 범주가 언제나 동일한 것은 아니다. 즉 한 사람의 정치적·사회적·경제적 그리고 문화적 활동의 세계는 그 경계가 흔히 다르다. 정치·사회·경제·문화의 중심지란 이 요소들이 만나는 접점지대를 말한다. 정치학자들은 대개 문화를 부수적이거나 지엽적인 것으로 보고, 경제학자들은 경제적 조건이 확보되면 모든 사회문화적 욕망은 자동적으로 성취될 수 있다는 경제결정론을 강조하는 경향이 강하다. 보기에 따라서는 실제로 그런 것 같기도 하다. 그러나 사람의 생활은 오직 정치와 경제적 요소의 일방적 영향에 의해서만 이루어지거나 평가되는 것이 아니다. 그리고 정치와 경제는 사람이 주체가 되어서 결정되며 궁극적으로 인간적 삶의 의미와 조건에 대한 평가에 의하여 뒷받침되는 것이다. 물론 역사를 통해 볼 때 중국에서 인민에 의하여 정치가 실천되어 온 것은 아니다. 중국의 주된 정치이념의 바탕에는 통치자는 백성을 긍휼히 여기고 보호하는 민생과 민본 사상이 핵심을 차지하며 백성이 통치자를 선택하는 것을 포함하여 모든 일에 궁극적인 결정권을 행사하는 서구식의 민주사상은 아니다. 그러므로 국가와 인민은 적당한 선에서 서로의 영역을 가지면서 하나의 통합된 단위를 형

---

07 J. Scott. 1990. *Domination and the Art of Resistance*. New Haven: Yale University Press; S. Huang. 1990. *The Spiral Road*. Boulder: Westview Press.

성하는 독특한 관계를 지녀 오고 있다. 이러한 관계 속에서 인민은 "상부(정부)에 정책이 있다면 아래(우리)에는 대책이 있다"(上有政策 下有對策)란 말을 즐기듯이 국가에 대응하는 그들 나름의 전략을 행사하고 있다.

국가가 인민에 대하여 엄중한 관심을 기울이는 이유는 유교적 시각에서 보면 인민이란 소질(素質)이 낮은 존재이므로 합리적이고 가부장적 온정을 가진 국가가 교화해야 하는 대상으로 인식되기 때문이다. 그러나 인민을 계도하는 노력은 실은 그들로부터 국가의 통치권을 인정받기 위한 시도라고 해석할 수 있다. 인민은 무식하고 투박하며 제멋대로인 존재로 여겨지며 정치권력의 주변부에 처해지지만 동시에 언제나 국가의 주인으로 존재한다는 기이하고도 흥미로운 사실을 간파할 필요가 있다. 즉 그들은 지배를 받는 주인, 주변에 존재하는 주인, 혹은 기층을 이루는 주인이다. 그러므로 정치 엘리트들은 언제나 국가를 내세워 인민을 통제하려고 한다. 여기서 인민을 통제한다는 것은 궁극적으로는 인민으로부터 인정을 받으려는 행위인 것이다. 인민의 일상세계는 따라서 아무렇지도 않고 관심의 대상도 아닌 듯이 여겨지지만 실은 국가에 의하여 끊임없이 관찰되고 관리된다. 곧 인민이란 국가의 간섭을 때로는 두려워하고 때로는 귀찮게 여기면서도 만약 국가가 그들에게 소홀히 하면 불만과 항의를 표하는 존재이다. 그러므로 중국에서 국가와 인민의 관계는 참으로 흥미로운 것이다.

이러한 맥락에서 사회와 문화 현상의 주체로서의 '사람'에 초점을 맞춘 관찰이 필요하다. 그중에서도 정치적 권력이나 지식생산의 권력을 독점하는 엘리트 대신에 그들이 인민이라 부르고 우리가 백성이라 이름하는 사람들에 대한 관심을 가질 필요가 있다. 그들은 평범한 이름에 얼굴이 없으며 죽어도 그 흔적이 남겨질 공간을 부여받지 못하는 사람들이지만 역사적 발전과정에서 언제나 마지막 주체가 되었고 평소 국가지배에 균질적으로 순응하면서도 내밀하게는 다양한 집단과 세력을 만들어 낸다. 중국인과 그들의 사회를 이해하는 것은 곧 이러한 사람들이 국가와 권력 엘리트와 어떤 경쟁과 타협과 공모를 하여 일상이라는 현실을 만들어 내는가 혹은 그들이 만들어 내는 일상세계는 어떤 것인가를 살펴보는 것이다.

일상세계에 대하여 사회과학자들은 현재라는 시간적 차원에서 접근한다. 즉 실증적으로 포착할 수 있는 증거들을 가지고 현재적 삶을 분석한다. 여기에 몇 가지 함정이 있다. 하나는 실증주의의 함정이다. 그것은 숫자로 환산되는 것에 지나치게 의존하는 방법론적 경향이다. 정치체제, 사회적 행위, 경제 조건 등은 모두 설문 조사, 통계표, 면접, 관찰 등의 방법으로 이해한다. 모든 것은 숫자로 표현된다. 즉 숫자로 표현되지 않는 것 혹은 숫자로 표현할 수 없는 것, 더 엄밀히 말하자면 실증적으로 파악할 수 없는 것은 자료로서 인정하지 못한다. 이를테면 감정은 숫자로 계산되지 못하므로 무시된다. 두 번째는 무엇보다 현실의 주체는 사람이지만 사람에 초점을 맞추지 않고 경제·정치·사회적 제도와 조건에 초점을 맞춘다. 그런 것이 인간의 바깥에 존재하면서 인간을 구속하거나 인간이 그 바깥의 사회적·정치적·경제적 구조, 조건, 제도, 체계 등에 의하여 영향을 받는 것으로 본다. 그것들을 설명하면 자연히 인간의 행위를 예측할 수 있다는 입장이다. 인간의 머리와 마음속에 어떤 계산과 감정이 작용하여 그들이 처한 정치·경제·사회적 상황에 전략적이고 선택적으로 대응하는지 나아가서는 인간이 주체가 되어 그러한 상황과 조건을 규정짓고 만드는지를 보지 않는다. 셋째는 현재를 과거로부터의 시간의 진행 과정 속에 처한 한 시점이라는 사실을 간과하는 점이다. 그러므로 중국인이 자신의 현재 세계를 인식하는 방식이나 행위에 대한 의미와 정당성의 부여에 과거의 경험 —직접적인 경험과 간접적인 경험— 과 기억, 그리고 심지어 상상이 작용한다는 사실을 간과하게 된다.

이는 비단 중국인에게만 적용되는 것이 아니다. 사람은 누구나 유기체로서의 유한한 삶의 시간에도 불구하고 자신이 이 세상에 태어나기 훨씬 까마득한 이전과 자신이 죽은 후에 펼쳐지는 또한 까마득한 미래에 걸쳐서 존재한다는 상상 속에 있다. 과거로부터 전해 내려오는 기억은 현재적 삶과 자신의 운명을 해석하는 독특한 힘을 발휘하는 것이다.

이런 맥락에서 현재의 중국인들이 자신의 개인적인 행위나 국가의 운명에 대하여 논할 때 무의식적으로 역사라는 기억의 세계를 언급하는 것을 이해할 수 있다. 기억은 현재의 시간에서 먼 과거로 거슬러 올라가게 마련이어서 가까운 과거의 경험이 보다 더 생생하고 강력하게 작용한다. 그들은 천안문사태, 덩사오핑, 문화대혁명, 마오쩌둥 시절의 많은 혁명운동, 그 이전 장제스와 쑨원에 의한 민국시대, 청말과 위안스카이, 그리고 더 거슬러 올라가서 청과 명과 송과 그리고 더 거슬러서 진, 한, 당 시대에 대한 기억을 곧잘 끄집어낸다. 그것은 복고적 취향만이 아니다. 흥미롭게도 한족 사람들은 원나라나 금나라에 대한 기억은 별로 가지고 있지 않다. 이런 점은 사실 우리가 논하고 싶은 문제 즉 기억의 선택권 혹은 선택능력 혹은 기억의 주체성에 관련된 문제이다.

그들은 또한 자신의 지역을 먼 과거의 장소/지역/공간의 정치학이란 맥락에서 보는 습관이 있다. 이를테면 산둥지방을 노(魯)나라라고 하고 자오둥(膠東)지방은 제(齊)나라라고 한다. 산시지방을 진(晉)나라로, 저장성을 월(越)나라, 장쑤성을 오(吳)나라, 광둥성을 월(粤)나라라고도 부른다. 자동차 번호판에는 그러한 전통을 볼 수 있다. 즉 魯(산둥), 晉(산시), 豫(허난), 冀(허베이), 粤(광둥), 扈(상하이), 鄂(후베이), 楡(충칭), 漳(장시), 皖(안후이), 闽(푸젠), 湘(후난), 桂(광시)로 표시한다. 고대 역사에 편입되지 않은 동북지방은 각각 吉(지린), 遼(랴오닝), 黑(헤이룽장)이라 하고, 藏(시짱), 疆(신장), 靑(칭하이)이라 한다. 그리고 여러 복잡한 역사로 인하여 하나로 부르기에 곤란한 경우에는 지방의 이름을 따서 川(쓰촨), 浙(저장), 貴(구이저우, 黔), 雲(윈난), 寧(닝샤), 蒙(내몽고), 甘(간쑤, 隴), 津(톈진), 京(베이징), 陝(산시, 秦) 등으로 표시한다. 그래서 산둥에는 제노(齊魯)라는 이름을 가진 식당, 호텔, 여관이 많다. 산둥 사람을 노나라 사람이라 하고 쓰촨 사람을 촉(蜀)나라 사람이라고 부르는 것이 보통이다. 어쨌든 그들의 일상세계에서 수천 년의 시간은 응축이 되어서 현재의 지방을 상징한다. 그러므로 엄밀히 말하자면 그들이 옛 연고를 따져서 부르는 지방의 이름은 현재의 행정구역제도에 의하여 경계가 정해진 지역과 반드시 일치하는 것은 아니다. 현재의 제도 대신에 굳이 일치하지 않는 각각의 고대 시간을 따져서 자신의 현재적 세계를 이름 짓는 것은 역사의식이 깊다는 것을 말해 준다.

저간의 우리 학계의 중국연구는 인민의 일상세계에 대한 관찰을 소홀히 하여 왔다. 거시적 차원에서 권력 집단과 기구에 초점을 맞춘 연구는 각각 서구 학계와 중국 국내학계의 편향적 시각과 주제를 받아들이고 따르는 태도가 주류를 이루고 있다. 오늘날 서구의 중국학계에서는 현대 중국의 변화를 국가권력과 시민사회의 대결이 빚어내는 현상으로 보려는 관심이 지배적이며 포스트모더니즘의 유행에 따라 중국에서 현대성(modernity)의 실천 과정을 보려는 주제가 유행한다. 곧 중국은 현대성에 대한 서구적 사상과 이론의 실험실로 취급된다. 그래서 좀 순진하고 도전적인 아이디어를 자랑하는 외국인들은 지방신문의 잡담(gossip)란에 등장하는 어떤 사소한 현상이나 사건도 중국에서 진행되고 있는 중요하고 심각한 권력과 문화, 국가와 시민사회의 관계를 표출하는 현상으로 강조하는 성향을 보인다. 서양적 관심이 빚어내는 '오리엔트 만들기'라고 할 수 있다. 이러한 논의들은 서구 학계 내부에서의 이론적 논읫거리로서의 중요성을 갖지만 과연 중국 인민의 진지한 삶에 어떤 유용성과 의미를 지니는 것일까? 이에 비하여 중국 국내의 학계에서는 최근 '중국 모델론'이나 '중국 예외론'으로 나타나듯이 중국적 특수성을 강조하며 이 풍조는 심지어 서구 학계의 방법론의 적용을 거부하려는 성향으로 연결되기도 한다. 물론 중국 특유의 학문적 전통이 있을 수 있고 국내학자는 외부인이 침투할 수 없는 내부적 관찰의 장점을 가지고 있다. 그러나 현재 중국의 학계는 현지에 대한 심층적이고 종합적인 참여관찰보다 관방자료와 정부의 제시를 바탕으로 삼아 현실을 해석하는 것을 주된 방식으로 삼고 있다. '학습'이라는 단어는 중국에서 독특한 정치적 의미를 지닌다. 그것은 당과 지도자의 교시를 계통적으로 이해하고 실천하는 과정이며 하나의 모범사례가 나타나면 그것을 참관하고 모델로 삼아서 그 실천을 확산하는 방법이자 과정이다. 중국에서 대중 독자를 상대로 하는 출판물은 대개 모범사례를 발굴하여 대중을 계도하는 것을 선호하며 특정 사회나 사건의 주체들에 대한 심층 조사를 바탕으로 하여 작성하는 분석적 비판 혹은 보고는 소위 "보고문학"(報告文學)이라는 장르에서 몇 편의 화제작이 나온 것 외에는 상대적으로 드물다.

그러므로 누가 주체가 된 중국인가와 무엇으로 이루어진 현실로서의 중국을 볼 것인가를 재고해야 할 것이며, 우리의 입장에서 중국을 보는 틀이 필요하다. 우리의 사회과학적 접근은 행위의 주체자인 사람에 대한 깊은 배려가 충분하지 않고 역사와 문화적 바탕에 대한 이해를 소홀히 하면서 구조, 제도, 정책, 수치의 분석에만 치우쳐 있으며 언제나 중국의 현실적 변화의 방향을 단정 짓고 한국의 운명을 연관시킨 미래에 대한 예측을 내놓으라는 주문을 받고 있다. 이러한 단기적이고 단편적이며 임기응변적 해설에 급급한 지역연구는 결코 현명한 판단을 내지 못하며 지식을 재생산할 수 있는 올바른 학문적 축적을 이룩할 수 없는 하루살이 행위에 불과하다.

한국의 지역연구와 사회과학은 이러한 사회적 요구를 과감히 무시할 수 있어야 한다.

지식사회로서의 중국

여기서 우리가 특히 주목해야 할 점은 개혁개방이 가지고 온 가장 큰 근본적인 변화는 경제성장이 아니라 인적 자원의 질과 양의 성장이라는 사실이다. 어느 사회나 마찬가지로 중국을 움직이는 새로운 힘은 이들 새로이 배양되는 신종(新種)인력 집단에 있다. 앞에서 말했듯이 혁명의 초기에 신분 분석과 분류에서 무산계급을 찬양하고 지식계급을 부정적으로 취급하는 것이 공식적 입장이었다. 그러나 궁극적으로 마오쩌둥 시대나 덩샤오핑 시대를 통틀어 '사회주의 혁명'의 이름하에 중국을 지배해 온 권력 엘리트는 모두 일종의 지식 엘리트임을 발견할 수 있다. 다만 그들의 전략과 이념적인 방향에서 세대와 시대에 따라 차이가 있을 뿐이다. 그러므로 우리는 중국의 지식사회가 어떻게 변하며 어떤 종류와 수준의 지식 엘리트들이 배양되고 있는가를 냉철한 안목으로 직시해야 한다. 중국이 우리의 운명에 절대적인 영향을 미친다면 우리는 그들의 엘리트와 불가분의 관계를 가지게 될 것이기 때문이다.

중국에서 2010년까지의 대학 졸업자는 연 6300만 명이었다. 퍼센트로 현실을 인식하게 유도하는 방법은 매년 전체 인구의 0.15%가 대학 입학생이며 4.6억의 도시인구 중에서 연 수익 100만 위안 이상인 가족이 전체의 1%가 된다는 표현을 함으로써 매년 200만 명이 대학에 입학하며 4500만 명이 고소득 가족의 성원이라는 현실을 과소평가하게 만든다. 2010년부터는 연 1000만 위안 이상의 고소득자를 부자로 분류하게 되었는데 82만 5000명으로서 인구 만 명 중 한 명꼴이다. 1978년 200명의 국비 단기 파견으로 시작한 구미지역으로의 유학생은 꾸준히 그리고 1990년대부터는 급격히 증가하여 25년이 지난 2003년에는 70만 명에 달하였고 그중에서 귀국자는 17만 명이 된다. 이들은 모두 해외에서 석사와 박사 학위를 받고 연구기관에서 수년간 일을 한 경험이 있는 젊은 과학기술요원이며 금융과 주식과 전자 및 정보산업 등 새로운 분야의 기업 운영자들이다.

화약, 나침판, 종이가 중국에서 발명되었다는 사실에서도 보듯이 오랜 문명의 역사 속에서 중국은 이미 과학과 기술의 토대를 확립하고 있었다. 현대에 와서 국공내전의 혼란기인 1930년대에 중국계 인재 중 이공계의 박사 학위 소지자가 이미 800여 명이었다.[08] 18세기 서구에서 산업혁명이 본격화하기 전까지 중국의 과학은 세계적 수준이었다. 과학이 보다 체계적이고 조직적인 학문이 된 이후 중국은 서방 국가에 밀리기 시작하였을 뿐이다. 중국은 따라서 청 말기부터 100년간 움츠렸다가 이제 다시 잃어버린 전통을 되찾기 시작하는 거대한 용틀임을 하고 있다고 볼 것이다. 오늘날의 세계 속의 중국을 만들고 있는 실질적인 새로운 기술력은 바로 이들에게 있다. 길거리를 가득 메운 보통 인민들의 물결에 가려서 보이지 않는, 중국적 수준에서는 소수에 불과한 이들 고급인력은 우리의 인력에 비하여 숫자에 있어서 절대적으로 우세하다.

사회주의 혁명 과정에서 1980년대까지도 중국에서 지식인의 지위는 아주 열악하였다. 그들은 "구린내 나는 최하급(제9류) 인간"으로 낙인찍혔다. 1990년 중국의 대학에서 석사학위를 획득하고 학교에 남아서 가르치는 강사의 월급이 54위안(당시 환율로 미화 10달러)이었다. 그것은 길가의 공동변소 청소부의 월급과 동일한 것이었다. 개혁개방이 성공적으로 진행되면서 새

---

08 조선인에게 고등교육의 기회를 박탈한 일제의 혹독한 식민정책으로 인하여 우리가 1945년 광복했을 당시 국내의 박사학위 소지자는 겨우 11명이었다.

로운 고소득의 직종이 폭발적으로 증가하자 대학이나 고등교육 기관 및 연구소의 전문인력들이 대거 이들 분야로 빠져나갔다. 이를 샤하이(下海: 세속적인 직업세계로 뛰어든다는 뜻)라 하고 그러한 사람을 유상(儒商, 루샹: 선비 상인)이라 하였다.[09] 지금 조선족 출신의 중견 학자나 전문가가 이전에 비하여 급감한 것도 이 무렵이다. 이제 50대 연령의 조선족을 예로 들자면 과거에는 중국사회의 전문인력에서 다수를 점하는 엘리트 지위를 누렸지만 1990년대부터 한국 취업의 붐을 타고 넓은 중소기업의 바다 속으로 빠져 들어가서 국가적 전문인력으로서의 사회적 존재가 없어졌다. 조선족뿐만 아니라 한족도 그랬다. 그러므로 1980-1990년대의 대부분의 중국 대학에서는 뛰어난 자질의 학문 후속 세대를 확보하는 것이 당면 과제였다. 2000년대를 기하여 해외로 나갔던 전문인력들이 이들 대학과 연구기관으로 돌아오기 시작하였다. 물론 대기업체의 전문 간부인력이 되는 것에 비하면 아직도 수익 면에서는 열악하지만 상대적으로 대우와 지위가 월등하게 상승하였기 때문에 이들은 대학으로 몰린다. 그러므로 하이구이파(海歸派: 해외유학에서 귀국한 무리)와 국내파 사이에 학문연구의 방법이나 저술의 스타일 그리고 교육의 방식과 질에 있어서 많은 차이가 나기 때문에 그 갈등이 심하다.[10]

어쨌든 이제 지식인과 기술자가 노동자와 빈농 출신에 비하여 더 나은 대우와 사회적 인정을 누리게 되었고 대학과 연구소에서는 고급두뇌 유치에

---

09 뒤에서 살펴보겠지만 중국과 한국의 유교문화의 차이는 학자생활과 상업을 겸하는 것이 중국에서는 문제가 아닌 데 비하여 한국에서는 사농공상의 직업 계급화 전통이 아직도 강하게 남아 있는 점이다. 한국 유교는 근본주의적 색채가 강하고 중국 유교는 실제적이고 융통성이 있다.

10 발음을 이용해서 하이구이파(海龜派) 즉 바다거북이라고도 하는데 이는 국내에서 공부한 사람들과의 경쟁관계에 있음으로 인하여 이들을 폄하하는 측에서 만든 말이다. 우리나라에서 거북은 장수의 상징으로 특히 바다거북은 값비싼 선물거리로서 그 박제품은 벽에 걸어 놓는 귀한 장식품이 된다. 그러나 중국에서 거북은 자기 아내가 누구와 사통하고 있는지도 모르고 있는 멍청하고 윤리감이 미숙한 존재라는 뜻으로 상대방을 욕할 때 쓰는 왕빠단(王八蛋)이라는 저속어에 들어간다. 그러므로 중국인에게 바다거북은 함부로 선사해서는 안 되는 물건이다.

적극적이다. 지식산업이 바야흐로 대단히 활성화하고 있는 것이다. 샤하이를 한 사람들 중에는 돈을 벌어서 출판사를 경영하여 좋은 책을 펴내는 데 인생의 의미를 찾거나 문화 및 지식산업에 뛰어드는 것을 볼 수 있다. 대학과 연구기관이 사회적 지위를 회복한다는 사실은 곧 그들이 지녀 왔던 중화문명의 자부심과 역사가 결합하여 대단한 사회발전의 잠재력의 개발로 이어지고 있음을 의미한다.

또 하나 주목해야 할 것은 이들 새로운 세대의 지식 엘리트 중에서 공산당원이 충원된다는 점이다. 국가권력의 대리자로서 공산당 청년 간부들은 사상과 전문지식 혹은 기술을 검증받고 새로운 정치기술을 터득한 신세대 엘리트이다. 그들의 홍색사상은 문화대혁명 시대의 동방홍(東方紅)을 부르짖던 홍위병들의 절대적인 마오쩌둥 숭배사상이 아니라 애국주의와 결합한 공산당의 혁명사상이다. 그들은 보편적인 사회주의 혁명을 위한 전사가 아니라 중화대국을 지켜 나가는 애국 엘리트라는 자부심으로 키워진다. 또한 선거에 의한 정권교체가 일어나는 우리나라와 달리 중국공산당의 영구집권을 보장하는 제도적 장치 안에서 특권적으로 경쟁하면서 배양되고 있다. 이러한 확고부동한 지위의 정치 엘리트와 기타 사회와 경제 부문에 진출한 새로운 엘리트를 하나로 묶는 것은 대중적 애국주의이다. 이 애국주의의 성공 여부에 따라 이전의 엘리트와 농민 사이 혹은 중앙의 국가와 지방의 사회 사이의 긴장과 경쟁이 사회의 다양한 범주와 집단 간의 갈등과 긴장으로 발전할지도 모른다는 예측이 오늘날 정부로 하여금 다양한 문화정책과 대중교육 프로젝트를 만들게 하고 있는 것이다.

개혁개방의 초기 단계에는 지방 소도시의 고등학교만 나와도 엘리트로 여겨졌다. 그러나 2010년 초급중학 졸업 후 고등학교로 진학하는 비율이 월등히 높아졌으며 이들을 수용하기 위하여 고등학교가 증설되었다. 내가 조사하는 산둥성의 한 농촌 마을에서도 2010년에서 2012년의 2년 사이에 초중 졸업생 65명 가운데 50명이 고등학교에 진학하였고 그중에서 20명이 전문대학과 대학에 진학하였다. 이러한 고학력 인구의 증가는 사회 전체의 질적 향상의 한 좌표이다. 이들은 새로운 직종을 만들고 개척하며 기존의 직장의 문화를 바꾼다. 80후와 90후로 불리는 이들은 연령으로는 2030세대이다. 이들은 컴퓨터, 인터넷, 스마트폰을 일상생활의 필수품으로 사용하는 세대이며 고급소비의 주체가 된다. 성장기부터 물질적 가난과 부족을 모르고 부모로부터 모든 욕구를 충족시킬 도움을 받고 자란 세대들이다. 이들은 거침이 없고 자신감에 차 있으며 세상이 모두 자기를 중심으로 움직인다고 믿는다. 그래서 아주 밝고 활달하다. 한편으로는 한 자녀 낳기에 따라 소황제로 자랐으므로 자기중심적이며 작은 자존심의 훼손에도 과격한 공격성이나 배타성을 드러내는 성향이 강하다는 비판을 받는다. 이들은 정보와 지식과 기술뿐 아니라 패션, 취미, 멋, 음식, 여행, 음악, 라이프 스타일의 향유 방식과 수단에서 부모 세대와는 전혀 다른 세상을 살고 있다. 국가는 이들과의 대화를 위한 새로운 방식과 이념적 타협을 모색하고 있다.

3. 공민은 어떻게 만들어지는가?

우리는 곧잘 이념이나 권력이나 자본을 의인화하여 그것이 사회문화적 현실을 빚어낸다는 신화를 만든다. 그러나 현상의 궁극적인 주체는 인간이다. 이념, 권력, 자본, 기술체계 등은 주체로서의 인간이 자신의 삶의 세계를 빚어내는 행위의 결정과 실천 과정에 영향을 행사하는 외적 조건과 환경인 것이다. 그러므로 한 지역사회와 시대를 구성하고 있는 사람들에 초점을 맞추어 그들이 사회적 환경에서 어떤 전략적 적응과 경쟁을 하는가를 살펴볼 필요가 있다. 그러한 외부적 조건과 인간 주체성 사이의 관계를 작동시키는 데 참고사항의 다발이 곧 문화이다.

여기서 우리는 그동안 지식 엘리트와 권력자에 초점을 맞추어 그들 중심의 사회 읽기에 익숙해 왔음을 재고해야 한다. 물론 인민이라고 부르는 '보통 사람들' 즉 군중(공산당원이 아닌 사람은 자신의 입장을 군중이라는 단어로 표시한다), 대중, 그리고 농민에 대한 관찰이 없었던 것은 아니지만 계급 혹은 신분적인 의미를 담고 있는 이러한 용어가 국가-사회의 역동적 관계를 설명하는 데에서 정치적인 이념을 담게 되면서 매력을 잃어버렸다. 계급론자는 곧잘 엘리트와 민중의 이분법으로 설명하기를 좋아하지만 실제 현실에서 엘리트와 민중은 각각 다양하고 이질적인 하위 범주로 나눠지고 동시에 계급적 경계를 모호하게 하면서 서로 얽혀 있음을 쉽게 발견한다. 혈연이나 지연에 기반을 둔 인간관계와 윤리관 혹은 가치관은 이미 국가에 의하여 전근대적이고 반사회적인 문화전통이라고 공식적으로 부정된 오늘날에도 여전히 계층이나 계급을 넘어서 일상생활과 사회의 여러 영역에서 맥락에 따라 비공식적으로는 실질적인 영향력을 강하게 행사하고 있다.

그러므로 중국의 현실을 이해하기 위해서는 이들 민중과 엘리트를 하나의 공동체를 구성하는 각각 다른 문화적 존재로 보고 이들 사이의 관계성 속에서 사회의 역동성을 파악해야 한다. 한때 갈등(conflict) 및 저항(resistance) 이론이 시대와 사회의 변화의 역동성을 설명하는 데 동원되었다. 그러나 사회는 변함과 동시에 지속과 재생산의 힘을 가지고 있으며 그것은 경쟁관계에 있는 세력 혹은 성향들이 하나의 공동체를 구성하기 위하여 타협과 공모를 하는 데서 나타난다. 따라서 농촌과 도시 혹은 농민과 도시인 그리고 국가와 사회는 대결과 공모의 두 차원에서 함께 볼 필요가 있다.

사실 중국에서 최근까지 백성의 존재는 크게 드러나지 않았다고 볼 수 있다. 정부는 언론을 장악하였고 인민은 교화와 지도의 대상으로 묘사되었으며 일방적으로 정부의 교시를 학습하고 따르는 것으로 여겨졌다. 그러나 인민의 목소리가 없는 것은 사회가 일사천리로 정부를 따르는 현상이 아니며 인민은 또한 다양한 입장과 가치관과 권력관계에 있음을 간과해서는 안 된다.

이런 맥락에서 정부와 정치 지도자들은 보통 사람들의 의식체계와 그 의식의 바탕이 되는 역사인식에 각별한 관심을 쏟게 마련이다. 국가의 이름으로 진행된 역사를 인민이 어떻게 받아들이는가는 곧 국가와 사회가 어떻게 결합하는가를 결정하는 요소이기 때문이다. 대개 "역사를 만드는 것은 권력자이지만 그 역사를 품고 사는 자는 백성이다"(카뮈). 그러므로 "기억을 통제하는 것은 곧 인민을 통제하는 것이다"(푸코). 인민은 그들만의 세계와 역사적 기억의 장치를 가지고 있어서 국가와 엘리트와 부단한 긴장과 경쟁과 갈등 그리고 타협을 만들고 있다. 정부는 국가와 국민 간 타협과 공모를 위하여 애국주의, 대중적 민족주의 그리고 중화주의를 고취하고 이를 더욱 감격적으로 전개하기 위한 역사기억의 문화적 장치를 개발하게 된다. 정치란 결국 이러한 대중의 기억과 감정을 조직하는 기술이요 능력이니 곧 공동체의 상징적 구축을 위한 문화의 정치학을 보게 되는 것이다.

사실 공동체란 문화적 동질성으로 형성된다는 믿음과는 달리 그 안에 오히려 다양한 문화적 차이들이 존재한다. "우리는 한 배에 탔다(공동운명체이다)"라고 말하는 것은 실제로 그렇다는 사실을 말하는 경우 외에 실제로는 그렇지 않다는 의미이기도 하다. 어떤 가치가 지극히 일상적으로 실천되고 있다면 우리는 군이 그것을 상기하거나 강조할 필요를 느끼지 않는다. 공동운명체의 담론은 공동체의 해체 조짐이 심각할 때나 공동체를 만들어야 한다는 이상을 강조할 때 역설적으로 강조되는 것이다.[11] 따라서 오늘날 중국이 하나의 거대한 사회적 통합체라고 하는 것은 일종의 상상의 공동체 (imagined community)이며 상징적 구축(symbolic construction)이라고 볼 수 있다. 어느 국가에서든 서로 직접 얼굴을 마주하지 않고 서로 알지 못하고 그 사회문화적 배경과 인종적 원천이 다른 사람들이 마치 동일한 뿌리에서 나왔고 동일한 역사와 사회적 운명에 놓여 있다는 상상에 의해서 동질성을 확인하여 공동체 속에서 살고 있다는 생각을 하도록 문화적 상징들이 동원되고 조작되는 것이다. 특히 중국을 하나의 나라, 하나의 민족으로 주장하는 것은 상상의 공동체이다.[12]

광활한 영토와 복잡한 민족관계로 구성되는 중국은 급격한 경제성장에 따른 사회적 변화가 자칫 국가적 통합을 위협하는 힘을 낳을지도 모르는 가능성에 대한 경계를 높일 수밖에 없다. 따라서 정부는 중화인민공화국에 대한 충성과 사랑의 마음을 개개인의 가슴에 심기 위한 문화 캠페인과 프로그램을 개발하고 확산하는 데 각별한 관심을 쏟는다. 그것은 혁명의 필연성, 공산당의 도덕적 우월성, 공산당 영도하의 국가체제가 필수라는 믿음을 대중에게 각인시키는 문화정치의 작업이다. 특히 개혁개방 이래 중국이 긴 잠에서 깨어나 짧은 시간에 명실공히 세계 강대국으로서의 입지를 달성한 감격적인 역사적 경험에 대한 자부심이 최근 대중교육을 위한 문화정치의 중심 주제가 되고 있다.

TV와 사회교육

중국에서는 국민이나 시민이라는 단어를 쓰지 않는다. 대신에 공민이라

---

11   A. Cohen. 1983. *Symbolic Construction of Community*. London: Tavistock.
12   B. Anderson. 1983. *Imagined Community*. London: Verso (윤형숙 옮김. 2002. 『상상의 공동체』. 나남).

한다. 국민은 지난 시절 국가우선주의를 내세우고 민은 국가의 지배를 받는다는 뜻이 있기 때문에 국가의 주인이자 만민평등을 내세우는 혁명의 이념에 어울리지 않는 말이다. 시민이란 서구에서 흔히 쓰는 개념이며 맥락에 따라서는 지배에 대한 저항과 도전 세력을 의미하므로 역시 탐탁잖은 신개념 단어이다. 공민은 모든 민족을 포함하고 사적인 존재가 아니라 중국이라는 공동체를 구성하는 주인이라는 의미에서 공식용어가 되었다. 올바른 중국 공민이 되려면 공산당 주도의 국가와 혁명의 이념을 익히고 국가의 핵심적 가치를 온전하게 지녀야 한다. 공민으로서의 자질을 충실히 갖추도록 정부는 다양한 문화정치의 프로그램을 펼친다.

마오쩌둥 시절에는 정치적 이념의 문화적 실천을 위한 사회교육은 주로 대중전달매체와 대중문화의 연행을 통하여 진행되었다. 문맹률이 높고 대중매체가 발달하지 않은 수준의 사회에서는 조직적인 "학습"과 "독보조(讀報組) 활동"13 외에 영화와 연극을 비롯한 "문예활동"과 구호와 연설과 퍼레이드를 통한 선동적인 다양한 "군중대회"가 정부의 뜻을 인민에게 주입하는 대표적인 방법이었다.

그러나 개혁개방 시대에 와서 대중매체가 급속히 발달 확산되었다. 1970년대까지도 신문과 라디오의 개인 보급률은 아주 낮았다. 〈인민일보〉는 현급(縣級) 정부에까지는 한 부씩 "배급"되었고 현정부 선전부는 그 신문에서 내용을 발췌 정리하여 하급의 향진정부와 촌정부에 한 부씩 내부 문건으로 만들어 보급하였다. 2010년대에 들어서는 현저히 줄어들었지만 최근까지도 학교나 기관 단위에는 대중 게시판에 지방정부 발행의 신문이 벽보처럼 붙여져서 사람들이 읽도록 하였다. 그러므로 〈참고소식〉(參考消息)을 비롯한 신문에 대

---

13 여럿이 조를 짜서 전달된 신문을 함께 읽고 학습하는 활동으로서 사상을 포함한 대중교육의 중요한 수단이다.

한 접근성이 곧 권력과 지위의 상징이 되었다. 그런데 1990년대에 들어오면서 신문이나 라디오를 뛰어넘어 갑자기 텔레비전의 보급이 현저하게 늘어났다. 도시는 물론 농촌 가정에도 텔레비전이 들어오기 시작하였고 2000년대에는 컬러 TV가 대중화되었다. 1990년대 후반의 소비성향을 보면 사람들이 가장 먼저 구입하는 것이 TV이며 그다음이 자전거나 오토바이와 같은 교통수단이다. 그다음이 침대와 소파와 옷장이며 선풍기, 냉장고, 세탁기 순이다. 물론 이 모든 품목을 갖추었을 때 그들은 비로소 개혁개방의 결실을 맺는 모범 인민으로서의 기본적인 자격을 획득한 것으로 자부한다.[14] TV의 보급은 국가와 개인이 그만큼 직접적으로 연결됨을 뜻한다. '신원'(新聞: 뉴스)에 대한 다른 접근수단이 발달하지 않는 환경 속에서 그것은 모든 사람들이 세상에 대한 지식과 안목을 넓히는 수단인 동시에 정부의 메시지를 효율적으로 확산하는 기능을 수행한다. TV 프로그램은 국가의 검열을 통하여 보급되어 시청자의 욕망을 자극하는 동시에 욕망을 정치적으로 교정(矯正)하는 가장 강력하고 효율적인 정치적 문화장치이다. 그런데 2000년대 들어와서 스마트폰과 개인용 컴퓨터를 이용한 인터넷 대중화가 급격하게 확산되면서 TV와 라디오에 의존하는 50대 이상의 세대와 스마트폰을 주로 사용하는 젊은 세대 사이에는 정보와 지식과 생활방식에 있어서 본질적이라 할 만한 차이가 나타나게 되었다. 그러므로 경제발전이 이루어진 현재에 영화와 텔레비전과 라디오뿐만 아니라 인터넷에 대한 국가의 관리와 감독 체제가 강화되고 있다.

신중국 건국에서 지금까지 영화와 TV 드라마를 비롯한 대중문화의 주선율(主旋律)은 중화제국의 위대한 기억, 홍군과 공산당의 희생과 승리의 경험,

---

14 2008년 베이징올림픽을 전후하여 전국적으로 소비성향은 폭발적으로 바뀌어서 자동차, 대형 디스플레이형 텔레비전, 스마트폰, 아파트의 고급화가 도시와 농촌을 가리지 않고 유행의 물결을 이루었다.

외세의 침략에 대한 적개심과 이로 인한 애국주의의 고취로 재조된다. 인민의 협력으로 간악한 일본군과 부패한 국민당을 물리치는 홍군과 공산당의 이야기는 항상적인 주류이다. 그런데 특히 2000년대에 들어서 나타난 새로운 조류로서 '사극정치'(史劇政治)라는 말이 나올 정도로 초대형 역사 드라마가 유행하기 시작하였다. 동시에 중국의 현대와 미래를 조명하는 다큐멘터리와 혁명의 역사를 새롭게 하는 〈홍색기억〉(紅色記憶)이라는 대형 문화 프로그램이 기획되었다. 이러한 문화 프로그램들은 단순히 흥행을 위한 대중문화산업의 맥락을 넘어서 국가 공동체 이념의 확산과 더불어 대국굴기와 중화의 부흥에 걸맞은 중국 공민의 재조라는 중요한 정치적 의미와 기능을 담당하고 있다.

근대에 들어 서구(일본을 포함하여)의 침략으로 인하여 중국의 지식인들은 두드러지게 국가의 현대화에 고심을 하였는데 19세기 말의 변법자강운동과 양무운동, 20세기 초의 5·4운동 그리고 "타도 공자점"(打倒孔子店)을 외친 혁명 초기의 자기비판과 전통부정의 맥이 그러하다. 20세기 초기에 우위(吳虞), 루쉰(魯迅) 등 계몽주의 지식청년들은 유교를 "사람 잡아먹는 예교"(吃人的禮敎)라며 맹렬히 비판하였고 신중국 정부는 틈틈이 봉건사상과 낡은 제도를 이야기할 때 비공(批孔)의 언술을 생산하였다.

이러한 역사적 맥락에서 좀 더 구체적으로 살펴보면 다음과 같다. 1980년대 후반에 〈하상〉(河傷: 영어 타이틀은 River Elegy)이라는 텔레비전 다큐멘터리가 나왔다. 그것은 늙고 느리며 대륙에 닫혀 있는 중국을 황허강으로 형상화한 것으로서 언제까지 중국은 과거의 꿈에서 깨어나지 못하고 낙후에 머물러 있을 것인가를 성찰하는 내용을 담고 있다. 일차적으로 그것은 문화대혁명 이후의 개혁개방의 이념적 배경을 지지하는 것으로서 호평을 받았다. 그러나 곧 그 행간에는 개혁개방 10년이 지나도록 지식계가 크게 변하지 않은 점을 비판하는 뜻이 숨어 있었다. 그것은 천안문사태를 유발하는 사상적 바탕을 제공하였다는 의심을 받았다. 곧이어 그 다큐멘터리는 중국의 찬란한 5,000년 문명을 부정적으로 보는 서구 제국주의 및 지적 식민주의의 되풀이라는 비판적 공론이 제기되었다. 사실 〈하상〉과 이를 둘러싼 논쟁은 중국의 지식인이면 근대 역사 이래 누구나 갖게 되는 고뇌이다. 낙후된 조국에 대한 비판과 성찰을 하면서도 한편으로는 자칫 빠지기 쉬운 서구 중심적 가치관과 세계관으로부터 여하히 거리를 두고 독자적인 입지를 확보할 것인가 하는 물음을 끊임없이 상기해야 하는 것은 비단 중국 지식인뿐만 아니라 서구화와 식민지배를 받은 역사를 가진 아시아의 모든 지식인들이 갖게 되는 고통스러운 자문(自問)인 것이다.

그러므로 1990년대에 혼란스러울 정도로 서구적인 것의 수입이 진행되었다가 2000년대 들어서 개혁개방 정책의 긍정적인 결과가 나타나기 시작하면서 그것이 단순히 서구 자본주의와 시장경제의 혜택이 아니라 중국에 내재한 중국문명의 위대함이 발동한 것이라는 메시지를 찾는 흐름이 지식계에서 일어나고 한족의 중국문명, 즉 중화문명의 영광스러운 전통이 영상화하기 시작한 것은 단순히 한족주의나 중화주의의 발흥이라고만 규정할 것은 아니다.

1990년대에는 소위 제3세대 감독군이 출현하여 홍군의 혁명투쟁과 사회주의 신중국의 찬양을 그린 이전의 정치선전영화와는 다른 주제와 화면의 상업영화를 내놓음으로써 세계의 이목을 집중시킨 '중국 영화'의 붐이 일어났다. 장이머우(張藝謀)는 일본군의 침략과 꿋꿋한 농민의 불굴의 정신을 그린 〈붉은 수수밭〉(紅高粱, 1987)과, 전통사회에서 신중국 건설을 거쳐 문화대혁명에 이르는 파란만장한 역사적 사건 속에서 백성의 운명이 어떻게 곡절을 겪는가를 그린 〈인생〉(1994)으로 일약 유명해졌다.[15] 대형 스크린에 어마어마한 엑스트라를 동원하여 소위 스펙타클한 장면을 연출하는 특징을 가진 이들 제3세대 영화는 해외의 관객에게 중국에 대한 신선한 호기심을 불러일으키는 결과를 가져왔다.

영화, 라디오, 텔레비전, 신문은 그 대중적 영향력의 중요성 때문에 국가의 신문광파전시총국(新聞廣播電視總局, 줄여서 광전총국)은 엄격한 검열을 하게 되는데 장이머우 감독으로 제작된 영화 〈영웅〉(2002)은 1989년 천안문사태로 인하여 위축된 공산당과 정부의 분위기를 일신시킨 것으로 평가받고 있다. 진(秦)의 천하통일 과정에서 패망한 조나라의 검객이 진시황에게 복수하기 위하여 겪어 나가는 파란만장한 이야기가 이 영화의 줄거리이다. 마지막 지척까지 다가온 자객에게 진시황은 중국인 관객의 가슴에 새겨지는 유명한 단어인 "천하"를 장중한 음성으로 내뱉는다. 그것은 자신은 하늘로부터 명을 받아 천하를 통일하는 성스러운 일을 했으며 앞으로도 그의 임무는 천하를 실천하는 것임을 천명함과 동시에 자객에게는 사사로운 감정을 충성으로 이해하여 하늘의 뜻을 거스르는 복수를 하겠느냐는 질책의 물음이다. 자객은 그 앞에서 굴복하고 장렬한 죽임을 당한다. 이 초대형 영화는 바로 천안문사태로 표현된 젊은 지식인의 불만에 대해 공산당이 이루어 나갈 대업의 메시지가 교직된 것이다.[16]

2000년 두 번째의 시도 끝에 마침내 2008년의 올림픽을 베이징에 유치하게 된 것은 중국인들에게는 5,000년 역사 가운데 가장 감격적인 사건으로 열광적인 축하의 계기가 되었다. 그것은 "우리는 이겼다!"(我們贏了!)는 환호를 합창하였듯이 오랫동안의 수치와 굴욕의 시대를 일거에 극복한 쾌

---

15 위화(余華)의 소설 『活着: 산다는 것』을 영화로 만든 것인데 중국 국내에서는 상영이 금지되었다.
16 그와 라이벌 격인 첸카이거(陳凱歌) 감독이 만든 영화 〈황제와 자객〉에서는 진시황이 폭군으로 설정된 것과는 정반대라는 점도 흥미롭다.

천하의 이념을 재기한 영
화 〈영웅〉의 최후 장면

거이자 대국으로서의 중국의 확고한 부상을 상징하는 것으로 여겨졌다. 그
이래로 대형 사극영화와 텔레비전 드라마 시리즈가 계속 나왔다. 한(漢)무
제(武帝)의 제국을 향한 위대한 팽창주의적 행보에 관한 사극은 공전의 인
기를 얻었으며, 당태종의 성당제국(盛唐帝國)의 기틀이 확립되는 과정을 그
린 〈정관지치〉(貞觀之治)라는 대형 연속극은 바로 오늘날 대국굴기를 하여
다시 옛 중화제국의 부흥을 상상하기 시작하는 국가적 자신감과 기대를 대
변한다.

　2006년에 방영된 〈대국굴기〉(大國崛起)라는 다큐멘터리 시리즈는 지난 세
기에 세계의 열강으로 부상했던 영국, 독일, 프랑스, 네덜란드, 스페인, 포르
투갈, 미국, 러시아, 일본 등 9개 나라의 선진화 역사를 분석하고 중국의 흥
망성쇠를 비교하면서 이제 다시 공산당의 영도 아래 사회주의 혁명으로 다
져진 기반 위에서 위대한 대국 중국의 부흥이 임박했음을 감동적으로 전파
하는 내용의 초대형 교양물로서 전 국민의 교육 교재가 되었다. 2008 베이
징올림픽을 앞두고 대국굴기의 상상은 대중적 애국심과 자부심으로 거침없
이 대중매체를 통하여 다양하게 표출되었다. 〈대국의 중추〉(大國之樞)라는
특집교양물은 대국으로서 갖추어야 할 길로서 대형 비행기, 항공모함, 미사

일, 우주산업의 네 가지 사업을 추진할 것을 다루었고 이에 기초하여 부국강병에서 강병부국(強兵富國)으로 그 선후가 바뀌어야 한다는 군사대국으로의 중국의 부상을 주장하는 여론 조성의 각종 토론회가 전국 텔레비전 네트워크를 통하여 반복적으로 방영되었다.

이러한 토론에서 가장 설득력이 있는 역사적 경험으로 아편전쟁이 꼽히었다. 아편전쟁은 중국이 서구 열강의 밥이 되는 그 시작으로서 가장 비참하고 치욕적인 역사로 각인된다. 거대한 제국 중국이 영국이라는 작은 섬나라에 간단하게 그리고 형편없이 참패를 당한 것은 바로 무기의 차이라는 지적이다. 토론자의 한 사람인 모 대학의 70세 정도의 역사학자는 당시에 영국은 결코 작은 나라가 아니었으며 중국이 세계의 흐름에 어두워서 제때에 적응과 대응하는 능력을 갖추지 못한 내부적 원인에 주목해야 한다고 반론을 제기하였다. 그는 강병이 아니라 부국부터 하고 사회의 질량을 높이고 지구적 변화에 대응하는 국가적 능력을 제고하는 것, 그리고 문명의 개방과 포용력의 배양이 대국으로 가는 올바른 길이라고 하였다. 그러나 초대된 토론자들은 40-50대의 군사전문가, 기자, 젊은이들의 우상인 탤런트, 방송인, 안보전략가들로서 이들은 모두 그에게 "당신은 바로 서구 제국주의자들이 우리에게 주입하던 그 구닥다리 논지를 아직도 답습하고 있음을 보여 주는 것"이라며 야유를 퍼부었다. 중국이 막강한 군사력을 확보해야만 미·일의 무력에 대항하여 동아시아 평화를 담보하는 중국의 역할이 가능해진다는 논리였다. 청중으로 동원된 대학생들이 찬성의 깃발을 흔들면서 환호하였다. 아편전쟁(1840-1842) 당시 광둥총독이던 린쩌쉬(林則徐)의 비장한 용기와 장렬한 패배의 영화 장면이 참고자료로 상영되었다. 이러한 토론은 젊은 세대가 국가의 위상과 미래에 대한 자신감과 도전정신이 팽배하였음을 보여 준다. 물론 청 정부의 부패와 무능을 탓하지 않는 것은 아니지만 시청자

영불 연합군에 의
해 파괴된 원명원
의 서양루
출처: 필자 2010

의 대부분은 젊은이들의 주장을 지지하는 성향을 보였다.

한편으로 이 시기에는 지난 세기에 열강에게 약탈당했던 문화재를 반환 받아야 한다는 캠페인이 시작되고 찬란한 중화문명의 유산에 대한 대대적 인 보수사업과 해설이 대중매체를 통하여 진행되었다. 여기서는 세계질서 를 문명의 중화세계와 야만의 서구 열강의 이분법으로 인식하게 만드는 방 식의 언술이 대중적 인기를 누린다. 예를 들어 원명원(圓明園)은 이전에 봉건 체제의 부패와 무능과 사치로 인하여 통치자가 백성과 유리되고 마침내는 서구 열강에 중국이 패배하는 수치의 역사를 낳은 원인을 설명하는 증거물 로 취급되어 왔다. 그것은 곧 공산혁명의 역사적 필연성을 확인시키는 증거 로서 애국교육기지로 지정될 수 있었다. 그러나 이제 원명원은 인류역사상 유례없는 가장 완벽한 동서양 문명과 예술이 결합된 결정체가 서구 열강의 야만적인 폭력에 의하여 무참히 파괴된 문화와 문명 파괴사의 증거로 말해 진다.[17] 이로써 천하(天下)는 중화(中華)와 오랑캐(夷)로 양분되고 원명원은 찬

17 베이징에 있는 황제의 이궁(離宮)으로 지어진 여름궁으로서 면적이 3.5㎢이다. 옹정3년(1725)에 증축을 하였고 건륭과 가경제를 거치면서 계속 확충을 하였다. 중국식과 서양식의 건축과 정원 기술이 동원된 원

란한 중화/문명이 서구/야만의 폭력에 의하여 파괴되는 역사의 현장으로 재생되었다.

곧이어 〈부흥의 길〉(復興之路)이라는 주제의 대형 전시 프로젝트와 대형 무대 연행이 진행되었다. 이는 5,000년 역사를 회고하면서 찬란한 문명과 번영의 중국이 특히 현대사에서 어떻게 열강에 유린되었으며 도탄에 빠진 나라를 구하고자 어떻게 혁명이 도모되었는지를 서술하였다. 그리고 결국 신중국 건국 이래로 지난 50년간 공산당과 해방군의 영도에 의하여 중국 인민이 마침내 대국 중국의 부흥을 눈앞에 두게 된 과정이 감동적으로 극화되어 있다. 이 〈부흥의 길〉은 지금도 천안문 광장 옆의 중국역사박물관에서 전시되고 있다. 동시에 〈홍색기억〉과 〈나의 장정〉(我的長征)이라는 문화활동이 연중행사로 조직되었고 그것은 TV를 통하여 전국에 되풀이되어 방영되었다.

특히 〈나의 장정〉은 홍군이 국민당 군대에 쫓겨서 고난의 대장정을 한 발자취를 각자가 자원하여 실제로 순례대행진을 하는 프로그램이다. 당시의 열악한 조건을 따라 행군을 하는 것이 연일 현지 중계로 전국에 방영되었다. 홍군이 승리한 곳이나 전멸한 곳 그리고 험난한 산길과 추위와 굶주림 속에 초인적인 행군을 했던 지점들에서 그때의 상황을 따라 하는 것이다. 도중에 쓰러지기도 하고 지친 몸으로 부르튼 발을 절룩거리면서 마침내 그 날의 목적지까지 다다른 사람들은 감격의 눈물을 흘리며 공산당의 희생이 아니었으면 어찌 오늘의 우리가 있을 수 있었겠는가를 북받치는 감격으로

명원, 장춘원, 기린원의 세 정원으로 이루어진 호화로운 궁이었다. 문원각(文源閣)에는 사고전서(四庫全書) 정본이 소장되어 있었다. 1856년(함풍6) 애로호 전쟁(제2차 아편전쟁)에서 영불 연합군에게 약탈 파괴를 당한 채 방치되었는데 그 후 의화단 사건과 현대에 와서는 문화대혁명을 거치면서 완전 폐허가 되었다. 1984년에 유적공원 건설로 일부가 정비되었고 1988년에 전국중점문물보호단위 및 애국교육기지로 지정되었다. 정부는 2008년부터 200억 위안의 경비를 들여 복원공사를 시작하였으며 서구를 향해 강탈한 문물의 회수를 요구하는 운동을 벌였다.

〈부흥의 길〉 전람관
출처: 필자 2006

말한다. 각지의 마을이나 소도시에서 특별히 구성된 팀은 그 지역 출신으로 구성된 홍군부대가 희생된 지점에서 술을 붓고 향을 피워 넋을 달래고 통분의 눈물을 흘리기도 하였다. 이러한 감격을 함께 나누면서 전국의 시청자는 위대한 조국의 탄생에 깔려 있는 역사를 되새기며 공산당에 대한 고마움과 조국에 대한 충성심을 재삼 확인하는 것이다.

이렇게 다양한 문화 프로그램이 해를 거듭하여 계속 반복적으로 방영되기 때문에 사람들의 뇌리에 깊게 자리를 잡게 된다. 역사기억과 혁명의 메시지는 이러한 사회교육을 통하여 지극히 익숙한 일상의 일부가 된다. 내가 중국의 여러 지역을 다니면서 만난 다양한 종류의 인민들은 이러한 프로그램이 주는 언술을 판에 박은 듯이 똑같이 되풀이하였다. 그들 중에는 베이징의 천안문을 가 봤어도 원명원을 가 본 사람은 많지 않았다. 지방의 인민들에게는 천안문 광장에서 마오쩌둥 초상화를 배경으로 하여 기념사진을 찍는 것이 일생의 가장 큰 행사로서 의미를 갖는다. 비록 원명원을 가 보지 않았지만 그들은 원명원이라는 단어만 나오면 즉각 "양꾸이"(洋鬼)에 대한 증오와 비분을 토로하게 된다. 그들이 한류 드라마와 오락 프로그램을 좋아하는 것은 이러한 교육 프로그램의 반복이 주는 지루함 때문이며 동시에 일상생활 속의 이야기에 대한 갈망 때문이다. 그러나 더 깊이 들여다보면 한류의 열기를 그들이 역사인식을 거부하는 것으로 해석해서는 안 된다는 사실을 발견하게 된다. 제국의 기억과 신중국 건설에 대한 경험과 외세에 의한 수모의 기억은 그들의 역사의식의 심층에 자리 잡고 있으며 언제든지 애국심으로 연결되어 폭발할 수 있다. 한국인과 중국인 모두 역사인식과 애국심이 강하다. 지난 세기의 아픈 역사적 경험에서 한국인은 경제결정주의와 시민권리 담론을 중심으로 삼는 성향을 만들어 내었다면 현재의 중국인들은 국가가 모든 가치의 위에 위치하는 정치우선주의적 성향을 보이고 있다고 할 수 있다.

제 3 장

—

중화: 그 상상과 현실

1990년 5월 1일 노동절 휴가에 나는 태산에 올랐다. 길가에 젊은 사람이 삶은 계란을 팔고 있었다. 6·25 직후 쌀밥과 함께 계란은 잘사는 집이라는 표지이기도 하였다. 그 1950년대가 생각나서 계란을 하나 사고자 했다. 그런데 그는 나를 힐끔 보더니 한 개에 1원이라고 했다.[01] 바가지를 씌우는 것에 화가 나서 그만두었다. 돌아서는 나를 향해 그는 중얼거리듯 욕을 하였다. "싫으면 그만두라지, 일본 것 꼴도 보기 싫다." 인류학자로서 나는 언제나 현지의 보통 사람들과 같은 복장을 한다. 그날 따라 나는 회색 양복바지에 악어상표가 붙은 감색 티셔츠를 입었으니 당시 중국의 백성들 차림과는 눈에 띄게 다른 표가 났다. 내가 되돌아가서 나는 한국에서 온 사람이라고 했다. 그는 놀라는 눈을 하면서 "남조선?" 하고 물었다. 수교도 안 된 상황에서 이 적국의 사람을 만나는 것은 그에게는 신선한 충격이었다. 그는 남조선은 좋은 나라라며 엄지를 치켜세웠다. 그리곤 다시 어디 출신(家鄕)이냐고 한다. 한국이라고 했더니 구적(舊籍)이 어디냐고 한다. "한국이라니깐." "아니 조적(祖籍) 말이오." "글쎄 한국이라고 말하지 않았소." "허 참, 한국인 건 아는데 당신 할아버지가 산둥 어디에서 건너갔느냐는 말이외다." "내 할아버지의 할아버지 그리고 그 할아버지의 할아버지가 대대로 한국에서 살아온 사람인데 산둥이 왜 나오는 거요?" 그는 흥분하여 "조선 사람은 동이(東夷)가 아니겠소? 동이면 다 산둥에서 간 거지" 하고 소리쳤다. 나는 이 사람

---

01 당시 환율이 1달러 대 5.6위안이었으며 초임 대학강사의 월급이 54위안이었다. 지난에서 타이안까지 내국인의 기차표 값은 3.4위안이었다. 덧붙여 말하자면 당시 외국인은 외국인용 태환지폐를 따로 사용했는데 그것을 받아 주는 상점이나 식당이나 호텔만 이용할 수밖에 없었다. 지난에서 타이안까지 가는 외국인용 기차는 없었으므로 정식으로 하려면 160달러를 내고 승용차를 빌려야 갈 수 있었다.

의 고집을 꺾는 것은 불가능하다는 것을 깨닫고 그와 다투기를 포기하였다. 그는 내가 계란을 사겠다니까 한 개 50전이라 했다. 두 개 값으로 1원을 내니 한 개를 더 얹어서 3개를 주었다. 손을 내젓는 나에게 그는 단호하고도 강하게 다시 한 개를 주머니에 더 넣어 주면서 "사해 안에 우리는 모두 형제자매요"(四海之內皆兄弟姉妹)라며 흐뭇한 미소를 지었다.

우리는 이전에 마오쩌둥의 대륙을 중공(中共)이라 부르고 장제스(蔣介石)의 대만을 자유중국(自由中國)이라 불렀다. 중공은 대륙에서도 스스로를 그렇게 불렀는데 우리가 공산당의 중국이란 뜻으로 부른 것이라면 대륙에서는 아마도 공화국이라는 점을 강조하기 위한 것이라고 본다. 1990년대 이래 대륙은 국제 체육경기에 중국이라는 단어를 사용하였다. 대만을 의식하여 유일한 중국이라는 뜻을 말함이리라. 1911년 쑨원(孫文)의 신해혁명을 통하여 건국되고 장제스의 국민당에 의하여 계승된 중화민국(ROC: Republic of China)과 1949년 마오쩌둥에 의하여 선포된 대륙의 중화인민공화국(PRC: People's Republic of China)의 구별과 영어 표기법을 두고 간혹 사람들이 혼동을 일으킨다. 지금 대륙의 중국정부는 공식적으로 대만을 독립된 또 하나의 중국으로 인정하지 않기 때문에 우리가 습관적으로 대만을 중화민국이라고 표기하면 정식으로 부정해 버린다. 즉 대만을 국가 명칭 없이 그냥 대만이라 표기하는 것은 허용하지만 중국과 대만을 동일 선상에 놓고 표기하는 것은 인정하지 않는다. 일국양제(一國兩制)의 정책에 의하여 홍콩과 마카오는 1998년과 2000년에 각각 중화인민공화국에 귀속되어 특별행정구역(SAR: Special Administrative Region)이라고 표기한다. 법적으로 중화인민공화국의 일부이지만 굳이 이를 중화인민공화국이라는 단어로 우편물이나 공문에 표기할 것을 강요하지는 않는다. 이러한 국가 명칭은 영토(national territory)와 주권(sovereignty)을 밝히는 것이므로 정치적으로 특별히 주의를 요한다.

모든 나라에서와 마찬가지로 중국인도 자국의 문명에 대한 자부심을 강하게 가지고 있고 문명론은 끊임없이 이루어져 왔지만 최근 개혁개방의 열매가 대국굴기로 맺어짐을 확인하면서 유례가 없을 정도로 강렬하게 전개되고 있다. 그래서 나는 누가 '문명'을 정의하는지, 누가 '중국'을 문명의 요람으로 정당화하는지, 그리고 누가 중국문명을 유니크하고 오리지널한 것으로 지지하면서 동시에 다른 나라는 문명이 없거나 다른 문명은 도외시하는 언술을 만들어 내는지를 살펴보려 한다. 이러한 도발적인 생각을 통하여 나는 작금의 중국에서 어떻게 그리고 가능하면 왜 과거 중화제국의 기억이 형상화되고 재정의(redefine)되는지를 재고하려 한다. 기억의 형상화에는 역사를 선택하고 재구성하는 노력이 들어가기 때문에 그것은 권력에 관계된 일이다. 즉 자국의 역사와 문명에 대한 공론의 장을 주도하고 형상화하는 작업은 결국 정치적 행위이며 과정인 것이다.

"인문 올림픽"이라는 주제를 내걸고[02] 중국이 치른 2008년 베이징올림픽의 구호는 "하나의 세계 하나의 꿈"(同一個世界 同一個夢想)이었다. 아직도 그 흔적은 곳곳에 심심찮게 남아 있다. 허물어지고 벗겨진 담 벽에 문화대혁명의 구호가 희미하게 남아 있듯이 무엇이든지 한번 하면 저절로 사라질 때까지 그대로 방치하는 관행 때문인지 아니면 정말로 하나의 세계를 추구하는 이상이 버리기에는 너무나 아까워서 보존하려는 이유 때문인지는 모른다.

베이징올림픽의 구호는 물론 전 세계가 하나의 평화로운 공동체를 지향한다는 이상을 뜻하는 말이다. 그러나 올림픽을 전후로 전국적으로 지속적

---

02 중국에서 인문이란 단어는 우리가 흔히 쓰는 문화라는 단어와 비슷하다. 자연 혹은 본질적인 것에 무늬를 입히는 것을 문이라고 하는 것이니 곧 문화이다. 중국에서 문화는 교육을 받는 것을 뜻한다. 곧 인간이 자연 상태에서 문명을 갖게 되는 것을 말한다.

베이징의 골목길:
"하나의 세계 하나
의 꿈"
출처: 필자 2008

으로 제공되는 TV와 라디오의 교양 프로그램과 신문에 연재되는 교양 기사
는 중국문명의 세계적 위대함에 집중되는 것을 보면 그 평화로운 하나의 세
계는 곧 중화문명이 지배하는 세계라는 이중적인 의미가 들어 있음을 깨닫
게 된다. 그러므로 하나의 세계란 어떤 것이며 이는 국가와 인민의 사이에
서 과연 어느 정도 일치하는가를 살피는 것에 주목해 보자. 앞에서 우리는
중화세계의 부흥 혹은 대국 중국의 부흥을 확신하는 기억과 상상의 문화적
장치에 대하여 살펴보았다. 여기서는 중국이라는 국가 아이디어의 실체를
국가가 주도하는 상징과 상상의 구축 과정을 관찰함으로써 이해하고 동시
에 인민들이 이에 관하여 그들의 일상적 세계에서 어떻게 말하고 실천하는
지를 함께 검토할 것이다.

1. 담론과 상상 속의 중화세계

중국인의 세계관을 말할 때는 흔히 중화(中華), 화이(華夷), 천하(天下)라는
단어가 동원된다. 그것은 간단히 말하여 문명론 혹은 문명의 세계와 야만의

세계를 나누는 것이며 중국은 문명의 중심에 있다는 세계관이다. 이런 맥락에서 우리는 중국인들이 중화사상 즉 그들이 세계의 지배적 중심이라고 믿고 있다는 지적을 곧잘 한다.

사실 '중국'이란 단어가 언제부터 등장하였는지 그 역사는 일종의 수수께끼이다. 사람들이 일상적으로 사용하게 된 것은 아주 가까운 역사시대에 불과하다. 역사유물로 1963년 산시성 바오지(寶鷄)에서 하준(何尊)이라는 서주(西周) 초기시대의 청동기가 발굴되었는데 그 명문(銘文) 가운데 '택자중역'(宅玆中或)이라는 글자가 있다. 역(或)은 국(國)의 고대글자이므로 곧 중국이라는 단어가 최초로 명기된 것으로 보는데 여기서 중국이란 중원이라는 지역을 말한다. 그 후 북송시대에 와서 스지에(石介, 1005-1045)가 문명중화의 개념에서 '중국'이라는 말을 사용했다. 외적의 침입에 시달리고 쪼그라든 나라 운명에 분발하여 한족의 문명이 떨쳐지는 나라가 곧 중국인 것이니 이를 다시 일으키자는 뜻이다. '중국'은 1689년 청과 러시아 제국 사이의 '네르친스크 조약'을 맺을 때 청의 대표 수어에투(索額圖)가 처음으로 주권국가의 명칭으로 사용하였으며 중국에서는 그 이전에 나라를 중국이라는 단어로 사용한 적이 없었고 당, 송, 명, 청 등으로만 불렀다. 1912년 쑨원이 국호를 '중화민국'이라 정하였고 이를 줄여서 중국이라 부르게 된 것이다.

화(華)란 흔히 '화하문명'이라는 말에서 쓰는데 하(夏), 은(殷), 주(周)로 이어지는 고대 도시국가 시절을 최초의 국가로 보는 관점에서 만들어진 또는 정의된 문명개념이다. 그러므로 유교 이전의 고대문명을 가리키는 것이다. 사실 중국의 문명은 인류역사에서 아주 오래된 것이다. 서구가 그 문명의 발상지로 삼는 그리스는 그보다 훨씬 후의 일이니 중국인들이 그들의 유장한 문명의 역사에 자부심을 가질 충분한 이유가 있다. 자부심이 강한 만큼 서구에 의하여 침략과 부정을 당한 굴욕의 역사에 대해 깊은 수치와 한이 맺혀 있는 것도 또한 쉽게 이해할 수 있으며 오늘날 그 중화의 위대한 역사를 재현하려는 강렬한 욕구가 에너지로 발하는 것도 이러한 맥락에서 이해될 수 있다. 그런데 또한 중국의 문명은 그 민족과 국가의 역사만큼이나 복합적이고 다양하다. 그래서 중국인들이 중국과 중화를 단일한 단위와 체제로 말하는 데에는 문제가 있으며 그 표현 밑에 있는 복합적인 내용과 의미를 깊고 넓게 터득해야 한다.

중국인들이 '중국'과 '중화'와 '천하'를 중국을 일컫는 같은 의미의 단어라고 여기며 그 신념은 필부필부에게도 아주 강력하게 자리 잡고 있어서 자주 배타적 민족주의나 공격적 중화사상으로 비판받기 때문에 통찰력을 가지고 이해해야 한다. 중국의 사상가 혹은 철학자들은 중국인의 세계관은 천인합일(天人合一) 사상에 기초한다고 말한다. 사실 이 세상 어디서나 사람은 하늘을 경외하고 하늘이 인간의 운명을 지배한다고 믿으며 인간과 하늘이 하나가 되는 것을 이상으로 함을 볼 수 있다. 인간과 자연 혹은 자연과 문화를 구분하는 것은 그리 오래전 일이 아니다. 서구에서도 그리스 시대에 자연이 인간과 구별되어 대상화하지는 않았다. 현재 영악해진 인간이 이익을 위하여 자연을 대상화하거나 하늘을 속일 수 있는 배짱을 가지기 전에는 고대에서 전통시대에 이르는 오랜 역사 속에서 인간이 하늘을 자신과 합일된 어떤 존재 혹은 세계로 인식하여 온 것을 쉽게 상상할 수 있다. 그러므로 천인합일이 굳이 중국인의 고유한 사상체계라고 하는 주장은 무리이다. 다만 중국에서는 주역이나 도교와 같은 자연과 인간이 하나의 연결 고리 속에 있다는 사상을 설명하는 틀을 오래전부터 신앙체계나 의례로 발전시켜 왔고 또한 문자로써 설명을 남기는 일이 다른 지역보다 더 일찍 있어 왔다. 천하(天下)는 하늘의 뜻을 받은 자(天子)가 다스리는 세계를 의미한다. 천하대일통(天下大一統)이란 하늘 아래 세상을 하나의 통치체제 속에 둔다는 뜻이다. 그것은 곧 동궤동문동륜(同軌同文同倫) 즉 통일된 제도와 언어와 문화로써 모든 사람을 다스리는 것을 의미한다.[03]

　천하는 크게 보면 그러한 동궤동문동륜, 즉 제도와 지식과 문화를 공유하는 사람과 그렇지 않은 사람을 문명과 야만으로 나누는 사고방식의 표현이다. 보통 천하는 중국인들의 문명론을 대변하는 관념어이다. 이때 천하와 천하가 아닌 세계, 즉 중화(華)의 세계와 오랑캐(夷) 혹은 야만의 세계를 나누는 문명이란 보통 유교문명으로 대변하는 경향이 있다. 그런데 잘 생각해보면 천하관은 유교 이전부터 있었다. 그러므로 시대를 거치면서 언제부터인가 문자로써 설명과 기록을 장악하는 유(儒)가 화이(華夷)구분의 담론을 주도하면서 마침내 유교적 사상과 언술로써 천하의 범주를 구축하게 된 사상의 형성사가 이루어진 것으로 보겠다. 천하와 중화 혹은 화이가 유교의 발명인 것처럼 인식된 데는 이러한 연고가 있다.

　천하관은 권력 또는 문화의 우월성에 기초하여 그 영향권에 있는 핵심지역과 그 변경지역을 안(내)과 밖(외)으로 구분하여 중국 중심의 통치권역의 내부적 차별화를 정당화하는 고대 세계관이다. 문화적 우월성에 기초한 중국 중심의 천하론에 의하면 중국의 왕은 하늘의 명을 받은 천자로서 천하를 통치하게 된다. 은(殷)대에 와서 이 세계관은 내복(內服)과 외복(外服)으로 나누어졌는데 천자(왕)가 직접 통치하는 지역은 수도인 상(商)을 중심으로 하는 지역을 내복, 은(殷)왕의 군사적 영도 아래 연맹을 형성했던 다른 씨족국가들로 형성되어 간접적으로 통치되는 지역을 외복이라 하였다. 이는 주(周)왕조에 이르러 오복제도(五服制度)를 통하여 더욱 구체화되었다. 즉 주왕의 통치범위의 원근과 봉건제후의 등급에 따라 전복(佃服), 후복(候服), 빈복(賓

---

03 「중용」 28장: 非天子不議禮 不制度 不考文 今天下 車同軌 書同文 行同倫.

服), 요복(要服), 황복(荒服)의 오복으로 구분되었고 이 오복의 치자(治者)인 봉건제후가 화이를 막론하고 군신의 예를 의미하는 조공의 체계를 이루었다. 그리고 외복과 내복 지역을 둘러싸는 이적(夷狄)과 만융(蠻戎)의 오랑캐 지역으로 구분하여 통치하게 된다.[04]

이 천하의 역사지리학적 개념으로 중원(中原)을 꼽는다. 오늘날의 허난성과 허베이성의 남부 및 산둥성 서부의 일부를 아우르는 지역으로서 흔히 이 지역을 차지하는 자가 곧 패자(覇者)로 칭해졌다고 한다. 하(夏), 은(殷), 주(周)의 고대 도시국가의 터이다. 이 지역을 중심으로 삼아서 그 동서남북의 주변지역을 오랑캐 지역으로 상정한 것이니 대체로 오늘날의 산둥성과 장쑤성 북부 및 허베이성은 동이(東夷), 베이징과 산시(山西)성 이북은 북적(北狄), 산시(陝西)성과 그 바깥지역은 서융(西戎), 그리고 창장강 이남은 모두 남만(南蠻)의 지역이었던 것이다. 그러므로 천하와 마찬가지로 중원도 하나의 개념어로서 시대에 따라서 사람들의 관념상의 지도에서 그 차지하는 영역은 다양하였다. 중국의 역사를 통하여 통일국가의 수도는 진, 한, 수, 당 기간에는 시안(함양 또는 장안으로 불렸다), 후한·위·서진·북위·오대십국·후량·후주 등 9개 나라의 수도는 뤄양, (북)송대에는 카이펑(남송시기는 항저우), 원·명·청 3대와 현대에는 베이징, 그리고 난징(명대와 민국시절에 잠시 수도였다)이었지만 사람들의 인식 속에는 지도상으로는 막연하지만 중원이라는 존재가

---

04 조공체계는 唐代에 와서 조공무역을 관리하기 위한 鴻臚寺를 설치하였고 송과 원대에 이르러 체계화되었으며 명대에 이르러 가장 전형적인 형태를 갖추면서 동아시아 국제질서체계로 자리를 잡았다. 학자에 따라서는 조공체제를 중국 중심의 수직적 정치 지배관계가 아니라 중국이 주변 나라들과 맺는 호혜적인 경제관계의 네트워크로 본다. 그리고 중국이 주변 국가들에게 더 많은 혜택을 제공함으로써 지역의 안정과 평화를 유지하는 국제 정치경제체제로 본다. 그런데 명과 청은 조선에 대해서만은 호혜가 아닌 동맹과 감시의 이중적인 관계를 맺었던 것으로 본다. 조선의 문명과 국가관리체제가 중국에 버금가는 수준이었기 때문에 역내 안정을 위한 동맹관계를 유지함과 동시에 조선이 중국에 대한 위협이 아닌 충성의 입장을 가지고 있음을 증명하기 위하여 중국이 조공무역을 통하여 조선에 주는 것보다 더 많은 것을 조선이 중국에 제공하기를 끊임없이 요구했다는 것이다.

각인되어 있다. 그 중원이 천하 곧 천자가 다스리는 문명세계인 중화의 중심인 것이다.

천하관에 깃들어 있는 중화질서의 논리는 앞서 말한 대로, 후대에 와서 점차 유가에 의하여 유가적 언술로 세련됨으로써 결국 유교를 기반으로 한 위계적 구조를 가지게 되었다고 본다. 특히 춘추시대에 들어와 존왕양이(尊王攘夷) 사상에 의하여 오랑캐는 동화의 대상이거나 내몰아야 할 대상으로 규정되었다.

그런데 이러한 천하관은 최근 들어, 앞서 소개한 〈영웅〉이라는 영화를 통하여 갑자기 대중적인 단어로 확산되었고 여러 학자들이 천하관에 대한 논의를 시작하였다. 이는 중국정부와 국가 지도자들이 화해사상과 유교문화의 부흥 및 동아시아 여러 나라들이 유교문명의 전통을 공통분모로 삼아서 문화 공동체를 이루자는 메시지를 표방하는 것과 어떤 상관성이 있음을 감지하게 만든다. 여기서 생각되는 것은 화이론에 입각한 중국이라는 세계의 영토적인 크기나 그 안에 담기는 종족이나 민족의 정체가 오랜 중국의 역사를 통해 볼 때 일정하지 않았다는 점이다. 그 실천의 형태나 강조는 역사를 통하여 다양하게 변해 왔으며 이러한 역사적 사실로부터 중화사상과 천하체계의 개념은 여러 가지 다양한 언술로 표명된다. 그것은 중국을 둘러싼 국제질서뿐만 아니라 내부적인 정치환경의 변화에 대한 반응으로 볼 수 있다.

천하와 화이의 사상은 선진(先秦)시대에 정립된 것으로 말해지지만 당시에는 여러 제후국들이 패권다툼을 하는 과정에서 각자 자신의 통치를 정당화하는 논리로 채택이 되었던바 중국 내부의 권력관계에 불과하였다고 보겠다. 실제로 그 이론적 토대가 되는 공자의 철학은 동시대의 제후들에 의하여 받아들여지지 않았다. 그의 철학은 제자들에 의하여 『논어』(論語)로 집대성되었고 후대에 와서 『맹자』(孟子)에 의하여 수신(修身)에서 치국평천하(治國 平天下)에 이르는 군자의 수기와 왕도정치의 사상체계로 완성된 것이다.

선진시기 제나라의 환공은 관중의 주장을 받아들여 유교적 예의보다 부국강병이라는 어쩌면 유교에 대조되는 경세철학으로써 마침내 진(秦)과 천하를 다투는 최대의 패자로 융성하였다.[05] 따라서 화이관에 입각한 천하론은 최초의 통일국가인 진과 그 뒤를 이은 한(漢)을 거치면서 점차 그 해석이 첨가되고 확대되기 시작하였다고 볼 수 있다. 즉 천하의 개념과 그 공간적 범주와 주도적 집단은 시대에 따라서 변화해 왔다.

여기서 나는 일반 인민은 물론이지만 중국의 대부분의 문화론자들조차 과거를 하나의 동질적인 시간으로 취급하는 경향을 보인다는 점을 주목한다. 중국의 많은 사람들이 과거, 전통, 고대, 봉건 등의 역사 과정의 분절을 칭하는 단어를 별다른 주의를 기울이지 않고 일상적으로 사용하고 있다. 이는 시간에 대한 동양적 사유의 한 형식이기도 하다. 즉 시간을 일정한 방향으로 나아가는 직선적(lineal) 개념으로 인식하는 서구의 관념과 달리 동양에서는 시간은 계속 되풀이되면서 새로운 시간이 더해지는 나선형(spiral)의 진행을 한다는 관념을 가지고 있다. 그러므로 과거는 지나간 사건이 아니라 지금도 존재하고 앞으로도 진행형으로 실천되는 현실이니 오랜 옛날이 엊그제로 여겨지는 것이다. 이는 시간개념의 모호성이 아니라 역사인식의 깊이를 말하는 것이다. 그런 까닭에 오늘날의 보통 중국인의 역사인식의 구도에는 과거와 현재가 다만 1949년 신중국 건국 혹은 1911년, 즉 청조의 멸망과 민국의 시작을 기준으로 하여 나누어지는 거대한 두 개의 역사적 시간대로 나뉜다. 곧 전설적인 하(夏, BC1600-BC1300)에서 시작하여 상(商: 殷이라고도

---

05 공자는 제나라가 풍요롭고 실함을 칭찬하면서도 관중을 군자로 보지 않았다. 오히려 그를 소인이라고 하였다. 중상주의에 대한 부정적인 철학에서 말미암은 것이다.

함, BC1300-BC1046)과 서주(西周, BC1046-BC771)의 상고시대에서 마침내 청(淸, 1636-1911)의 멸망에 이르기까지를 하나의 단일한 '전통' 중국의 시간으로 취급하기 일쑤이며 굳이 따지기를 좋아하는 사람은 편의에 따라 세부적으로 고대 중국, 봉건 중국, 전통 중국 등으로 이름을 붙인다.[06]

　이러한 맥락에서 볼 때, 유교의 내용과 해석상의 주류는 시대에 따라 변하였고 그 실천의 양상과 정도도 차이가 많았다고 하겠다. 그럼에도 불구하고 중국의 인문학자들은 서주시대의 도덕정치를 중화문명의 본질로 삼고 현재까지도 생활문화 속에는 그것들이 문화의 유전자로 존재하는 듯이 말하기를 좋아한다. 그래서 대개 중국의 의례는 모두 주례(周禮)에 근거하여 이어 오고 있다는 대전제하에서 논술을 하는 성향을 갖는다. 서주시대에 이은 동주시대는 흔히 춘추전국시대라고도 한다. 크고 작은 제후국들이 패권을 다투는 춘추(春秋, BC771-BC476)와 전국(戰國, BC475-BC221)의 혼란한 시대는 다양한 사상가들의 출현을 보게 된다. 이 시대 제자백가의 사상들이 오늘날의 중국적 사상과 철학의 기본을 이룬다. 그중에서 춘추시대의 공자(孔尼)는 주공(周公: 권좌의 욕망을 극복하고 어린 조카를 보위하여 주나라를 도덕세계로 실현한 인물)을 군자(君子)의 모범으로 삼고 그 시대의 도덕과 예를 재현하는 것을 핵심으로 삼은 사상체계를 만들었다. 이를 전국시대의 맹자가 수기(修己)로부터 시작하여 천하를 다스리는 도덕정치에 이르는 도(治道)로 확립하였다. 이 유가사상은 실천의 차이는 있지만 역대 왕조의 정치철학의 이념으로 채택되었기 때문에 오랜 역사를 통하여 변함없이 그들의 심성과 머리에 유교적 세계관과 가치관이 가득 차 있어 온 것처럼 여긴다. 따라서 중국의 지식인들은 문명제국으로서의 중국의 역사 속에 유교적 세계관과 가치관이

06　최근에는 하를 BC21세기-BC16세기로, 상(은)을 BC16세기에서 BC1046년으로 시간대를 올림으로써 5,000년을 역사시간으로 만들었다.

문화적 유전자로서 면면히 흘러오고 있다는 전제에서 중국의 문화와 역사를 논하는 성향을 보인다.

엄밀히 말하자면 선진시대 공맹(孔孟)의 유교와 남송시대에 와서 재정립된 소위 신유학 사이에는 2,000여 년의 시간적 차이가 있다. 산시(陝西)지방의 진(BC221-BC206)이 마침내 산둥지방의 제나라를 패퇴시키고 최초로 통일국가를 이루었을 때 그 영토개념에서의 천하는 오늘날의 중국의 통치권이 미치는 지도상의 영토에 비하면 아주 작았다. 통일된 천하로서의 진은 이전의 제후국과는 달리 규모와 이질성과 복합성이 높았고 따라서 통일천하의 정비를 위하여 제도와 법규와 새로운 통치체제의 확립이 시급히 요청되었다. 진시황은 유가사상(儒家思想) 대신에 법가사상(法家思想)을 통치체제의 기반으로 채택하고 제도화와 표준화와 법규화를 추진하였다. 동궤동문동륜(同軌同文同倫)이라 하듯, 도량형의 표준화를 시행하고 이전에 지역적으로 각각 다른 문자와 문법으로 적힌 문서들을 불사르고 언어를 통일하였다. 법체제를 확립하여 통치의 수단으로 삼고 유학자들을 정치에서 축출하였다.

이러한 일단의 개혁조치를 분서갱유(焚書坑儒)라는 말로써 표현하는데 오랫동안 진이 무도한 나라이며 시황이 폭군이었음을 가리키는 예로서 회자되어 왔다. 그러나 최근 이에 대한 새로운 해석이 나타나고 있다. 시황은 통일 중국을 최초로 이룬 위대한 인물이며 진은 모든 제도와 법률과 그리고 언어를 정비한 문명제국으로서 위대한 중화의 기틀을 이룩하였다는 평가이다. 즉 오늘날 대국 중국은 진의 천하통일과 제도화에서 비롯된 것이라는 대단히 거시적인 역사해석이다. 제국의 경영에 유가가 추구하는 도덕정치는 하나의 이상이며 실질적으로는 법제도와 강력한 통치체계가 필요하다는 관점이다. 유가와 법가의 논쟁은 중국에 국한된 논쟁거리가 아니라 현대에 이르기까지 끊임없이 진행되어 오는 정치철학의 핵심이라고 하겠다.

짧은 통치 기간 끝에 진이 망하고 한(전한 BC206-AD8, 후한 AD25-220)이 들어섰다. 전쟁과 과격한 혁명적 프로그램 등으로 흉흉해진 민심과 피폐한 사회는 도교적 치유에 몰두하였다. 무위(無爲)를 내세운 황로학(黃老學)에 대하여 제7대의 무제(武帝: 劉徹, BC156-BC87)는 도교의 과도한 느슨함과 법가의 엄격성과 경직성에 대한 타협책으로 유학을 들여와서 새로운 통치 이념과 체제 즉 법가적 유가를 시도하였다. 동중서의 추천을 받아들여 유교를 공식 이념체계로 채택하고 유학적 지식인을 등용하는 관료체제를 성립시켰다. 문질빈빈(文質彬彬)이란 단어가 유행하였다.[07] 무제에 이르러 중국의 영토가 획기적으로 확장되었다. 그는 오늘날의 저장과 푸젠 지방을 정복하였고 곽거병(霍去病)과 위청(衛靑)의 활약으로 서북 방향의 팽창정책을 펴 나갔다. 북방의 흉노는 한에게 가장 큰 위협이었으므로 끊임없는 갈등이 지속되었다. 흉노는 활을 잘 쏘고 말을 잘 탔으므로 보병 위주의 한군은 불리하였다. 장건(張騫)이 월지(月氏), 대완(大宛) 등 서역에는 하루에 천 리를 달리는 말이 있다고 보고하였으므로 무제는 이 말을 확보하기 위하여 서역과의 교역을 트고 마침내 이 준마들로 기병을 만들어 흉노를 제압하였다. 무제가 묻힌 무릉(茂陵) 옆에는 곽거병의 무덤이 있는데 거대한 석상 조각은 늠름한 말발굽 아래 깔려 죽는 흉노의 전사를 그린 것이다. 흉노는 헝가리를 거쳐 핀란드까지 전 유럽을 속전속결의 전법으로 정복한 거대한 국가였다. 무차별 살육과 집과 물건을 모두 태우고 부숴 버리는 초토화 작전을 썼으므로 유럽인들은 흉노를 매우 무서워하였다. 우는 아이도 "아틸라가 온다"고 하면 공포에 질려 울음을 멈추었다고 한다. 아틸라는 당시 흉노의 지도자였다. 흉노와의

---

07 『論語』雍也篇: 子曰 質勝文則野 文勝質則史 文質彬彬然後君子[質이 文을 이기면 (本質이 지나치면) 野卑하고 文이 質을 이기면 浮華해진다. 즉 文과 質이 알맞게 조화를 이루어야 君子이다. 文과 質이 어느 한편으로 치우치지 않는 中和의 境界가 彬彬한 세계며, 그런 人格을 갖춘 자를 君子라 본 것이다].

〈소군출색도〉(昭君出塞圖), 장우(张瑀) 작
출처: 지린박물관

화친을 위하여 11대 원제 때에는 호한야선우(呼韓邪單于)에게 한족 궁녀를 시집보내었으니 왕소군의 고사가 그것이다.[08]

진시황이 만리장성을 쌓아 변방의 오랑캐를 막았다고 하지만 이미 진과 한을 거치면서 흉노와 선비, 돌궐족들은 장성 이남으로 옮겨 와서 살았다. 후한이 망하자 위, 촉, 오의 삼국시대(220-280)[09]를 거쳐 진(晉, 265-420)[10]이 들어섰다. 이미 강성한 세력을 이룩한 북방과 서쪽의 흉노(匈奴, 슝누)와 선비(鮮卑, 샨베이), 저(氐, 디), 갈(羯, 지에), 강(羌, 치앙) 등의 민족들이 중원을 포함한 중국 전역에 많은 나라를 난립하였으니 오호십육국(304-439)[11]이라 한다. 마침내 남북조(386-589)[12]를 거치는 동안 잦은 전란과 국가의 흥망은 백성을 피폐하게 만들었다. 남북조시대에 백성과 귀족과 황실 모두가 도교에 심취하였다. 이때 인도로부터 또한 불교가 들어와서 전국적으로 흥하였다. 이 시

---

08 원래는 훈이라 일컬었는데 한족들은 이들을 오랑캐로 여겨 奴 자를 붙여 불렀다. 헝가리는 훈족의 나라라는 뜻이며 핀란드 역시 마찬가지이다.
09 위(220-265), 촉(221-263), 오(222-280)
10 서진(265-316), 동진(317-420)
11 그중에서 전진의 부견으로부터 백제로 불교가 전해졌다.
12 남조(420-589)는 유송(420-479), 남제(479-502), 남랑(502-557), 후량(555-587), 남진(557-589)이며 북조(386-581)는 북위(386-534), 동위(534-550), 서위(535-556), 북제(550-577), 북주(557-581)를 일컫는다.

대에 유교는 다만 관료 선발의 시험과목일 뿐 도교와 불교가 정치적·사회적 혼란이 남긴 상처를 치유하는 종교로 성하였다. 남북조시대는 중국의 민족과 문화의 이동과 교류에서 중요한 역사시대이다. 황허강 유역의 북방세력이 창장강 이남으로 대거 이주하였고 이에 따라 북방의 중국문화가 남방에까지 퍼지게 되었으며 경제적으로 더 풍요한 강남에서 한 문화가 더욱 발달하게 된다.

남북조시대는 수(581-618)의 통일로써 끝나고 이어 당(618-907)이 대제국을 건설하였다. 수와 당은 한족과 북방의 선비족의 혼합세력이 세운 왕조이다. 당태종은 유교적 가치관을 통치철학으로 채택하고 훌륭한 치적을 세웠지만 당은 완전한 유교국가는 아니었다. 오히려 불교와 도교가 풍미하였다. 당제국이 무너진 후 영토는 또다시 오대십국(후량 907-923, 후당 923-936, 후진 936-946, 후한 947-950, 후주 951-960, 십국 902-979)에 의해 분할되고 패권 각축의 장이 되었으며 거란족의 침입으로 북송(960-1127)의 수도가 카이펑에서 항저우로 옮겨 가서 남송(1127-1279)시대가 열렸고 남송은 다시 원나라의 침입으로 멸망하였다. 송대에서 원대에 이르는 시기에는 또한 요(907-1125), 서하(1032-1227), 금(1115-1234), 원(1271-1368)의 이민족의 나라가 각각 세를 떨쳤다. 이 긴 혼란과 역동의 역사 속에서 도교와 불교가 성하였으며 한족 지식인들은 탄식과 비분강개 속에서 돌파구를 정신력에서 찾으려는 노력으로 유교의 재생운동을 시도하였다.

그리하여 북송과 남송의 시기에 유학자들에 의하여 신유학이 정리되었으니 곧 주희의 성리학이다. 신유학은 몽골족의 원을 멸망시키고 등장한 한족의 명(1368-1644)에 의하여 비로소 국학으로 채택되었다. 불교 승려 출신인 주원장은 관료제를 확립하기 위하여 유학을 채택했지만 그렇다고 하여 도교와 불교를 배척하거나 금지한 것이 아니다. 그러므로 유학이 변함없이 동질적인 중국인의 중화세계관을 형성하고 또한 지배해 온 것이라 할 때에는 도교와 불교 그리고 더 많은 문화와 문명 요소들이 중화문명을 구성했으며 오늘날에도 중국인의 세계관, 인생관, 가치관 그리고 생활방식에 핵심적인 영향을 미치고 있다는 점을 잊어서는 안 된다.

은(殷)에서 시작하여 주(周)에서 체계화된 화이론, 즉 중화론은 문명론과 영토론 그리고 민족 혹은 종족론으로 나누어진다. 유교로써 중화문명을 삼으면 그 영향력이 시대와 왕조에 따라 다르고 한족 중심의 영토 또한 시대에 따라 팽창과 수축이 부단하여 하나의 중화, 하나의 천하를 말할 수 없다. 따라서 최근 지식인들이 화이·중화의 세계를 여러 차원에서 생각하는 담론을 만들기 시작한다.

문명론이란 유교적 문명의 실천 여부에 따라서 화와 이가 구분되며 곧 유교의 중심지가 화의 중심이라는 개념이다. 유교적 예(禮)와 제도와 문물의 실천수준이 곧 화를 결정하는 것이다. 문화론적 개념은 한편으로 누구든지 문명의 지배력을 확보하면 화가 될 수 있다는 논리를 가지고 있으므로 실제로 중화의 문명체계 속에서 이의 위치에 있는 자도 궁극적으로는 화가 될 수 있다는 이론적 개방성을 내포하고 있다. 영토론이란 지구상에 천자가 통치하는 땅, 곧 천명을 받아 문명화된 땅을 곧 중화라 하는 것이다. 이는 조공체계로써 구현된다. 문화론과 영토론이 실제에 있어서 반드시 일치하는가의 여부는 더 논의가 필요하다. 왜냐하면 왕도정치가 이상으로서 표방되고 있지만 실천적인 차원에서는 군사력과 경제력을 바탕으로 하는 부국강병의 논리가 중추를 이루기 때문이다. 패권정치와 왕권정치는 이상과 실제 사이에서 분석될 필요가 있다. 실질적인 정치적 힘에 의하여 중화의 영토적 규모는 변화하였음을 역사지도를 통해서 우리는 쉽게 알 수 있다. 종족론이란 오직 한족만이 그러한 문명과 문화를 가지고 있고 또한 그것을 가질 특권적 능력을 하늘로부터 부여받았다는 인종주의 혹은 문화민족주의적 주장이다. 한족만이 국족(國族, nation)[13]이 되며 나머지 종족과 민족은 생물학적 위계질서체계에 차등적으로 위치 지어진다. 아마도 이것이 계속하여 한족과 비한족의 민족에 대한 개념과 태도에 영향을 미치는 역사문화적 요소일 것이다.

이상에서 간략하게 정리한 화이론 혹은 중화세계관 그리고 천하관은 모두 지식 엘리트에 의하여 생산된 것이다. 우리는 이것이 어떤 정치적 맥락과 사회적 상황에서 강조되거나 변화되었는가를 주목해야 한다. 곧 중화사상이나 천하개념이 공론의 주제로 떠오르거나 또는 공론에서 배제되는 것은 그리고 어떤 중화론이 공론의 중심이 되는가는 중국의 내부적 통합뿐만 아니라 대외적인 세계관과 가치관의 표명을 제시하는 정치적이며 문화적인 사건이다. 간단히 말하자면 개혁개방 이후 특히 2000년대에 진입하면서 중국의 국제적 위상이 현격히 상승하고 대국굴기를 표명하기 시작하면서 중화와 천하가 지식계에서 공론화하기 시작하였고 이는 유교문명의 주권주의와 '중국 모델론'과 결합하여 국제적 관심을 유발하게 된 것이다.

그러나 실제 중국의 역사를 보면 고대의 요순은 동이족이며 수와 당의 건국자는 각각 흉노족과 선비족이었다. 금은 거란족, 원은 몽골족, 청은 만주족이 지배하는 나라였다. 그러니 한족에 의한 통일국가는 진, 한, 송, 명에 불과하다. 세계사에서 중국을 대표하는 대제국은 이렇게 오랑캐라고 여겼던 민족에 의하여 건설되었다. 물론 정치적 지배력과 문화적 주도권은 반드시 일치하는 것은 아니어서 권력은 지나가고 남는 것은 한족의 세계라고 말을 하지만 한족과 한족문화란 여러 민족과 문화의 융합 과정의 결과이다. 인류학자들은 여러 민족의 융합에 주목하고 중국에서도 일부 역사학자는 한

---

13 중국에서는 민족국가(nation-state)를 구성하는 '국가의 절대적 다수를 점하는 민족'이라는 뜻에서 국족이라 한다.

진의 판도
출처: 중국역사교과서

서한·흉노·강·회골·부여의 판도
(한반도 북반을 영토로 표기)
출처: 중국역사교과서

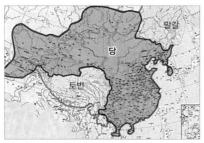

당—백제까지 영토로 표기
출처: 중국역사교과서

북송—금의 침입 이전
출처: 중국역사교과서

명
출처: 중국역사교과서

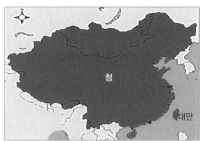

청나라 최대 영토

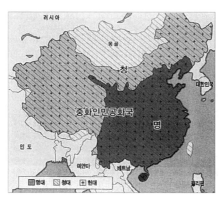

명-청-현대의 중국영토(명이 작고 청이 제일 컸다)

족문화란 것이 실은 다양한 문화의 융합의 결과임을 주장한다. 한족이 일방적으로 비한족에게 문명과 문화를 전수했다고 보는 대신에 상호 영향을 미치면서 중국의 역사를 만들었다는 호한론(胡漢論)도 이를 가리키는 것이다.

결론적으로 말하여, 중화론의 내용과 그 적용 범주는 식자들과 통치의 차원에서 세련시킨 것으로서 시대에 따라서 변하였다. 앞에서도 언급했듯이 중국과 중화는 개념적인 단어로서 그 적용은 현실적인 상황에 따르는 것이다. 그러므로 실제로 영토적인 차원에서 중화와 천하는 시대에 따른 통치 영역에 따라 달랐다. 흥미로운 점은 오늘날의 역사상 최대의 중국의 영토의 기초는 앞에서 말했듯이 화(華)가 아닌 이(夷), 즉 청의 세력하에서 이루어진 것이다. 한제국은 오늘날의 간쑤성을 더 넘어가지 못하였고 왕소군[14]이나 채문희[15]의 경우에서 보는 것처럼 심지어 북방의 야만에게 결혼을 통한

---

14 전한 원제의 후궁으로 본명은 왕랑이며 흉노족 수장인 호한야선우에게 양국의 우호관계를 위하여 시집갔다. 고대 한제국의 수치스러운 역사였으나 오늘날 왕소군은 국제평화와 우의를 추구하는 중국인의 모범으로 칭송된다.

15 후한 헌제의 왕사 채옹의 딸로서 채염이라 하는데 미모와 학식이 출중하였다. 헌제 때 일어난 난리 통에 선비족에게 끌려가서 선우주천립의 첩이 되어 오랑캐 땅에서 지냈다. 12년 후에 조조가 승상이 되어 많은 보상금을 지불하고 되돌아오게 하였다.

화친을 도모하여야 했다. 대당제국에서도 문성공주가 티베트로 시집을 갔다.[16] 당이 가장 성할 시기의 지도는 지금의 신장을 포함한 간쑤성 이서의 광활한 지역을 포함하게 되었지만 온전하고 평화롭게 지배하지는 못하였다. 왕유(王維)의 〈위성곡〉(渭城曲)은 이를 잘 말해 준다.[17] 여기서 양관 바깥의 광활한 땅, 즉 지금의 둔황 이서의 세계는 중국인에게는 중국의 세계가 아닌 것이다. 한족에게 거기 사는 사람은 사람이 아닌 것이다. 서역원정은 처참한 전장의 역사였으니 당나라 때에 시인들은 이를 회고하였다. 그중에서 장적(張籍)의 시는 전장의 처절함을 잘 전한다.[18]

왕한(王翰)의 〈양주사〉(涼州詞)는 서역정복에 동원된 병사의 비감하고 처연한 심정을 읊은 것으로 유명하다.[19]

---

16 문성공주는 한족의 문명을 암흑의 땅 티베트에 전한 여신으로 묘사된다.

17 渭城朝雨浥輕塵 客舍靑靑柳色新 勸君更盡一杯酒 西出陽關無故人(위성 아침에 비가 내려 먼지를 씻으니/ 객사의 푸른 버들은 더욱 푸르렀네/ 권하노니 그대여 이 한 잔 더 비우게/ 양관 밖으로 나가면 아무도 없을 것을).

18 〈沒蕃故人: 나라 바깥에서 죽은 친구〉: 前年戍月支 城下沒全師 蕃漢斷消息 死生長別離 無人收廢帳 歸馬識殘旗 欲祭疑君在 天涯哭此時(지난해 월지국과 싸웠는데/ 성이 무너지고 부대 전체가 몰살당했다. 오랑캐 땅과 한나라 사이에 소식이 끊어지니/ 죽고 사는 것이 이별하는 순간부터 알지 못하네. 버려진 군막은 수습하는 이 없고/ 주인 잃은 말은 남은 깃발을 알아보는데/ 그대를 위해 제를 올리려 하나 살아 있지 않을까 싶어 못 하고/ 저 하늘 끝 쳐다보며 통곡하노라).

19 葡萄美酒夜光杯 欲飮琵琶馬上催 醉臥沙場君莫笑 古來征戰幾人回(서역 대완에서는 야광배에 포도주

서쪽으로의 영토 확장에는 고구려의 유민 고선지 장군의 공이 가장 컸다. 안서도호부 총관으로서 그는 파미르 고원과 곤륜산을 넘어 지금의 우즈베키스탄인 대완을 정복하였고 천산산맥을 넘어 타지키스탄까지 진출하였다. 5차 정벌의 길에 탈라스 계곡(지금의 타지키스탄과 카자흐스탄의 교차지역) 전투에서 패하여 돌아올 때까지 그는 서역 경영에 큰 공을 세운 뛰어난 장군이었다. 탈라스 전투는 포로가 된 당나라 군사를 통하여 제지술(製紙術)이 처음으로 아랍세계에 전해졌고 이 종이의 생산은 이슬람의 급격한 대규모 전파를 가능하게 만든 것이니 문명교류사적인 의미가 크다. 이로써 이슬람은 중앙아시아와 아랍은 물론 터키로부터 시작하여 서구의 기독교 문명세계로 진출하는 힘을 길렀고 기독교 또한 종이와 인쇄술로써 종교개혁운동이 짧은 기간에 유럽 전역으로 확산될 수 있었다. 현종 때 안녹산의 난이 일어나자 함곡관 사수 명령을 받았으나 이에 머물지 않고 적극적으로 나아가 초토화 작전으로 반란군의 진출을 저지하였다. 그러나 난이 평정된 후 평소 그를 '고구려의 개'라고 조롱하고 시기하던 한족 무리들은 그가 군령을 어겼다고 다투어 모함하여 마침내 참수형을 받게 하였다. 오늘날 그의 무덤은 알 수 없고 그를 기념하는 비(碑)나 상(像)도 하나 있지 않다. 오직 두보(杜甫)의 〈도호고선지장군의 총마〉(高都護聰馬行)라는 시 한 편이 있어서 그의 존재가 전해질 뿐 나라를 잃은 유민의 운명은 그렇게 비참하게 망각되었다.[20]

마찬가지로 산하이관 동쪽의 오늘날의 동북삼성 지방은 고구려, 거란, 몽골, 여진 등의 민족 집단이 살고 있었고 후에 거란족의 금나라와 몽골족의

를 마신다지. 한잔 마시고 말 위에 올라앉아 비파를 타고 싶은데. 취하여 모래 위에 누운 모습 웃지 마시오. 자고로 정벌길에 나간 사람 몇이나 돌아왔소?).

20 고구려 유민들은 불쌍한 존재가 되었음이 이백의 〈고구려〉라는 시에서 전해진다. 金花折風帽 白馬小遲回 翩翩舞廣袖 似鳥海東來[빛나는 꽃을 꽂은 바람막이 고깔모자/ 흰말을 타고 머뭇거리며 빙빙 도는데/ 넓은 소매 훨훨 날리며 춤을 추니/ 마치 해동(우리나라)에서 오는 새가 저러하도다].

원나라 그리고 만주족의 청나라가 각각 송나라와 명나라를 정복함으로써 제국의 지도에 편입되었지만 소위 한족의 세계는 아니었다. 당나라의 태종은 동쪽으로 요동 땅을 차지하고 있던 고구려와 전쟁을 벌였으나 오히려 안시성 싸움에서 한쪽 눈을 잃고 패퇴하였다. 동북역사공정(東北歷史工程)은 그러한 고대사적 영토에 대한 기억의 탈취를 놓고 벌이는 경합인 것이다.

내몽고와 신장과 칭하이와 티베트 그리고 윈난은 고대에서는 당연히 '외국'이었으며 윈난에서 구이저우와 광시와 광둥으로 이어지는 남쪽은 후대에 와서 많은 북방의 인구가 이주하기 전까지는 '남만'(南蠻)의 나라였다. 이지역은 오랜 역사를 통하여 중원으로부터 이주해 온 한족들에 의하여 점차 "중화"의 세계로 편입된 것이다.

지도상으로 오늘날의 중화세계의 영토는 청대에 이루어진 것이다. 중국인들에게 강희, 옹정, 건륭은 가장 많이 회자되는 황제들이다. 이들은 강건성세(康乾盛世)라 하여 유학을 비롯하여 한문명을 발전시키고 영토를 확장하였다. 특히 건륭제는 중국 전역의 어디를 가나 그와 관련된 고사가 깃든 음식, 물건, 장소, 건물, 풍속, 이야기가 있으며 민간에서 전설적인 영웅이 되어 있다. 건륭은 만한전석(滿漢全席)[21]이라는 연회를 만들 정도로 솔선수범하여 한족과 만주족의 융합을 도모하였고 무엇보다 정복사업을 벌여서 영토확장을 역사상 최대화하였기 때문이다. 신장성 지역을 완전히 정복하기 위하여 광활한 서역의 사막을 피로 적셨다고 할 정도이다. 전국을 순시하였다는 이야기는 그만큼 그가 곳곳을 정복하고 지배하였다는 뜻이다.

오늘날 중국의 인류학계에서는 토착민족인 장족(藏族)과 이족(彝族)으로 대표되는 티베트, 쓰촨, 구이저우, 윈난 지역을 엮어서 장이주랑(藏彝走廊)이

---

21 황제와 만주족 귀족과 한족 관료들이 한자리에 모여 만주와 한의 요리를 함께 먹음으로써 여러 민족의 단결을 상징하는 정치적 의식.

라 명명하고 국가지원의 대대적인 연구 과제를 수행한다. 즉 이들 민족과 한족을 전혀 별개로 취급하여 별개의 문화권과 민족권이 있다는 식의 고정 관념을 깨고 아주 오랜 시기부터 한족과 이들 사이에는 인구교류와 문화융 합의 과정을 겪어 왔다는 역사를 발굴함으로써 중화권의 고대성(antiquity)을 증명하려는 야심적인 작업이다. 탈경계적 이동과 교류를 말하는 글로벌리 제이션 이론을 현재 중국의 정치적 영토 안에 적용하는 것인데 주로 명청대 에 국가에 의하여 파견된 주둔군과 이에 따른 민간인 이주자의 후예들이 당 지 원주민과 결혼을 비롯하여 여러 사회적 접촉의 경로를 통하여 현지화를 하고 이들로 인하여 원주민의 문화와 사회가 문명화되었는가를 추적하는 작업이다. 그러나 어디에나 교류와 접촉이 없는 것은 아니지만 근대사 이전 의 중국에서는 각 민족지역이 각각의 경계 지어진 배타적 사회를 유지하면 서 상인이나 소수의 인물들이 중개자의 역할을 담당하는 수준이었다. 이들 지역에서 한족과 현지 원주민 사이에 직접적이고 괄목할 정도의 접촉과 교 류는 혁명 전후의 시기에 있었다고 볼 수 있다. 즉 신중국 건립 후에 적극적 이고 대대적으로 실행된 소위 해방사업이 이들 지역과 민족이 중화인민공 화국의 국가체제에 본격적으로 통합되는 과정이었다고 하겠다.

핵심적인 질문은 어떤 정치적·시대적 맥락에서 중화세계 논의가 재생되 는가에 관한 것이다. 결국 오늘날 민족 간의 통합과 문화적 정체성 확립이 가장 큰 관심거리가 되는 저간의 정치적 현실을 반영한다고 보겠다. 즉 중 화에 대한 담론의 재생산은 글로벌리제이션의 물결에 직면하여 이질성을 극복하여 다양한 사회적·문화적 집단과 세력을 하나로 통합하고 동시에 지 난 현대사에서 겪었던 수모를 극복하고 명실공히 문명대국으로서의 위상을 되찾으려는 대서방세계의 주장이라는 맥락에서 이해를 할 수 있을 것이다. 지식인들은 그동안 서구 중심의 현대화에 몰두해 왔던 자신에 대한 비판적 성찰과 논쟁을 생산하고 있으며 일반 인민은 중국이 서양에 대하여 동양을 대표해야 한다는 자부심에 차 있다.

1919년 베이징의 지식청년들이 중국의 전통을 부정하고 전면서구화(全盤西歐化)를 핵심으로 하는 신문화운동, 즉 5·4운동을 시작한 이래 중화논의는 수면 아래로 사라졌다. 혁명은 그러한 5·4운동의 정신을 이어받았다. 전통은 봉건이라는 말과 함께 반혁명의 대표였다. 문화대혁명은 그러한 전통에 대한 극단적 일격이었다. 개혁개방 시대에도 전통문화는 사회주의 정신문명 건설운동을 통하여 교정의 대상이 되었다. 그러나 점차 중국의 문화적 아이덴티티 문제가 떠오르면서 영광스러운 중화의 역사가 재생되었다. 장쩌민 시절에는 대국굴기가 언급되기 시작하였으며 대국을 향한 4대사업이 거론되고 동북공정을 비롯한 역사 다시 쓰기가 시작되었다. 후진타오 시절에 와서는 마침내 유소작위를 내세웠다. 천하와 중화의 부흥이 이러한 베이징올림픽, 상하이박람회, 화해의 언술을 통해서 다시 수면 위로 올라오게 된 것이다.

2. 현실정치 속의 중화

쑨원은 신해혁명을 조직하면서 청을 배제하는 것이 아니라 소위 오족공화국(일본의 만주국 건국에서도 마찬가지로 오족이라는 말을 썼다. 일본과 만주족으로서 나라를 세우는 것의 정당성이 부족하였기 때문이다)이라는 아이디어를 표방하였다. 그것은 한족, 만주족, 몽골족, 티베트족 그리고 위구르족을 포함하는 무슬림(회족) 종족을 의미한다. 물론 작은 인구규모의 다양한 소수민족도 자동적으로 그러나 그 분류기준이 모호한 채로 포함된다. 실제로 이들 네 개의 비한

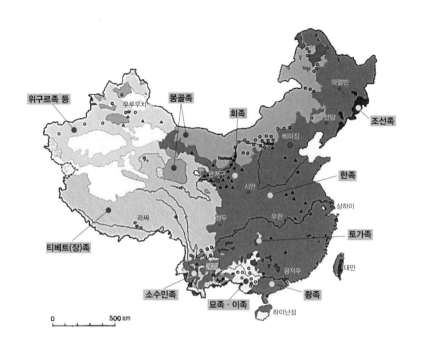

위구르족 등
몽골족
회족
하얼빈
선양
조선족
우루무치
한족
상하이
티베트(장)족
라싸
청두
우한
토가족
소수민족
쿤밍
묘족·이족
좡족
대만
하이난섬

0   500 km

중국민족분포도

족 민족 집단이 인구의 규모에서 가장 대표적인 것은 아니다. 현재 중화인 민공화국을 구성하는 한족 외의 55개의 공식적으로 분류된 소수민족 가운 데 가장 인구가 많은 민족은 광시좡족자치구의 주된 세력인 좡족(壯族)이다.

소수민족이 중국의 절대적인 구성분자로 간주되는 것은 그들이 차지하는 광활한 영토 때문이다. 현재 중국 국토의 5분의 3이 중국 전체 인구 13.5억 의 8%밖에 되지 않는 이들 민족들의 영토이다. 인구의 92%를 차지하는 한 족이 차지하는 땅은 5분의 2도 못 되는데 그나마 산악과 사막 등을 제외하 면 사람들이 농사를 지으면서 살 수 있는 땅은 아주 작은 것이다. 중국이 "사 람은 많고 땅은 작다"(人多地小)라고 하는 이유는 이러한 현실을 반영한다. 그래서 산악지대인 푸젠성과 광둥성의 농민들은 대만과 동남아시아로 일찍부터 이민을 나갔다. 해외 화인(華人)의 절대다수가 이 두 지역 출신이다. 인구가 많은 산둥지역의 가난한 농민들은 1900년대 초와 특히 신중국 건국 이후 인구가 적고 광활한 토지가 있는 동북삼성 즉 헤이룽장(黑龍江)성, 지린(吉林)성, 랴오닝(遼寧)성으로 대량 이주를 하였다. 이 지역 한족들은 대개 조적(祖籍)을 산둥성에 둔 사람들로 말씨와 풍속이 산둥지방의 것이 많다.[22]

소수민족의 영토 역시 불모의 산악과 사막지대가 많지만 석유, 가스, 주석, 동, 석탄, 희토류 등을 포함하여 다양한 종류의 전략적 가치가 높은 지하자원이 풍부하다. 그러므로 민족 통합론은 영토 확보와 결합되어 있다.

물론 쑨원의 오종민족론은 모든 민족들이 동등한 자격으로서 공동체를 구성한다는 이상을 표방하고 있지만 실제로는 한족을 중심으로 하여 이들이 차등적으로 위치가 주어지는 논리를 깔고 있기 때문에 한족중심주의 혹은 인종주의라는 비판도 있다. 그 이전에 청제국은 만주, 한, 몽골, 티베트의 네 문화 혹은 문명의 통합을 통하여 그 문화적 공동체의 상징을 구축하였으니 기념비석에는 만(滿), 한(漢), 몽(蒙), 장(藏)의 네 문자를 병기한 것이 많다. 강희제는 아마도 중국의 역사에서 가장 위대한 황제인지도 모른다. 그는 유교를 국가의 이념체계로 확립시켰고 강희자전과 사고전서와 같은 한(漢) 중심의 문명과 문화를 더욱 꽃피우게 하였다. 건륭제가 죽은 후 가경제에서 시작하여 청조는 쇠약의 길을 걸었으며 신해혁명을 기점으로 하여 민족 통합의 정치적 주도권은 한족에게로 넘어갔다.

중국은 건국 이래 지금까지도 "민족단결"이라는 구호를 국가이념의 하나로 신성시하고 있다. 다민족 공동체로서의 공화국을 구성한다는 이념적 명분의 실현을 향하여 정부는 그동안 다양한 민족정책을 실시하여 왔다. 건국

---

22 산둥지방으로부터 동북지방의 개척이주를 촨광둥(闖關東)이라 부른다.

초기에는 모든 민족 집단의 언어와 역사와 제도와 풍습과 종교 등 소위 민족 고유의 문화에 대해 존중과 정치적 평등을 선포하였다. 정부에 의한 민족식별(民族識別) 작업은 1950년대 중반에 와서 일차적으로 마무리되면서 전체 인구는 처음으로 한족 외에 55개의 각각 특별한 명칭을 가진 "소수민족"으로 분류되었다. 소수민족 조사와 정책은 크게 그들의 영토와 그들의 협력을 신중국 건설에 결합시키기 위한 것이며 동시에 사회진화론에 의거한 공산사회주의 혁명의 이론적 필연성을 위한 모델을 발명하기 위한 것이다. 결론적으로 말하여 그것은 세계관에 있어서 중심-주변의 화이론과 천하라는 말로 표하는 통일론으로 집중된다.

초창기의 소수민족 조사분류 작업이 일단락되자 중국정부는 이들의 문화적 고유성과 전통에 대한 변화를 시도하였다. 즉 미개와 낙후를 벗고 진화의 최종 단계인 사회주의 혁명체제의 사회로 "발전" 혹은 "문명화"하기 위하여 한어를 배우고 전통적인 고루한 문화를 버리기를 교육받았다. 민족개혁으로 불리는 이 작업은 정치적으로 그들 사회의 고유한 권력구조와 자치제도를 와해시키고 새로운 통일국가의 체제로 편입시키는 작업이었던 것이다. 이는 곧 이(夷)를 화(華)로 바꾸는 작업으로 말해졌다. 모든 민족이 신중국의 평등한 성원으로서 각자의 권리를 인정받고 보호받는다는 명제와 모든 공민은 국가체제에 통합되어야 한다는 명제는 중앙정부와 지방 특히 소수민족 사이에 타협 못지않게 정치적 긴장과 문화적 갈등이 존재하는 원인이 될 수밖에 없는 것이다.

통합과 현대화를 위한 민족개혁운동이 소수민족 집단들의 반발과 갈등을 불러일으키자 정부는 정책을 다소 완화하고 각 민족 고유의 문화전통을 기록 보존하는 것을 장려하였다. 언어에 대해서도 한어와 고유 언어를 사용하는 이중언어 실시와 인구 억제정책에서도 한 자녀만 가질 수 있는 한족과는 달리 두 자녀를 가질 수 있는 우대정책을 폈다. 이로부터 한때 소수민족 집단에서 자문화 활성화운동이 활발히 전개되었다. 그러나 곧이어 일어난 문화대혁명은 각 민족의 문화전통에 대한 관심과 자기 정체성에 대한 인식 태도를 "분열주의"라고 낙인찍고 대대적이고 철저한 파괴를 자행하였다. 사회주의 혁명이념과 통일된 신중국의 현대화 건설을 위협하는 오염된 사상이며 통합을 와해시키는 분열적 행위로 인식되었던 것이다. 문화대혁명은 소수민족에게는 결과적으로 민족의식이 강하고 지도자적 자질을 가진 인재들을 희생시키는 한(漢) 쇼비니즘의 폭력으로 작용하였다. 각 민족의 문화와 그 문화의 물질적 유산들이 문화대혁명의 10년 동안 심각할 정도로 파괴 상실되었다.

개혁개방 시대에 들어와서 정부는 파괴되었던 문화전통의 회복을 지원하였다. 그러나 1990년 중반에 다시 소수민족의 문화 특히 언어에 대한 보전 지원 대신에 한어를 적극 학습하게 종용하고 역사를 한족 위주의 중국역사에 편입시키는 문화정책으로 바꾸게 된다. 결국 동화주의(assimilation)와 민족자치권이나 민족문화 존중을 표방하는 통합주의(integration) 정책이 교차적으로 실시되었지만 현재는 한족 중심의 천하를 이루는 동화주의(한화주의)가 다시 점차 두드러지고 있다. 언어정책은 누구든지 한어를 습득해야 실질적으로 국가사회에서 생존할 수 있으며 여기에 영어를 배워야 글로벌시대에 살아남을 수 있는데 아무도 사용하지 않는 자기 고유의 말에만 매달려서는 사회적 생존이 불가능한 시대적 상황이라는 점을 강조한다.

따라서 소수민족 집단이 자체적으로 고유의 언어를 보존하는 것은 금지하지 않지만 국가가 더 이상 생활언어로서 적극 지원하지는 않을 것이다. 언어정책은 오히려 자라나는 세대에게 중국 공민이자 세계시민으로서 갖추어야 할 한어와 영어 학습을 지원하는 데 집중한다는 입장이다. 실제로 많은 소수민족은 이미 고유한 언어를 잃어버리고 있다. 티베트족, 몽골족, 위구르족 그리고 조선족처럼 인구의 규모나 한 지역에 집중적으로 거주하며 오랜 독립국가로서의 역사를 가지고 비교적 가까운 과거에 한족 중심의 중국에 편입된 집단은 민족의식이 상대적으로 강하고 자체 능력으로 언어와 문자의 보존 및 전승의 사업을 하고 있지만 일반적으로 국가를 형성하지 않고 여러 지역에 각각의 집단을 이루며 산재해 온 민족들은 그들의 지역사회의 일상생활에서는 고유 언어를 사용하지만 점차 세대가 내려올수록 한어 사용의 정도가 많아진다. 아주 교통이 불편한 편벽한 오지의 집단들은 물론 그만큼 고유한 문화전통을 지켜 오고 있지만 점차 그들도 큰 지역으로 옮기면서 외부문화를 수용하게 된다.

최근 소수민족 지역에 문화관광산업이 확산되면서 민족의상과 음식과 풍속과 공예품들이 상품화되고 이에 따라 문화의 재생산이 역설적으로 이루어지는 면도 있다. 그러나 그들이 전통복장을 하고 무대에서 부르는 민요는 한어로 노래된다. 문화관광의 발전은 또한 소수민족의 역사를 한족지배의 중화 역사에 편입하게 만든다. 이들 지역에 역사유적의 복원 내지 건설 사업이 관광자원으로 진행되는데 이때 건물이나 성곽 등이 고대 건축양식을 많이 채용한다. 따라서 그들 지역의 역사 재건사업은 한족의 고대 역사지리의 재현이 된다.

최근에는 동북공정에 이어 서북공정, 서남공정 등의 이름으로 국가적 사업이 진행되고 있다. 서북은 산시성(陝西省)을 출발점으로 하여 그 이서지역인 간쑤성(甘肅省), 닝샤(寧夏)회족자치구, 신장(新疆)위구르자치구, 칭하이성(靑海省), 네이멍구(內蒙古)자치구 등을 아우르는 광활한 지역이고 서남은 쓰촨성(四川省)을 기점으로 하여 구이저우성(貴州省), 윈난성(雲南省), 티베트[시장(西藏)]자치구를 아우르는 광활한 지역이다. 이들 지역에 대대적인 산업 개발사업과 함께 고속 철도와 도로를 건설하여 이전에 동쪽 연해지방에 집중하였던 경제와 산업의 발전사업을 이 지역으로 확산함으로써 지역적 격차를 줄이고 국가 차원에서 공동 번영을 꾀한다는 목적이다. 그런데 이 지역에 기술요원으로서 한족이 대량 이주함으로써 실제의 혜택은 이들 이주 한족에게 돌아간다는 비판이 해당 지역의 원주민들로부터 나오기도 한다. 그러므로 민족화해의 공동체적 사회를 만들기 위한 다양한 캠페인은 정치적 긴장과 함께 이루어지고 있는 것이다. 중화주의와 화이론을 바탕으로 한 천하관의 실현이 현대적 모습으로 시도되고 있다. 민족적 차별 혹은 구별을 없앤다는 것은 한족과 동일시한다는 뜻이지만 해당 지역의 보수적인 민족지도자들은 그러한 사업의 진행은 소수민족의 한화 과정을 필연적으로 수반하게 되어 궁극적으로는 민족의 역사와 문화와 사회적 전통이 상실되는 것을 의미한다는 해석에서 긴장관계를 일으키고 있다.

이런 맥락에서 동북공정이 이루어진 연변조선족자치주의 인구 구성이 확연히 변하였음을 볼 수 있다. 많은 조선족 인구가 한국과 중국 국내 여러 지역 ─특히 산둥성의 칭다오(靑島), 웨이하이(威海), 옌타이(烟臺) 등의 한국 기업이 집중한 지역─ 으로 임시 이동하는 유동인구로 빠져나갔다. 그러나 서류상 호구는 그대로 있기 때문에 통계상 조선족의 인구는 감소하지 않았다. 그러나 한족들이 대거 이주해 옴으로써 현재 연변조선족자치주에 실질적으로 거주하는 조선족과 한족의 인구비율은 4 : 6으로 전도되었다. 주로 조선족 학생과 교수로 구성되어 조선어로 강의가 이루어졌던 연변대학은 오늘날 조선어문학 강의를 제외하고는 모두 한어로 강의를 하게 되었다. 한족 학생들이 다수를 차지하고 또한 조선족 학생들도 조선어보다 한어에 더 익숙하기 때문이다.

소수민족의 존재가 국가의 공식적인 기억과 한족 민중의 집단적 기억에

민족단결(인민대표대회당)
출처: 필자 2006

어떻게 각인되는가는 흥미로운 관심거리이다. 인민대표대회당의 중앙 홀에는 민족단결의 이념을 반영하기 위한 대형 그림이 있다. 여기에는 혁명의한족 주역이 상부와 중앙에 위치하고 그 주위를 한족 농민과 군인과 남녀노소가 채우고 주변부에 소수민족들이 노예제와 원시공산제와 봉건제의 굴레로부터 자신을 해방시켜 준 혁명에 환호하는 모습이 그려져 있다. 2000년대에 들어서서의 변화를 그린 기록화는 시기에 따라 소수민족의 존재가 나타난다. 가장 최근 시기를 그린 그림에는 티베트, 몽골, 위구르의 세 민족에 조선족이 첨가되어 있다. 이는 이 네 민족 집단이 중국의 민족단결 정책에서가장 정치적으로 민감한 존재라는 의미와 따라서 이들은 결코 한족과 분리할 수 없는 중국의 구성인자라는 점을 확고하게 각인시키는 정치적 선언인것이다.

1) 한족의 하위 종족 집단(sub-ethnic groups)

그런데 한족 역시 내부적으로는 역사적 연원과 인종 및 문화적 특성에 따라 여러 하위 종족 집단(sub-ethnic group)으로 나누어진다. 한족 중국인 자신이 지역과 자기들의 하위 종족을 인식하는 방식은 흥미롭다. 중원이라고 말하는 지역이 곧 그들의 인식의 지도에 자리 잡고 있는 한족 위주의 중국이다. 곧 오늘의 산시(山西)성, 허베이(河北)성, 산둥(山東)성, 허난(河南)성, 안후이(安徽)성, 장쑤(江蘇)성, 저장(浙江)성, 푸젠(福建)성, 광둥(廣東)성의 대부분, 그리고 후베이(湖北)성, 후난(湖南)성, 쓰촨(四川)성 및 간쑤(甘肅)성의 많은 부분이 한족이 다수를 차지한다. 물론 의식적인 차원에서의 공교육에 근거한 중국의 지도는 문자 그대로 현재의 행정지도를 전부 포함한다.

그러나 크게 화베이, 화난, 화둥 지방 사이에는 각각 자신을 중심으로 삼아서 중국 전체를 인식하는 성향이 아직도 강하다. 창장강을 경계로 하여 창장강 이남의 사람들은 동남아시아인과 가까운 체격을 갖지만 창장강 이북의 사람들은 체격이 크다. 사람들은 오늘날에도 산둥과 장쑤성 북부 및 허베이성 일대는 동이(東夷)의 나라라고 한다. 그리고 동이는 고대에 한반도로 이주하였다는 식의 인식을 가지고 있다.

광둥지역은 고대 남월국으로서 사람들은 남방계 인종으로 키가 크고 통통한 체격의 북방계와 차이를 보인다. 지금의 후베이성 이창(宜昌)에서 시작하여 쓰촨 청두(成都)로 이어지는 창장강 줄기의 양쪽 지역은 파촉(巴蜀)이라 한다. 파인(巴人)과 촉인(蜀人)의 연원과 그 후의 자취는 아직도 미스터리이다. 후베이성의 싼샤(三峽)지역에서 남쪽으로는 후난성의 장자제(長家界)에 걸친 광대한 지역에 사는 투자(土家)족은 자신들이 후대에 화하(華夏)족, 즉 한족에 의하여 밀리기 전까지는 중국의 원주민이었다는 주장을 한다. 쓰촨성의 광한(廣漢)에 있는 삼성퇴(三星堆)는 고대 촉인들의 고고학적 발굴지로 유명한데 그들이 남긴 인물상이나 문물의 특징을 보면 그들이 어디서 와서 어디로 사라졌는지 또는 중국민족의 어느 집단으로 융합되었는지는 아직도 수수께끼로 남아 있다.

푸젠성은 민(閩)지방이라 하는데 크게 민베이와 민난 지역으로 나눈다. 이 지역 사이에 방언의 차이가 커서 소통이 잘 되지 않을 정도이다. 당나라 때 세운 사찰인 개원사(開元寺)로 유명한 촨저우(泉州)는 해상실크로드의 출발이 자 기착지로서의 오래된 국제 항구도시였다. 마르코 폴로가 중국을 떠날 때 에도 이곳을 이용하였다. 국제도시였던 관계로 이슬람의 현자들이 이곳에 전교의 터를 잡았으므로 이 도시에는 무슬림이 많이 살고 있고 그들의 문화 유적이 많다. 촨저우 방언은 한당(漢唐) 시절의 말씨라고 한다. 그래서 이곳 사람들은 역사적으로 가장 오래된 자기들 말을 중국의 표준어로 삼아야 한 다고 주장하기도 한다. 후이안(惠安)에는 여성들이 독특한 복장을 하고 또한 석재를 나르고 집을 짓는 등의 일반적으로 남자들이 하는 일을 여자들이 하 는 풍습과 외부인은 알아들을 수 없는 심한 방언을 하고 있어서 소수민족이 아닌가 하는 생각이 들 정도이다.

푸젠성의 서남부 지역과 광둥성의 동남부 일대 그리고 장시(江西)성과 쓰 촨성을 잇는 삼각지대의 곳곳에는 특히 중원으로부터 이주해 온 역사를 가 진 객가(客家: 그들의 방언으로는 '학가'라 발음한다)라는 이름의 한족이 살고 있다. 그들은 원래의 근거지를 빼앗긴 채 사방으로 흩어져 이동한 정치사적 이민 배경과 근면검소하고 자기 정체성이 강하며 자식 교육에 힘쓴다는 문화적 특성을 내세워서 스스로를 동방의 유태인이라 칭한다. 낯선 사람 혹은 외지 에서 온 사람이란 뜻에서 객가로 불리는 그들은 유교적 전통을 강하게 보존 하고 있어서 어디를 가나 종족 네트워크를 확립하고 사당과 족보를 만들고 조상숭배를 지킨다. 그들은 강인한 생활력을 가지며 고대 어휘를 가진 독특 한 말을 지키고 전통적으로 여자가 전족(纏足)을 하지 않고 남자와 마찬가지 로 밭에 나가서 일을 하는 등의 풍습과 음식에서도 주위의 사람들과 구분된 다. 객가는 동남아 지역의 화교의 중심세력을 이루는데 유교전통을 보존하

고 전문직 종사자와 거대한 화상(華商)을 배출하기로 유명하다.[23]

객가 사람들은 여러 차례에 걸쳐서 그리고 여러 지역을 거쳐서 현재의 거주지에 터를 잡았다. 1차 대이동은 진(晉)나라 회제(懷帝) 영가4년에 일어난 영가지란(永嘉之亂)에 시작하여 남북조시기까지 200년 동안 지속적으로 한족과 흉노(匈奴), 갈(羯), 선비(鮮卑), 저(氐), 강오(羌五) 등의 북방의 민족들이 난립했던 오호십육국 사이에 전쟁이 빈발하여 남쪽으로 피란을 하였는데 주로 창장강 하류 장쑤성 지역으로 이주하였다. 2차 이주는 다시 당나라 안사지란에서 오대십국시대까지의 잦은 전란으로 이동을 하였다. 3차 이동은 송대 정강지란(靖康之亂), 즉 금나라의 침입으로 카이펑이 함락되면서 흠종(欽宗) 1126-1127년간에 북송이 항저우(沆州)로 천도를 하는 와중에 그들은 또다시 이동을 하였다. 이주의 규모가 역사상 가장 큰 것은 제4차 이동 때이다. 청 강희-건륭-가경제에 이르는 기간에 호광전천(湖廣塡川), 즉 후난성과 광둥성의 객가들을 윈난(雲南)지방과 쓰촨지방으로 이주시킨 것이다. 여기에 또한 천해복계(遷海復界, 1684)라 하여 연해지역의 해금정책을 해제하자 객가인들이 해안 일대로 이동을 하여 주장강 삼각주 및 홍콩 일대에 퍼져나가게 되었다. 5차 이동은 광둥성에서 원주민과 이주민 사이에 12년간의 계투(械鬪)로 60만 명 사상자를 낸 일이 벌어지게 되었고 결국 동치(同治)연간 1867년 조정에서 조직적으로 주장강 삼각주 일대의 객가인을 광둥성 서부의 가오저우, 레이저우, 하이난(海南)섬, 광시(廣西) 등지로 이주시켰다. 이때 많은 객가인들이 해외 특히 남양이라 하여 싱가포르, 말레이시아, 인도네시아 등의 동남아 일대로 이주하였다.

---

23 孫文, 郭沫渃, 朱德, 鄧少平, 黃俊憲, 廖仲愷, 鄧演達, 鄒魯, 張發奎, 陳銘樞, 陳濟棠 등 중국 근현대사의 중요 인물과 싱가포르 총리 李光耀, 홍콩에 근거를 둔 세계 최대의 화상인 李嘉誠, 대만 총통을 지낸 李登輝 등이 모두 객가 출신이다.

2) 언어의 다양성

중국어는 한어와 여러 소수민족의 언어를 총칭하는 단어이다. 한어는 지방에 따라 어휘와 사용법 그리고 발음이 차이가 커서 글자를 보조적으로 사용해야 뜻이 통할 정도이다. 그래서 중국에서는 지금도 TV 화면에는 자막이 함께 나오는 것이 보통이다. 중국의 방언은 그 어군과 인구를 보면 다음과 같다. 숫자는 인구의 백분율로서, 북방어(68.9%)와 오(吳: 쑤저우와 상하이를 중심으로 하는 장쑤성과 안후이성 남부 일대, 7.1%), 민(閩: 푸젠성, 5.4%), 월(粤: 광둥성, 4.6%), 상(湘: 후난·후베이성, 3.1%), 감(贛: 장시성, 3.0%), 객가(客家, 3.4%) 등 7개의 광역 방언군으로 나누어진다. 그 외에 다양한 소수민족의 언어를 사용하는 인구가 4.5%가 된다.

이들 방언은 세부적으로 다시 나뉘는데 예를 들면 민(푸젠)지방은 민난, 민중, 민베이, 민둥, 포선, 소장, 레이저우, 경문 등의 8개 이상의 거의 서로 알아들을 수 없는 정도의 방언으로 나누어진다. 해외로 나간 소위 화교의 1100만 명 총인구 가운데 민난화 사용자가 44.9%, 유예(粤)화(광둥어) 사용자가 46.5%, 객가화 사용자가 6.9%, 보통화 사용자가 1.7%이다. 언어학자의 분석에 의하면 민난어와 베이징어의 기본 어휘 200개를 비교할 때 그 공통성의 정도는 영어와 독일어 사이의 공통성보다 오히려 낮다. 그만큼 실질적으로 각 지역의 방언은 서로 소통이 불가능하다.

이러한 지역 간의 언어 차이는 한족 내부의 하위 종족적 다양한 분류를 증명한다. 이는 곧 그들 사이에 풍속과 의식주의 물질생활의 특징이 고도의 이질성을 만들어 낸다는 뜻이다. 이는 달리 말하자면 한족문화의 다양성을 의미한다. 풍속의 지방적 특징은 또한 국가체제 안에서 중앙의 영향력이 미치는 원근에 따라 형성되거나 남은 것으로 볼 수 있다.

이러한 이질성을 넘어서 공통적인 중국과 중국인 그리고 중국문화를 상

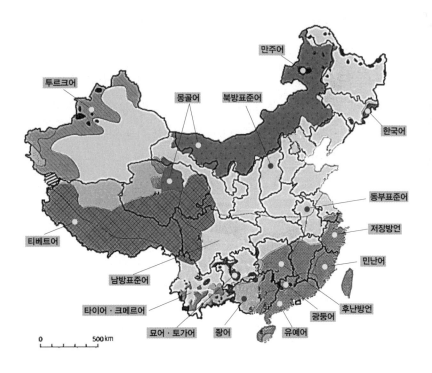

중국언어분포도

징하는 상상의 공동체로서의 중화세계를 위하여 한자와 유교와 역사와 영
토에 대한 교육이 동원되는 것이다.

3) 공자와 마오쩌둥 그리고 중화

사실 중화론은 지식인의 발명이라고 할 것이다. 고대에는 말뿐만 아니라
문자도 지역에 따라 달랐고 문자해독이나 사용의 능력은 소수의 지식인, 즉
유자(儒者)에 국한되었다. 유자들은 문어체의 문장을 사용하였으므로 일반
백성들은 지식과 격리되어 있었다. 이들 문자 사용능력을 가진 사람들만이
지역의 경계를 넘어서 소통의 연망을 형성하였다. 소위 문화적 네트워크를

장악하였던 것이다. 유(儒)는 문명의 상징이 되었고 문자로 소통이 되는 영역이 곧 화(華)인 것이다.

진(秦)에 의하여 한자가 통일되었고 한(漢)대의 유학 채택과 관료제의 실시로서 유학문명론이 인간다운 세계의 기준이 되었다. 관료는 시험을 쳐서 등용하였고 시험은 한자로써 치르며 시험 내용은 유교적 지식과 철학이었으므로 유교문명론의 기틀이 확립된 것이다. 그리고 이것이 근 2,000년이 지나서 송(宋)대에 재정립되어 명(明)과 청(淸)대에 부흥하였다. 과거시험은 통일된 문자를 통하여 통일된 지식체계의 확인 재생산 기제의 역할을 하였으며 이를 통하여 선발된 학자관료를 매개로 하여 그를 배출한 향(鄉, 즉 華로 될 가능성을 갖춘 夷의 사회)은 국가, 즉 중국(華)으로 편입, 편재되는 것이다. 그럼으로써 국가권력과 지방사회가 네트워크를 이루며 들어가 학자관료는 그러한 네트워크의 중개자가 되었다. 유교사회에서의 지식인의 역할이나 지위가 서구에 비하여 독특한 문화적 개념을 가지고 있는 이유가 여기서 기원한다고 볼 수 있다. 현대사에서는 민국시대 그리고 대만의 국민당 정부가 유교 윤리를 국가이념체계의 공식적인 근간으로 만들었기 때문에 유교적 중화주의 혹은 한족 특권의 화이관이 지속적으로 재생산되어 오면서 한민족주의(漢民族主義)의 핵심에 자리를 잡게 되었다.

베네딕트 앤더슨은 3,000여 개의 섬과 다양한 종족군으로 이루어진 인도네시아를 두고 민족을 상상의 공동체라고 해석하였다. 인쇄매체의 발달로 공통성의 상상이 확산되었고 관료의 순례권 확장으로 근대국가가 이루어졌다고 본다(B. Anderson, 1983). 그는 혼혈로 이루어지는 국가의 대표로서 중남미의 크레올 국가, 문화의 공유로써 동일시하는 프랑스의 국민국가, 생물학적 종족성으로써 하나가 되는 예로서 독일의 게르만 민족주의 국가 등을 구분한다. 그런데 중국과 한국은 근대국가 형성 과정에 유교전통의 재생산 과정이 함께함으로써 전통적·봉건적 요소 체제의 대체를 필요로 하는 유럽의 이론적 모델과 달리 이전의 전통의 토대 위에서 근대국가가 성립되는 특징을 가졌다. 그러므로 자기 민족이나 종족의 문명에 대한 정당성과 문화적 우월성에 대한 자부심이란 맥락에서 봉건시대의 산물로서의 내셔널리즘이 지속 재생산되는 것이다. 즉 근대성과 전근대성이 결합되어 근대국가를 형성하는 것이 중국과 한국 등 소위 유교문명의 동아시아 패턴이라고 할 것이다.

국가의 이념적 정통성을 중화에서 찾았던 국민당이 대만에서 유교적 정통성에 입각한 내셔널리즘을 형성한 반면 공산당이 집권한 대륙에서 유교는 오히려 철저하리만큼 부정되었다. 유교는 남존여비와 신분제와 계급적 차별을 정당화하는 봉건적 사상이며 평등을 지향하는 사회주의 혁명에 대립되는 적으로 규정되었다. 혁명 초기에 5·4운동 때 나왔던 "공자 가게를 때려 부수자"(打倒孔子店)와 "사람 잡아먹는 예교"(吃人的禮敎)라는 구호가 재창되었고 학생들은 "극기복례(克己復禮)는 봉건사회를 되살리자는 나쁜 사상"이라고 공개 비판을 하도록 동원되었다. "여성은 하늘의 반쪽을 감당하는 존재"(婦女能頂半邊天)라고 여성의 지위와 권리 그리고 남녀평등의 사회 확립을 내걸었고 부모가 간섭하는 각종 전통적인 결혼방식에서 해방되어 스스로 배우자를 선택하는 자유연애 결혼을 혁명사상의 실천으로 칭찬하였다. 유교와 관련된 가족주의 전통과 종법제도와 종족조직 등도 "낡은 네 가지 전통의 타파"(破四舊) 운동의 대상이 되었다. 마침내 문화대혁명은 취푸(曲阜)의 공묘(孔廟)를 파괴하고 〈대성전〉이란 편액을 끌어내려 부수었으며 공자에게 돼지의 상을 덮어씌워 조롱하였다. 유교와 전통의 부정이 곧 혁명사상의 정통성을 증명하는 증거가 되었다. 이에 대한 인민의 정서적 호응을 위하여 공산당의 항일투쟁의 역사를 영상화하여 인민의 집단적 기억의 영역을 채웠다. 중화인민공화국의 공민은 장제스의 중화민국을 전통, 유교,

봉건의 잔재 위에 성립한 반혁명적이고 반민족적 친일적 집단으로 간주하도록 교육되었다.

그럼에도 불구하고 흥미롭게도 일반 백성의 일상생활에는 문화대혁명을 비롯하여 국가가 주도하는 반봉건전통의 문화운동의 기간을 빼고는 대개 유교적 도덕관과 가치관이 하나의 이상으로서 말해지고 또한 실천되어 왔다. 사서오경의 구절들이 인용되며 아이들에게는 효와 공맹지도를 익혀 실천하도록 가정 훈육의 수단으로 삼는다. 아주 무식한 부모라도 삼강오상은 인간으로서 취해야 할 가장 기본적인 윤리라고 믿는다. 문화대혁명 기간에 종족사당은 훼철되고 족보는 불태워졌지만 오늘날 그것들은 곳곳에서 조심스럽게 회복되고 있다.

물론 1989년에 유교대회가 공식적으로 열렸지만 대중의 일상세계에서 유교가 공개적으로 말해지는 것은 아니었다. 유교는 학술 영역으로서 서방세계를 향하여 중국의 문명을 대표하는 한 영역으로서 재론되기 시작하였다. 후진타오 주석이 들어서면서 덩샤오핑과 장쩌민이 강조한 경제발전 대신에 화해(和諧)를 중심가치로 내세웠고 "빠롱빠치"(八榮八恥)[24]라 하여 각각 여덟 가지의 영예스러움과 수치스러움의 항목을 대중의 의식개혁운동을 위하여 공지하였다. 그것은 결국 유교적 가치관과 윤리관 그리고 국가와 사회에 대한 개인의 의무를 말하는 것이어서 유교부흥의 국가적 메시지를 전달받는 것으로 이해하였다. 물론 공산당 정부는 유교적 도덕과 가치체계를 전면 부정하기보다는 맥락에 따른 선택과 변용을 해 왔다. 인민의 사적인 영역에서 유교 윤리를 부정하는 대신에 국가에 대한 충성과 지도자에 대한 존경과

---

24 以熱愛祖國爲榮 以危害祖國爲恥/ 以服務人民爲榮 以背離人民爲恥/ 以崇尚科學爲榮 以愚昧無知爲恥/ 以辛勤勞動爲榮 以好逸惡勞爲恥/ 以團結互助爲榮 以損人利己爲恥/ 以誠實守信爲榮 以見利忘義爲恥/ 以遵紀守法爲榮 以違法亂紀爲恥/ 以艱苦奮鬪爲榮 驕奢淫逸爲恥.

국가역사박물관 앞에서
자금성을 마주하여 선 공자
출처: 필자 2011

관리를 부모관으로 삼도록 하는 공민의 태도를 훈육시키는 것은 유교 가치관의 선택적 응용이라고 할 것이다. 충과 더불어 국가는 효를 강조하였다. 그러나 그 효라는 윤리체계가 어떤 부문에까지 적용될 수 있는지에 대해서는 명백한 기준이 없었다. 그러므로 공식적으로 그리고 상당한 부문에 걸쳐서 전통적인 유교 윤리는 부정되고 타파되었지만 철저하게 타파된 것은 아닌 채 국가에 의한 공적인 영역과 인민의 일상생활이 이루어지는 사적인 영역 사이에 적당히 암묵적인 타협 내지는 무관함이 또한 정치적으로 지속되었던 것이다.

우리가 주목하는 것은 시진핑 정부가 들어서면서 대륙에서 유교에 대한 관심이 이전과는 달리 공론화하고 있는 추세이다. 후진타오 정부의 마지막 해인 2011년 1월 11일에 대형의 공자상이 국가역사박물관의 북문 앞에 자금성을 향하여 건립됨으로써 세인의 주목이 집중되었다. 인민공화국의 붉은 국기가 펄럭이는 가운데 천안문 위에 높이 걸린 마오쩌둥의 초상화와 박물관 광장에 선 공자의 상이 마주 보도록 설치된 구도는 국내뿐만 아니라 외국에서도 그 함의가 무엇일까 비상한 관심의 대상이 되었다. 신중국 건국 65주년을 앞둔 시기에 중국의 심장부에 공자가 출현한 사실은 한국과 서방의 언론으로 하여금 중국이 사상의 근본적인 전향을 예고하는 상징적 몸짓으로 해석하게 만들었다. 전 세계의 유교연구자와 유림의 성원들은 중국으로 몰렸고 각종 유교연합회가 성립되고 국제적 학술회의가 열렸다. 중국 국내 유학자들은 유교와 헌정이나 공화국의 상관성을 강조하고 유교 윤리와 도덕을 정치와 사회 경영에 핵심적 가치로 확립해야 한다는 희망에 찬 해석을 내놓았다.

그러나 찬반의 논란을 일으켰던 공자상은 그해 5월 4일 새벽에 갑자기 사라졌다. 뒤에 그것은 박물관의 뒤뜰 여러 인물 조각상을 모아 둔 곳으로 옮겨졌음이 알려졌다. 반면 그 뒤를 이은 시진핑 국가주석은 신형대국(新型大國)과 문화재조(文化再造)를 구호로 내걸고 취푸를 방문하고 유교연구를 격려하는 발언을 하며 유교를 주제로 하는 대형 학술회의에 강연을 하는 등 유교의 부흥을 기대하게 하는 행보를 공식화하고 있다.

유교가 정부의 주도에 의하여 공식적 담론의 장으로 나오게 된 것은 유교에 대한 문화주권주의(cultural sovereignty)와도 관계가 있다. 전 세계적으로 자본주의의 병폐와 보편적 가치로 여겼던 서구문명의 한계성을 경험하면서 기독교 윤리에 대한 대안적인 가치의 원천으로서 유교에 대한 관심이 커지고 있다. 또한 중국의 급성장과 유교문명권의 동아시아 나라들이 이룩한 경제성장과 민주화운동의 진행은 유교에 대한 새로운 시각에서의 접근을 시도하게 되었다. 중국정부는 이러한 세계적인 추세에 대응하여 중국이 유교의 발상지라는 사실을 강력하게 표시하는 문화주권적 입장을 취하는 것이다.

공자에 대한 재평가의 필요성이 대두되는 시대적 맥락에서 강력하게 전개되는 유교의 전시적(展示的) 문화운동은 그러나 마르크스주의를 부정하는 이념적 변화로 생각할 것은 아니다. 사회주의 혁명의 이념적 기반과 그 혁명이 적으로 정의해 왔던 유교가 타협하는 것은 유교의 내용에서 공산당의 집권과 '중국식' 사회주의에 유용한 점을 발굴하려는 시도로 보인다. 그러한 시도 자체가 정치적으로 대단한 변화임에는 틀림없다. 현재로서는 서구에 대응하여 중화세계의 문화적 부흥의 상상을 위하여 공자의 회귀의 분위기가 재조되는 것이다. 결국 화해를 가르치는 유교적 도덕으로 민족 간, 사회 계층 간의 격차로 인한 분열적 상황을 극복하고 국가적 통합을 위한 문화자원을 모색하게 되었음을 의미한다.

국가적 통합의 시도에 민족적 기억(national memory)을 재생산 혹은 발명함에는 한족의 기억을 민족적 경계를 넘어서 범민족적 혹은 보편적 기억으로 확립하려는 노력과 각 민족의 개별적 기억을 총합하여 새로운 중화의 기억을 만드는 것 중 어느 것을 택할 것인가 하는 흥미로운 질문이 제기될 수 있다. 그것은 건국 후 지난 60여 년간 중국이 반복적으로 취해 온 시행착오의 민족정책의 이론적 근거이기도 하다. 그러나 대체로 완만하게 전자, 즉 한족전통의 보편화로 가고 있음을 본다. 즉 '중화민족'이라는 포괄적 단어와 개념이 대두되고 '다원일체'라는 말로써 표현되는 한족 중심의 문화 통합이론이다. 한(漢)의 중화민족주의는 황제(黃帝)와 염제(炎帝)의 기념공원을 조성하고 거대한 조각상을 만들어 국가 지도자가 직접 참석하여 개막식을 거행하며 전국 TV 뉴스를 장식하는 데에서도 볼 수 있다.

사회주의 혁명과 함께 서구적 현대화를 실현하는 것은 중국의 지도자들이 가장 우선적으로 추진하여 왔던 국가적 목표이다. 여기에 서구에 의하여 침략당하고 중화제국으로서의 체면을 잃은 역사적 치욕의 설욕은 누구나 잊지 못하는 열망이었다. 이러한 맥락에서 역사고고학의 정치적 자원화를 이해할 수 있다. 양무운동과 5·4운동 이래 인민의 문화적 전통은 미신과 봉건의 잔재로서 줄곧 비판받았으며 특히 신중국 건국 이후에는 반혁명적 장애물로서 대대적인 문화개조운동의 대상이 되어 왔다. 그러나 2000년대에 들어서 찬란한 중화문화유산의 보존과 발굴이라는 기치 아래 문화주권론까지 동원하여 대대적인 중화문화 복원운동이 전개되고 있다. 마오쩌둥 시절에는 문화유산의 중요성을 부르짖던 지식인은 반혁명적 이념의 소유자로 낙인찍혔다. 이제 정부가 직접 중화문화 특히 민간문화를 발굴 보존하는 운동을 주도하며 문화유산 운동가들은 애국자로 칭찬을 받는 시대적 전환이 이루어진 것이다.

이러한 추세 속에서 오늘날 많은 소수민족 지역의 고대 문화유적의 복원이나 보수가 특히 진, 한, 당 시대의 양식으로 바뀌고 있다. 이 지역들이 당시의 문화적 영향을 입어서 문명의 모습을 갖추었다는 역사적 상상이 그 이론적인 근거로 사용된다. 이는 곧 중화주의와 화이질서의 현대적 재생산이라고 할 수 있다. 고구려 유적지나 발해 유적지의 변형적 복원도 이와 같은 맥락에서 볼 수 있다. 압록강 건너 단둥(丹東)에는 고구려 성의 유적이 있었으나 이것은 없어지고 대신에 명대의 장성을 모방한 성이 만들어지고 이것이 중국의 만리장성이 산하이관을 지나서 뻗은 동쪽의 끝 지점이라고 설명을 붙여 놓았다. 이로써 고대의 만주지방은 더 이상 바깥의 이적의 땅이 아니라 중화세계의 일부였다는 역사기억이 발명되는 것이다.

이러한 고고학의 정치적 이용 속에서 인민은 그들 지방의 전통문화를 국가의 공식적 기억의 발명에 대하여 경쟁하고 타협한다. 정부가 유교를 부정하여 왔지만 인민은 유교문화의 전통을 그들의 사적 전통으로 비공식적으로 지켜 왔다. 사람들은 자기들의 전통적인 유교 윤리와 가치관을 지키고 화이관으로써 한족과 비한족을 구분한다. 그들은 굳이 비한족을 지배해야 하거나 소수민족이 자기들의 문화정체성을 버리고 한족문화로 바뀌어야 한다고 주장하거나 비난하지 않는다. 그런데 사실 이는 가장 일상화된 자기중심적 세계관이다. 그들은 소위 그들과 같은 체질적 모습을 가진 사람들은 당연히 중국인이거나 중국으로부터 퍼져 나간 사람이라고 여기는 성향이 강하다.

앞에서 언급한 대로 중화나 천하관 화이론은 문화적으로 세 가지 맥락에서 이해될 수 있음을 상기시키고자 한다. 첫째는 문화(문명)적 세계관이니 한자와 유교와 풍습과 민속으로써 세계를 정의하는 것이고, 둘째 영토론, 즉 지리적 세계관은 조공체제의 기억에 의한 지배국과 복속국의 관계로 개념화하여 한족의 분포지역을 그 중심으로 삼는 세계이며, 그리고 셋째는 인종 혹은 민족적 세계관으로서 한족만이 중화의 핵심이 되며 나머지는 오랑캐로서 그 문명의 동화 정도에 따라 등급화되는 세계이다. 이 셋은 논의의 차원에 따라서는 각각일 수도 있고 상호 연관된 하나의 논리체계일 수도 있다.

그러나 실제로는 이 중화문명은 통일된 단일체계가 아니다. 국가와 민족에 따라 언어가 같아도 민속이 다르며 제도가 같아도 신앙과 예술이 다르다. 또한 신화와 전설이 다르며 문자도 다르다. 이런 점을 종합한다면 실제 중화세계는 지리적으로나 문명권역으로 볼 때 제한되었으며 중국과 주위의 국가들이 필요에 의하여 공모하는 전략적 관계의 체계라고 할 수 있다.

제국주의자이건 그렇지 아니하건 어떤 사람들도 자신이 세계의 중심이라는 생각은 모두 가지고 있다. 그러므로 중국인들이 자기세계 외의 사람들을 종족주의, 인종주의 혹은 동물분류체계를 사용하여 인식하는 것을 볼 수 있다. 관외의 사람들은 괴상한 형상의 귀신이거나 마귀이거나 짐승의 일종으로 묘사되며 중화문명의 수용 정도에 따라 날것(生蕃)과 익힌 야만인(熟蕃)으로 분류될 뿐이다. 이러한 인간과 준인간적 야만인의 묘사와 범주화는 모든 문명국의 발명품이다.

그런데 현대에 와서 이질성과 다양성을 화이(華夷)의 내외로 분류하고 차별하는 대신에 그것들을 모두 중화로 수용하는 열린 중화론 혹은 화이론이 전개된다. 즉 중국 안에서 모든 민족이 이질성에도 불구하고 상호 융합 과정을 겪어 왔으며 크게 보면 하나의 중화민족으로 통합되어 왔다는 이론,[25] 유교 유일론을 대신한 종교와 문화의 다원주의 및 혼합주의론,[26] 천하론이란 모든 이질성을 포용 수용하는 열린 세계관이라는 주장[27] 등이 그것이다. 최근에 중국 국내지식계에서도 한족 중심의 중화론과 천하관이 유행하는 것을 두고 국력이 강하면 드러나는 자민족 중심주의의 정치적 언술이라는 비판론이 제기되기도 한다. 이러한 논의는 폐쇄적인 화이관과 중국 유일주의를 극복하는 시각을 제공하지만 다수의 지식인들은 중화문화가 핵심이 되어서 상호 존중과 인정 그리고 화해를 통하여 이질성이 궁극적으로는 중국적인 것으로 융합되는 것을 전제로 하는 언술을 생산한다.

3. 중화의 재인식운동과 중화제국 부흥의 상상

중화세계의 부흥에 대한 기대는 전 세계에 퍼져 있는 한족 이민의 존재가 주는 탈국경적 중화의 상상에 의하여 강화된다. 중국인의 해외이민의 역사

---

25 대표적으로 費孝通. 1989. 『中華民族多元一體格局』. 北京: 中央民族學院出版社.
26 대표적으로 葛兆光. 2011. 『宅玆中國』. 北京: 中華書局(이원석 옮김. 2012. 『이 중국에 거하라』. 글항아리) 및 김광억·양일모 엮음. 2014. 『중국문명의 다원성과 보편성』. 아카넷.
27 대표적으로 趙汀陽. 2005. 『天下體系』. 南京: 江蘇教育出版社.

는 아주 오래이지만 본격적이고 대대적인 이민은 특히 19세기와 20세기 초에 이루어졌다. 정치적 망명인 경우도 있지만 대부분이 경제적 궁핍으로 인하여 다양한 방법과 형태로 고향을 떠나 낯선 해외로 나갔다. 해외에 거주하지만 본국의 국적을 유지하고 있는 경우에는 화교(華僑)라 한다. 이민 2-3세대가 되면 모국의 문화전통을 지닌 채 이민국의 국민이 되어서 사는데 이들을 화인(華人)이라 한다. 또한 3-4세대 이상 오랜 기간을 살면서 문화적으로도 당지 사회에 동화된 사람들이 많다. 이들은 화인의 후예, 즉 화예(華裔)라 한다. 최근까지 '해외동포'라고 부르는 화교와 화인은 대만의 국민당 주도의 중화민국 여권(護照, passport)을 가지고 있었다. 국민당 정부는 이들에 대한 특별한 정책을 세워서 관리하였다. 그들은 중화민국의 정통성을 확보하는 정치적 성원이며 국제경제와 국제정치에서 중요한 자원이었기 때문이다. 대륙의 신중국 정부는 '해외동포'의 확보에 열세였으며 문화대혁명 때는 해외에 친척이나 친지가 있는 사람은 스파이로 의심받고 박해를 당했다. 그러나 개혁개방 이래 정부는 이들을 정치와 경제적으로 국제적 네트워크를 만들고 본토에 투자와 기술의 원천으로서 중시하여 적극적인 회유와 포용정책을 펼쳤다. 2000년대에 들어서 드러난 서구식 도시발전의 모습은 해외 한족에게 큰 감명을 주었다. 오늘날 이들 해외동포의 여권과 정치적 소속감은 내부적 갈등과 긴장을 겪으면서 점차 대륙의 국가로 기울어지고 있다.

문화대혁명이 끝나고 개혁개방 정책이 공표되면서 글로벌 경제체제에 중국이 진입하여 성공하는 데에 이들 화교들의 투자가 가장 중요한 동력이 되었다. 특히 광둥성과 푸젠성 등 화교 배출의 대표적인 동남부 중국이 선부(先富)를 이룰 만큼 경제발전을 주도하게 된 데에는 홍콩과 동남아로 퍼져나간 화교 및 화인들의 투자가 결정적이었다. 화교들은 고향을 방문하고 기업과 공장을 세우며 학교를 짓고 길을 닦고 교량을 세우고 병원을 짓는 등

지방의 발전과 현대화에 중추적인 역할을 하였으니 지역발전은 차오샹(僑鄕: 화교의 고향)을 많이 가진 곳일수록 뛰어났다. 한편으로 이들 '해외동포'를 끌어들이기 위하여 정부는 전통문화를 복구하여 이들이 고향을 찾아오는 계기와 흥미를 유발하였다. 문화혁명을 통하여 파괴되었던 유적, 민속, 신앙이 수복되고 전통문화가 부흥되는 것이 이러한 화교와의 관계 때문이다.

전 세계에 퍼져 있는 '해외동포'는 오늘날 국경을 넘어 전 지구적으로 '중국의 세계'가 존재한다는 이미지를 갖게 만든다. 이들은 해당 이민사회에서 주거와 사업을 함께하는 차이나타운이라 부르는 집거지역을 이루는데 입구에는 중국식 패방을 세우고 당인가(唐人街), 화인가(華人街), 중화가(中華街), 중국성(中國城) 등의 이름을 붙이고 공자상을 세워서 민족적 아이덴티티를 표방한다. 개별적으로 여러 지역에 산재한 중국인들에게 이 차이나타운은 상호 협력을 위한 네트워크의 구심점이자 민족적 아이덴티티를 갖게 하는 문화적 장소이다. 그들은 서로 돕고 근면하며 어떠한 어려움이 있어도 특유의 뚝심과 성실과 인내로 견뎌 내며 현지 사회에서 경제적 성공을 일구어 낸다.

중국인은 낙지생근(落地生根)이라는 말로 그들의 새로운 환경에 대한 적응력과 뿌리에 대한 깊은 관념을 표현한다. 이들에게 중국은 어디를 가나 자기가 살고 있으면 곧 중국이라는 생각이 강하다. 개혁개방을 추진하기 위하여 덩사오핑 정부는 젊은 인재를 각각 100명씩 선발하여 1년 기간으로 영국과 미국으로 국비유학을 시켰다. 그러나 매년 귀국자는 10분의 1인 10명에 지나지 않았다. 프로그램을 폐지하자는 제안에 대하여 덩사오핑은 오지 않겠다는 사람을 군이 끌고 올 필요가 없고 어디를 가든 중국인이니 그대로 두라 하고 100명을 귀국시키려면 10배를 늘리면 된다면서 오히려 국비파견 연수생 규모를 증가시켰다는 고사는 이러한 중국인들의 세계관의 일면을 보여 준다.

이미 앞 장에서 살폈듯이 문화대혁명이 끝나고 개혁개방이 시작되었을 때부터 올림픽 개최에 이르기까지의 30년간은 국가와 인민이 공모하여 중화세계의 역사와 대국굴기의 상상을 실제 역사로 전환하는 다양한 초대형 문화 프로젝트를 시도하는 기간이었다고 할 수 있다. 개혁개방이 서구 시장 경제를 모델로 하여 진행되면서 2000년대에 들어서 이전에는 타파의 대상 이었던 전통문화가 복제(複製)되고 영상 미디어를 통하여 역사의 재조가 시도되고 있다. 세계화 혹은 지구촌화와 함께 지방의 전통이 재현되는 아이러니는 세계적으로 발견되는 탈현대(post-modern) 현상이다.

중국에서는 대형 영화와 텔레비전 연속극이 주로 진시황의 통일, 한과 당의 제국사 등에 집중되어 위대한 중화의 역사에 대한 대중적 기억과 상상을 채우고 있다. 한편으로 아편전쟁과 난징대학살의 근현대사는 외국에 대한 경계심을 높이고 그 반대급부로서 애국심을 고취한다. 대국굴기를 이룬 2000년대에 들어서는 중국과 서구를 문명과 야만의 이분법적 인식의 지평에 위치시킴으로써 중화에 대한 자부심, 그것을 제대로 지키지 못했던 자괴감, 그리고 약탈과 파괴자인 서구 세력에 대한 적개심을 촉발함으로써 애국주의를 증폭시킨다. 현대사는 주로 홍군의 항일전투와 대장정 그리고 국민 당과의 전투가 주제이며 오락성을 띤 것으로는 청조 황실과 귀족 집안의 애정과 모략전이 많다. 매일 접하는 TV 프로그램은 국가 지도자들의 활동과 정부의 대국민 계도 내용을 듣는 학습 프로그램 외에는 모두 이러한 고대와 근대의 정치사와 애정사로 채워진다. 이러한 일련의 문화산업의 주선율은 급격한 경제 및 사회적 변화에 따른 이질성과 갈등의 증대를 대중적 애국주의로 상쇄하려는 국가적 전략과 민족적 자신감과 아이덴티티를 위대한 전통에서 다시 찾고자 하는 국민적 욕망의 공모라고 하겠다.

나아가서 중화민족이라는 새로운 생물-문화적 정치(bio-cultural politics)가

시도됨을 볼 수 있다. 즉 여하히 56개의 민족을 하나의 통일된 국가, 즉 통일천하로 묶을 수 있을 것인가가 초미의 관심사이다. 중국의 민족정책에는 '5,000년' 문명의 역사에도 불구하고 실제로는 한족 왕조가 이들 변방의 이민족들로부터 끊임없는 도전과 심지어 지배를 받기도 하였던 역사기억이 의식적으로 망각되는 동시에 또한 중요한 작동을 한다. 그러한 역사의식 혹은 기억이 정책적으로 선택되는 것이다. 항일과 국공내전에서 그들은 변방 소수민족의 영토와 그들의 힘의 중요성을 경험하였다. 변방으로부터의 위협에 대한 공포와 그들의 힘의 중요성 인식은 결국 새로운 중화인민공화국의 특별한 민족정책을 수립하게 만들었다.

문화대혁명이 끝난 후 역사유적들이 국가 혹은 지방 문물로 지정되기 시작하였지만 2000년대에 들어와서 본격적이고 대대적인 역사유물과 유적의 재인식이 애국정신의 가장 두드러진 행동으로 교육되었다. 사람들 사이에는 문화주권론이 강력하게 대두되어서 서구의 민속 외의 것은 거의 모두가 중국에 그 연원이 있다는 주장을 강하게 개진하는 풍조가 만들어졌다. 또한 설(春節), 한식과 청명, 추석(仲秋節) 등 절기와 명절을 모두 중국 고유의 전통으로서 유네스코 문화유산에 등재해야 한다는 주장이 애국적 언설이 되었다. 칠석(七夕)을 밸런타인데이를 본떠서 정인절(情人節)로 만들고 단오를 공휴일로 제정하였다. 산둥성 린즈(臨淄)의 제(齊)나라 도읍의 박물관에는 축구가 제나라에서 시작하였음을 주장하는 출토품을 전시한다. 이러한 일련의 문화의 재발굴과 민족역사의 재조명운동은 그동안 중국이 서구와 주변의 오랑캐에 의하여 부당하게 굴욕적인 처사를 받아 왔다는 기억에 젖은 중국인들에게 중화세계를 재건하는 도덕적 명령의 실천으로 여겨진다.

대국굴기의 선포 이래 시진핑의 '대국질서론'과 '중국의 꿈'의 선언은 중화의 질서체제를 부흥하려는 문화열을 더욱 대중화하고 있다. 중화, 천하, 대국, 신질서, 부흥 등의 이념적 단어가 일상화되고 대중적 애국주의와 민족주의의 담론이 유행을 한다. 해외에는 공자학원을 설립하고 국내에는 국학(國學)이 제도권 교육과 연구기관뿐만 아니라 민간사업으로 번창하고 있다. 그 핵심은 유교이다. 중국이 유교문화의 종주국임을 강조하는 유학부흥운동이 중화제국의 향수와 상상력을 대중화하는 데 기여하고 있다. 정부는 중화문명이 세계적인 것임을 강조함으로써 민족의 자긍심을 높인다. 동시에 그 문명과 문화의 주권을 주장하고 주위 세계의 문화가 중화의 지배하에 있다는 중화문명권을 주장한다. 대중적 화이관을 기반으로 한 중화세계관의 강조는 국제질서에 적용하였던 화이규범을 문화주권론의 맥락에서 재해석함으로써 중화를 문명의 소유권과 연결하는 것은 보편적 가치로서의 중화문명의 지위를 거부하는 모순이 있다. 그러므로 오늘날 성당시대가 다시 도래한다는 상상은 대중적 기대감을 충족시키고 있지만 일부 지식인들은 문화주권론이 성당시대의 문화적 개방성과 포용력을 잃고 있다는 자성을 한다. 그러므로 중화문명론은 애국주의와 문화주권주의를 표현하는 하나의 문화전략이라고 하겠다.

4. 조선의 유교와 세계질서

여기서 우리가 중화와 천하에 대한 중국인의 관념에 대하여 특별히 관심을 갖는 까닭은 중국 대륙과 한반도가 역사적으로 밀접한 관계를 가졌고 한자의 사용과 함께 조선조 이래 유교문화를 공유했기 때문이다. 조선조 지식인들의 중국, 즉 명에 대한 숭배가 너무나 컸으므로 조선인의 지배적인 세계관은 곧 중국을 중심으로 하는 세계관이었다. 구한말의 혼란과 근대국가로의 이행에 실패, 그리고 마침내 일제의 식민지가 된 일련의 역사 과정은 당시 청에 의존하였던 세계관으로 인하여 청의 운명과 궤를 같이하는 것이었다.

불교를 기본으로 하고 지방 호족세력들의 연합체로 이루어진 고려왕조에서 지식인들은 송과의 교류를 통하여 신유학을 수입하였다. 이에 심취한 신진 사류들이 원에 대항하여 한족 중심의 왕조를 세우려던 명의 발흥에 가까이하는 입장을 세우고 원을 지지하던 구세력을 뒤엎은 것이 조선의 건국이다. 조선은 건국하면서 그보다 먼저 건국한 명에 사대할 것을 천명하고 유교 외에 어떤 종교와 신앙체계도 모두 불법으로 간주하여 음사로 규정함으로써 공적인 시야에서 사라지게 하였다. 이로써 엘리트 가치와 도덕체계로서의 유교와 민중의 정신세계를 채우는 민간신앙의 분리를 보게 된다.

명과 조선이 동시대에 처음으로 유교를 국교로 삼았지만 그 실천을 위한 제도적인 장치는 달랐다고 보인다. 중국에서는 황제, 즉 천자를 절대적인 정점에 두고 유자는 그 밑에서 봉사하는 존재이지만 조선에서는 왕은 왕도정치를 하도록 군자의 도를 닦아야 하며 도를 알고 실행하는 지적 능력과 지식을 갖추어야 한다. 조선의 재상정치는 학자관료 주체의 정치체제를 의미한다. 조선에서 왕은 지존의 위치에 있지만 동시에 그 절대적 권력은 제도적으로 통제되는 이중적인 존재였다. 왕은 중요한 결정을 내리기 전에 원로대신에게 그 검토를 의뢰하는 의정부(議政府)가 있었다. 삼사(三司)가 있어서 왕의 행동을 유교의 군자지도에 의거하여 감독하고 간하였다. 승정원(承政院)은 왕의 언행을 기록하였다. 사관(史官)은 왕이 죽으면 기록물을 정리하여 실록(實錄)을 편찬하였고 실록은 국왕도 볼 수 없었다. 왕의 권력을 통제하는 또 하나의 제도적 장치는 상소(上疏)이다. 백성은 누구든지 왕에게 직접 뜻을 올릴 수 있었고 왕은 이에 반드시 답을 해야 한다. 상소제도는 특히 초야의 선비가 국정에 참여하는 수단이자 방법이었다. 왕은 또한 정기적으로 경연(經筵)을 열어서 학자와 관료와 함께 유학에 관한 학습과 토론을 하여 군자로서의 도를 닦아야 했다. 이러한 제도적인 장치에 의하여 왕은 절대적인 권력을 행사할 수 없었으므로 왕권의 절대화를 꾀하려는 왕과 이에 제약을 가하려는 신료들 사이에 가끔 엄청난 대가를 치르는 대결이 일어났다.

예송(禮訟)은 조선의 유교국가로서의 특성을 보여 주는 사건이다. 효종이 승하했을 때 계모인 조대비의 상복문제를 둘러싸고 일어난 기해예송(1659)이나 효종비가 승하했을 때 다시 조대비의 상복문제가 논쟁이 된 갑인예송(1674)이 그것이다. 기해예송에서 남인은 효종이 왕이므로 대비는 신하로서의 3년복을 입어야 한다고 하였고 서인은 효종이 왕이지만 적통이 아니므로 그냥 아들에 대한 어머니의 상복, 즉 기년(1년간의 상복)설을 주장하였다. 서인은 천하동례(天下同禮)를 주장하며 임금과 백성은 동일한 법을 따라야 함을 말하고 남인은 임금과 백성이 같을 수가 없다는 논리를 편 것이다. 서인설이 채택되고 남인이 정권에서 밀려났다. 갑인예송에서는 서인은 효종이 차남이므로 비(妃)를 차남의 아내로 규정하여 시모인 조대비의 대공(9개월 상복)을 주장하였고 남인은 효종이 장남(소현세자)을 대신한 아들이므로 장남의 부인으로 삼아 기년을 주장하였다. 현종은 아버지 효종이 적장자의 위치를 갖도록 남인의 주장을 취함으로써 서인은 정치적으로 몰락하게 되었다. 이러한 예송은 신권(紳/臣權)과 왕권(王權)의 싸움이었다. 즉 서인은 왕이라도 국가가 정한 법에 의하여 행동해야 한다는 주장이며 남인은 아비와 자식을 동일시할 수 없고 하늘과 땅이 구별되듯이 왕에게 백성의 법을 적용하는 것은 곧 천하의 질서를 문란케 하는 일이라는 주장이었다.

식민사관은 이 예송을 학자와 관료들이 국가에는 관심이 없고 오직 한갓 상복문제 하나로 정국이 바뀌는 당파싸움의 작태를 벌인 사건으로 폄하하였다. 그러나 더 깊이 들여다보면 그것은 간단히 말하여 왕은 백성과 같은 존재로서 국법과 유학의 도를 걸어야 하는 존재인가 아니면 그런 것으로부터 벗어난 특별 존재여야 하는가에 관한, 오늘날의 헌법논쟁과 같은 것이라고 볼 수 있다.

중국에는 신하가 황제에 도전할 수 있는 제도적 장치가 없었다. 대개 중국에서도 관료체제가 확립되었으나 후한 말 십상시의 반란으로 인하여 언로가 막히고 학자관료의 권한이 크게 축소한 사건이 일어났다. 그러나 천자인 황제에게는 하늘 아래 어떤 사람도 맞설 수는 없는 것이다. 그러므로 정권이 황제와 직결되는 경직성으로 인하여 하나의 왕조가 200-300년 이상 지속되지 못하였다. 그러나 조선은 학자관료의 나라였다. 모든 잘못된 일은 재상과 신하가 책임을 지며 왕은 그로부터 벗어나 있다. 따라서 왕과 학자관료는 절대적 충성과 복종의 윤리와 동시에 견제와 긴장의 관계를 이루었다.[28] 조선왕조가 때로 무능하거나 폭정을 하는 왕이 있었음에도 불구하고 근 600년에 가까운 세월을 지속할 수 있었던 것은 이러한 권력체계의 유연성 때문이라고 할 수 있다. 아마도 이는 정치학적인 시각에서 볼 때 조선이 단일 민족으로 구성된 작은 영토의 나라이기에 가능했는지도 모른다.[29]

중화(中和)는 유교의 핵심개념인데 중은 성리학에서 인간의 마음이 어느 한편에 치우치지 않고 평정된 지극히 완성된 상태이다. 시중(時中)이란 그것이 가장 적절하게 표현되는 순간이다. 이와 기가 평형을 이루는 상태이다. 화는 그것이 겉으로 표현되는 상태이다. 화해는 여기에서 나온다. 따라서 조선의 유교에서 중화는 이성과 감정이 적절히 조화되는 세계이며 초기

---

28 기록에 의하면 어느 날 영조는 어전회의 도중 "이 나라는 경들의 나라니 경들의 뜻대로 하라"고 화를 내고 자리를 떠났다.

29 물론 나는 개인적으로 조선왕조의 장기 지속이 바람직한 것으로 자랑만 할 수 있는 것은 아니라고 본다. 지식과 도덕에 가치를 둔 문명의 역사는 훌륭하지만 식자들이 좀 일찍 민주와 민본국가로 이행할 수 있는 역량을 기르지 못했음에 대한 아쉬움 때문이다. 다만 정치의 기술적인 측면에서 볼 때 재상정치는 왕을 책임으로부터 보호함으로써 봉건체제의 몰락을 막을 수 있었다는 뜻이다.

에는 중국을 중화의 중심으로 보았으나 후기에 와서 중화의 세계는 지리적인 개념을 벗어나서 그 실천의 수준에 의하여 결정된다는 생각으로 바뀌게 된다.

화이(華夷) 혹은 존주양이(尊周攘夷 혹은 尊王攘夷)는 한국인(조선인)에게 각인되어 있는 단어이다. 사실 중국을 중화의 중심으로 존중하고 중국적 세계 질서체제를 가장 철저히 따른 나라는 조선이었다. 조선이 숭명사대를 내세운 것은 모든 면에서 비교가 될 수 없을 정도로 막강한 중국(명)의 중화체제에 속함으로써 군사적으로나 경제적으로 그리고 문명적인 혜택을 보장받으려는 전략적 결정이라고 할 수 있다. 나아가서 건국이념을 신유학으로 삼은 혁명파들에게는 국가의 통치이념의 발상지인 명을 절대화함은 곧 자신의 정치이념의 정당성을 확보하는 것이다.

왜란은 조선이 중화세계체제에 더욱 적극적으로 참여하게 만드는 계기가 되었으며 호란은 오랑캐(청)에게 문명(조선)이 무릎을 꿇는 화이의 전도(顚倒) 즉 천하의 섭리가 역으로 되는 사실을 인정해야 하는 치욕의 사건이었다. 척화파의 저항은 곧 문명의 야만에 대한 저항이었으며 조선의 국가 이데올로기를 지키는 처절한 선택이었다. 명조에 사신을 간 기록은 조천록(朝天錄)이라 하면서 청조에 사신을 간 기록은 연행록(燕行錄)이라 칭한 것 역시 그만큼 청을 문명으로 보지 않았던 조선의 지식인들의 태도를 말해 준다.

청의 중국지배는 이전에 규범, 즉 문명체계에 입각한 관계 대신에 형식적·실리적 측면을 강조하게 변질시켰으며 조선은 명의 멸망과 함께 사라진 중화에 대신하여 소중화를 자칭하게 된다. 특히 중국이 오랑캐에 의해 통치되면서 화이규범은 도덕적 정당성을 잃게 되었으며 청은 무력으로서 조선을 침공 지배하려 하였으므로 청에게 중화의 정통성을 인정할 수 없게 되었다. 중화의 명이 없어진 대신에 조선이 규범으로서의 중화를 자처하는 화이변태가 일어난 것이다. 병자호란 당시 척화파의 대표였던 김상헌의 가문에서는 제문이나 왕에게 올리는 차자에도 청의 연호 대신에 숭정(崇禎) 후 모년으로 썼으며 이는 현실정치에서 국법에 어긋나는 일이었지만 왕 이하 모두가 묵인하였다. 조선조 후기의 묘비에는 흔히 관직이나 이름 앞에 "유명조선"(有明朝鮮)이라는 문구가 새겨 있는데 여기서 명은 명나라를 뜻한다. 이는 곧 조선의 왕과 신료와 사대부가 공모하는 반청(反淸) 중화의식을 나타내는 것이다. 즉 명과 청은 각각 문명과 야만의 상징이었으며 사라진 문명이 오직 조선에 남아 있다는 뜻이다.

그러나 18세기에 들어서면서 점차 청이 더 이상 오랑캐의 나라가 아니며 중화문명을 자처하게 된 현실을 인정하자는 시각이 조선의 유학자들 사이에 번지게 되었다. 실제로 중국에서는 주자의 성리학 이후 명과 청을 지나면서 양명학과 고증학 등의 새로운 학파가 나오고 유학은 점차 현실을 중시하는 실학의 방향으로 변화를 겪어 나왔다. 청의 황제들은 개인적으로 불교를 믿으면서도 유교를 통치의 이념적 체계로 채택하였다. 그러나 조선조는 처음부터 끝까지 주자의 성리학에만 집착하여 그 외의 어떠한 새로운 해석도 사문난적으로 몰았으며 철저히 근본주의에 매몰되었다.[30] 조선이 자기 발견의 단계로 들어간 시초는 정선의 진경산수화의 화풍이 확립되는 시대적 변화와 상통한다. 그 이전에 그림은 정신세계의 표현수단이었고 주로 중국의 풍광을 유교적 도덕세계와 결합한 상상화였다. 그러나 정선은 있는 그대로의 사실을 그리는 일종의 조선화풍의 독자성을 시도한 것이다. 그 뒤에는 후견인인 김창업의 철학이 작용하였다. 김창업은 연행록의 기술 방식과

---

30 일제에게 나라가 망하는 그 순간까지도 율곡이 젊어 한때 금강산에 들어가서 불교에 접했던 행적을 문제 삼아 논쟁을 벌였으며 서애가 젊었을 때 양명학 서적을 본 것이나 다산이 서학을 접했느냐의 여부를 두고 끊임없이 의심하고 비판하였다. 그러는 동안 정작 중국에서는 유교를 두고 다양한 학파가 생기고 경합을 벌여 왔다.

내용에 획기적인 변화를 가져온 인물이다. 그는 연행길에서 관찰한 풍물과 풍속과 사람과의 만남을 기록함으로써 현지 사회의 현실에 대한 자세한 서술을 한 것이다.[31] 그의 연행록은 이후 홍대용의 연행기와 박지원의 『열하일기』에 큰 영향을 주게 된다. 그들은 진경산수화를 그리듯이 청나라의 문물을 객관적으로 서술하였으니 비로소 이념을 넘어 현실을 발견하게 된 것이다.

이러한 발견과 과감한 인정은 두 가지 중요한 세계관의 변화를 촉구하게 되었다. 즉 청이 명을 대신하는 화이변태는 중화사상의 민족주의적 기반을 뒤엎는 것으로서 누구나, 즉 이(夷)도 화(華)가 될 수 있다는 생각을 갖는 것이며, 둘째는 따라서 조선도 청에 대신하여 중화문명의 지배력을 갖춤으로써 화가 될 수 있다는 기대였다. 이는 홍대용에 의하여 강하게 표현되었다.

홍대용은 그의 연행기에서 옹정제가 맹자의 "舜 … 東夷之人 … 文王 … 西夷之人. … 世之相後也千有餘歲得志行乎中國若合符節先聖後聖共揆一也"(『맹자』 離婁章句下)를 "순은 동이이며 문왕은 서이 출신이다. 시대를 따지자면 서로 천 년 이상 차이가 나지만 뜻을 얻어 중국에서 행함이 서로 맞으니, 선성과 후성이 결국 규(揆) 즉 도(道)가 하나임을 알 수 있다"로 해석하고 "夷狄之有君 不如諸夏之亡也"(『논어』 八佾)를 "이적에 군이 있다면 곧 성현지류일 것이오 제하(중국)에 군이 없다면 금수지류일 것이니 어찌 땅의 중외가 있을 것인가" 하고 풀이함을 소개하였다. 한족은 오랑캐인 청의 지배를 받게 된 변화를 세계질서의 잘못된 운영으로 인식하여 멸청복명(滅淸復明)을 내건 다양한 저항운동을 벌이게 되었다. 그 밑에는 종족문화론, 즉 중

31　그는 맏형인 김창집을 따라 연행사(燕行使)에 참가했는데 중형 김창흡은 길 떠나는 그에게 다음과 같은 말을 주었다. "山河觸目憨感心可知勝讀十年史"(산과 강을 직접 더듬고 관찰하고 언제나 경계하여 모든 사물에 감동하는 마음을 지니면 10년 독서보다 더 많고 중요한 지식을 얻게 된다).

화는 한족의 특권이며 한족만이 그것을 발명하는 능력을 갖추었다는 청에 대한 대립의식이 깔려 있는 것이다. 증정(曾靜)이란 학자가 화이론을 내세워 청 지배의 정통성에 대한 시비가 일었는데 그와의 논쟁에서 옹정제는 『대의 각미록』(大義覺迷錄)을 통하여 화이구분은 어디까지나 문화에 기준을 두어야 하며 지리와 종족에 둘 수 없다는 입장에서 보편문화 중심의 열린 화이관을 강조하였다.[32]

옹정제는 한족의 보수반동적인 화이론에 대항하는 열린 화이론의 대변 자였다. 그러므로 동아시아의 화이관에는 두 개의 전통이 있었다고 할 것 이다. 홍대용은 화와 이의 주인공이 근본적으로 다른 것이 아니라 누구든지 화가 되거나 이가 될 수 있다는 뜻에서 화이일야(華夷一也)를 언급하였으며 박지원은 『열하일기』에서 "지금 한인이 변발호복으로 되놈이 되었지만 우 리만은 아직도 존양의 이론으로 우뚝 서서 지켜 왔다"고 적고 있다.[33]

결국 홍대용은 상대주의적 관점에서 열린 화이론을 주장하고 청을 화로 인정하기에 이른 것이다. 그는 화이일야를 다음과 같이 정리하였다. 즉 하 늘에서 보면 내외의 구분이 없다. 각각 자기 나라 사람과 친하고 자기 임금

32 화이론에서 흔히 "夷狄之有君 不如諸夏之亡也"의 주석을 두고 논쟁이 일어난다. 何晏(193-249)은 『論 語集解』의 주석(古注)에서 지리와 종족에 기준을 둔 닫힌 화이론을 제시하는데 '이적에 군이 있을지라도 망한 제하와 같지 않다 즉 못하다'고 해석한다. 이에 대하여 '夷狄에 君이 있다면 君이 없는 (망한) 제하 와 같지 않다 즉 낫다'라는 주석(新注)이 있다. 이때 군이란 문화를 뜻한다. 이는 열린 화이론이다. 韓愈 (768-824)는 '이적일지라도 중국답다면 이를 중국으로 삼는다'(『原道』)고 하였으며 이러한 열린 화이론은 송대 이후 일부 유학자들 사이에 침투되었고 특히 이적(夷狄) 왕조인 원대와 청대에 유행하게 되면서 동 아시아 전역으로 퍼져 나갔다. 이와 함께 고전적인 화이론 즉 닫힌 화이론 역시 청에 대한 반작용으로 한 족 지식인들 사이에 다시 유행하게 되었다.

33 홍대용이 연경에서 한족 지식인들과 만났을 때 그들이 변발호복을 하면서 스스로의 문명을 잃고 자부심 을 버리고 있음을 부끄러이 여긴다고 하자, 화이란 의복제도가 아니라 덕의 후박(厚薄) 여부가 중요하다 고 하면서 "순은 동이의 사람이고 문왕은 서이의 사람이니 왕후와 장상이 따로 종류가 있지 않다. 진실로 하늘 때를 받들어 백성을 평안히 한다면 곧 천하의 참임금이라 일컬을 것이다. 본조(청조)가 산하이관을 들어온 후에 육적을 削平하고 천하를 진정하여 오늘에 이르렀기에 100여 년의 兵革이 끊어지고 백성이 생업을 보전하니 治道의 성함이 가히 漢唐에 비길 만하다"라고 답하였다(『燕記』 691).

을 높이고 자기 나라를 지키고 자기 풍속을 편안하게 여기는 것은 화나 이나 마찬가지이다(是以各親其人 各尊其君 各守其國 各安其俗 華夷一也). 그에 따르면 천지가 변하면서 사람과 사물로써 내외가 나뉘어서 장부(腸腑)와 지절(肢節)은 일신(一身)의 내외, 인리(隣里)와 사경(四景)은 일국(一國)의 내외, 동궤(同軌: 華)와 화외(化外: 夷)는 천지의 내외가 된 것이다. 대저 남의 것을 빼앗는 것을 도(盜), 죄 없이 죽이는 것을 적(賊)이라 하는데 주위 오랑캐가 중국의 땅을 침범하는 것을 구(寇), 중국이 오랑캐 땅을 무력으로 더럽힘을 적(賊)이라 한다. 그런데 서로를 구(寇)니 적(賊)이니 일컬으니 그 뜻은 하나이다. 이런 맥락에서 볼 때 공자는 주나라 사람으로서 (夷狄인) 오(吳)와 초(楚)에 의하여 화(華)의 세상이 어지러워지니 『춘추』를 써서 내외(화이)를 엄히 구분하였다. 만약 공자가 바다 너머 구이(九夷)에 살았다면 용하변이(用夏變夷)하여 주도(周道)를 역외(域外)에 일으켰을 것이다. 그렇다면 내외지분(內外之分)과 존양지의(尊攘之義)에 합당한 역외춘추(域外春秋)가 있을 수 있는 것이다.[34]

홍대용은 왕세손(정조)의 스승이 되어 조선이 닫힌 화이론을 벗어나서 개방적 세계관을 가질 것과 우리가 화를 이룬 것처럼 청도 (완전하지는 않지만) 이미 화를 실현하고 있음을 인정할 것을 가르치면서 조선이 더욱 모범적으로 화를 실현할 것을 주장하였다. 그는 후대의 실학파 즉 북학파의 출현에 지대한 영향력을 행사하였다.

정조는 존주대의와 대명의리를 지키는 일에 충실하였다. 존주론(조선중화론)을 강화하고 『존주휘편』을 편찬하기 시작하였고[정조20년(1796)에 시작하여 순조25년(1825)에 완성], 송시열을 "천리를 밝혀 인심을 바로잡고 의관의 도의를 끝까지 지켜 피발좌임[被髮左衽: 상투 대신에 머리채를 풀어헤치고 왼쪽 옆구리로

---

34 『국역담헌서』 I, 490-491 참조.

옷을 채우는 것은 오랑캐의 풍속이다. 『논어』 헌문(憲問)편을 참조할 것]을 면하여 이적(夷狄) 짐승에 동귀하지 않게 한 큰 스승(大老)"이라고 교시하였다. 그러나 많은 신료와 학자들 사이에는 이미 춘추대의는 빈말에 지나지 않는다는 의식이 팽배해 있었다. 그리하여 정조는 "대의가 날로 모호하고 어둡게 되어 … 임금이 임금답고 신하가 신하답다(『논어』 顔淵)는 소위 천경지의(天經地義)가 거의 사라져 버렸다"고 한탄하였다.

정조가 『존주휘편』을 편찬한 까닭은 이미 박제가 된 『존주록』을 맹목적으로 받드는 대신에 '스스로 내외지분과 존양지의'를 내세울 수 있다는 생각에서였다. 『존주휘편』은 곧 조선중화론의 표방인 것이다. 다만 정조는 청은 오랑캐이고 조선만이 중화를 이룰 수 있다는 입장이었다. 결국 정조는 청으로부터 문물과 제도를 받아들이고 교역을 하면서도 닫힌 화이론을 조선에 적용함으로써 대내적으로는 일종의 민족주의를 시도하였다. 그리하여 순조조 이래 점차 청국의 중화 즉 용하변이(用夏變夷)를 인정하는 열린 화이관과 청국, 즉 이(夷) 안의 화(華)를 배우자는 북학론(北學論)이 공론화되었다.[35]

조선의 학자들은 유교 이상세계를 존주론으로써 말하였다. 그러나 경기지역 노론인 낙파(洛派)와 기호지역 노론인 호파(湖派) 사이에 실학의 싹을 둔 사건인 호락논쟁이 벌어졌다. 낙파는 동물과 인간은 본성에서 동일하며 누가 문명화의 도를 닦는가, 즉 수양에 따라서 인간과 동물이 나누어지는 것이라고 하였으니 열린 화이론에 가까웠다. 호파는 인간과 동물은 수양의 도를 깨닫는 능력의 근본적 차이 때문에 분리가 된다는 입장을 취하였으니 조선만이 중화를 따라 실현할 수 있는 소중화의 나라이며 만주 오랑캐와는 절

---

35 북학과 용하변이란 용어의 출전은 『맹자』 藤文公上의 "吾聞用夏變夷者, 未聞變於夷者也. 陳良, 楚産也. 悅周公仲尼之道, 北學於中國"[나(맹자)는 중화 문물로 夷狄을 변화시킴은 들었으나 (중화가) 이적으로 변함을 들은 적은 없다. 진량은 (이적인) 초나라 사람이다. 주공과 중니(공자)의 도를 즐겨 북쪽에서 중국을 배웠다].

대로 타협할 수 없다는 것을 주장하였다. 낙파의 동물에 대한 관심과 관찰은 자연과학적 생각으로 이어지고 홍대용을 대표로 한 북학파를 형성하여 이용후생의 실사구시 즉 실학을 개발하였다.

제 4 장

—

가(家)·족(族)·향(鄕)·국(國)

중국의 어디를 가나 우리는 마오쩌둥의 독특한 서체로 쓴 "爲人民服務"
(위인민복무)와 함께 쑨원이 쓴 "天下爲公"(천하위공)이라는 말을 흔하게 볼 수
있다. 천하위공은 원래 『예기』(禮記)에 나오는 "大道之行也 天下爲公"(대도지
행야 천하위공)이란 구절에서 따온 것으로서 중국인에게는 대동의 세계를 추
구하는 상징이자 수단을 의미하는 말이다. 신해혁명 이래 그 속에는 가족
에 대한 대립되는 이념이 담기게 되었다. 공(公)이란 사(私)와 대립되는 개념
이니 곧 개인은 가(家)라는 이기적인 또는 사적(私的)인 세계로부터 벗어나서
공익(公益)과 공정(公正)을 실천함으로써 모두가 평등하고 동질적인 공동체,
즉 대동세계(大同世界)를 이루어야 한다는 뜻이다. 그런데 가(家)는 이상적인
국가를 이루려는 유교적 세계관, 즉 천하의 기본으로 강조된다. 수신제가치
국평천하(修身齊家治國平天下; 『대학』)라는 지극히 상식적인 구절의 실현 방안

광저우 쑨원 기념 공원:
"천하위공"을 새긴 기념관과
동상
출처: 필자 2012

을 놓고 실제로는 국가와 가(家)가 긴장관계를 이루어 오고 있다.

신중국 건국 후 궈머러우(郭沫若)의 〈채문희〉(蔡文姬)라는 희곡이 1959년 수도극장에서 자오쥐인(焦菊隱)의 연출로 초연되었다. 채문희는 후한 말기 동탁이 정권을 농락하던 시기의 왕사 채옹(蔡邕)의 딸로서 원래 이름은 염(琰)이라 하였다. 인물이 출중하고 재능이 뛰어난 규수였다. 이미 변방의 민족들의 일부는 만리장성 이내로 옮겨 와 살았고 조정은 내우외환에 대응하기 위하여 이들을 오히려 불러들이곤 했으니 한족의 중국은 그리 탄탄하지 못하였다. 채염이 첫 남편을 결혼 일 년 만에 사별하고 뤄양의 친가에 와 있던 중 선비족이 처들어와 그녀도 잡혀가서 그 수장 선우주천립의 첩이 되었다. 중화의 귀족이 북방의 오랑캐에게 희생이 된 것이니 전한 때의 호한야 선우에게 화친을 위하여 강제로 시집을 가야 했던 왕소군과 더불어 한족 사람들에게는 슬픈 기억이 되었다. 12년이란 긴 세월을 아이 둘을 낳고 살면서도 그녀는 조국을 잊지 못하였다. 그녀의 한과 절규를 나타내는 〈호가십팔박〉(胡笳十八拍)이라는 비분시가 전한다.[01] 평소 그녀를 사모했던 조조가 재상이 된 후 막대한 배상금을 내고 그녀를 한(漢)으로 돌아오게 만들었다. 어머니로서 어린 자식을 버린다는 것은 천륜을 저버리는 행위이다. 조국이냐 모정이냐의 갈등 끝에 결국 그녀는 울면서 매달리는 자식을 뿌리치고 자기를 버렸던 조국을 택한다.

희곡 〈채문희〉가 전파하는 메시지는 한족 중심의 화이론을 바탕으로 하고 있고 한 개인의 가족에 대한 사사로운 감정 또는 윤리와 국가에 대한 도

---

01 爲天有眼兮/何不見我獨漂流? 爲神有靈兮/何事處我天南海北頭? 我不負天兮/天何使我殊配? 我不負神兮/神何一我越荒州?(하늘에 눈이 있다면 어찌하여 내가 혼자 떠돌고 있음을 보지 못하는가? 귀신에 영이 있다면 어찌하여 나를 하늘 아래 남쪽 바다와 북쪽 산에 있게 하는가? 내가 하늘에 잘못한 일이 없건만 하늘은 어찌하여 나를 오랑캐와 짝을 짓게 하였는가? 내가 귀신에 잘못한 일이 없는데 귀신은 어찌하여 나를 야만의 땅으로 떠넘기는가?)

〈문희귀한도〉(文姬歸漢圖)

덕적 헌신 사이의 갈등을 담고 있다. 문희귀한의 처절한 이야기는 바로 사회주의 신중국의 이념적 방향과 혁명의 프로그램을 제시하는 정치교육의 문화적 실천기제였던 것이다. 또한 거기에는 국가가 개인에게 무엇을 해 주는 존재여야 하는가 대신에 개인이 충절로서 국가를 만들어야 한다는 뜻이 숨겨 있다.

중화인민공화국이 성립된 이래 계속되는 사회주의 혁명의 가장 핵심적인 사업의 하나는 개인을 전통적인 혈연에 기초한 가와 족의 제도로부터 벗어나게 하는 것이었다. 왜 사회주의 국가는 가족을 해체하려 하였는가? 그리고 그 해체의 경험은 어떠했으며 사람들의 일상생활 세계는 국가의 혁명사업의 진행 속에서 어떻게 가족문화를 가꾸어 왔는가? 오늘날 가족은 어떤 형태로 실천되고 있는가를 살피는 것이 이 장의 주제이다.

중국인은 혈연조직인 가와 족 외에도 지연을 중시한다. 그것이 구체화된 것이 향(鄕)이다. 혈연과 지연은 사람들로 하여금 지역사회 혹은 인민의 세계와 국가 사이에 어떤 관계를 맺는 중요한 사회문화적 기제가 된다. 결국 사회주의 혁명은 곧 가족과 향으로 대표되는 사적인 세계를 국가 공동체가 장악하는 시도라고 할 수 있으며 그러한 맥락에서 인민의 사적인 영역과 국가의 제도와 법규 사이에 일어나는 긴장과 경쟁 및 갈등의 역동성이라는 틀에서 사회-문화적 현실을 읽어야 한다.

1. 사회주의 혁명과 가 · 족

중국에서는 '자'(家, 가)와 '쭈'(族, 족)를 구분한다. '자'는 집을 말하는데 영어와 달리 집은 건물인 동시에 사회문화적인 단위라는 두 가지 의미를 담고 있다. '자', 즉 집은 우리가 가족이라고 부르는 일차적인 사회적 단위이고 '쭈'는 우리가 문중이니 씨족이니 하는 조상의 남계친 자손으로 이루어진 조직체로서 학술용어로는 종족(宗族)이라고 하는 사회적 범주이자 조직된 단위이다. 우리가 말하는 개념의 가족을 중국에서는 '자팅'(家庭, 가정)이라고 부른다. 굳이 구별하자면 자팅은 부모와 미혼의 자식들로 이루어진 경제적 공동체이자 사회적 단위로서 학술적으로는 핵가족에 해당한다. '자'라는 것도 일차적으로는 자팅과 동일하다. 그러나 중국의 문화적 맥락에 따라서 부모와 그 부모에게서 난 모든 기혼·미혼의 자녀들로 이루어지는 사회적 단위를 말하기도 한다. 나아가서는 조부나 증조부가 살아 있고 그 아래 모든 자손들이 공동의 경제와 사회적 단위를 이루고 산다면 그것도 '자'라고 할 수 있다. 이 경우에는 대가족으로서 사세동당(四世同堂: 증조부 이하 증손자까지 함께 사는 가정), 오세동당(五世同堂: 고조부와 고손자까지 함께 사는 가정) 등으로 말한다. 일반적으로 한 지붕 밑에서 동거를 하든 집 옆에 방을 얻어서 살든 한 부엌에서 난 밥을 함께 먹는 사람의 집단을 일상적으로 '자'라고 한다. 곧 "한

가족
출처: 필자 2005

솥밥을 먹는 식구"가 곧 '자'의 성원이다. 만약 결혼한 형제가 한 지붕 아래서 살아도 부엌을 따로 쓴다면 하나의 '자'가 아니라 두 개의 '자'가 있는 것이다. 자오왕(竈王) 혹은 자오쥔(竈君)이라 부르는 부엌신은 그래서 아주 중요하다. 맥락에 따라서는 '이자'(一家, 일가)라는 말이 있듯이 동고조(同高祖)의 남계친 자손 즉 오복지친(五服之親)과 같이 가까운 촌수 내의 친척 범주를 지칭하는 개념적 단위로도 쓰인다. 『주자가례』에 의하면 이들은 가묘를 세우고 그 가묘를 공유하는 남계친을 '이자'라고 하겠는데 실제로 그러한 가묘를 세우는 일은 흔하지 않다. 어쨌든 중국에서 '자'는 가족의 뜻도 되고 우푸(五服) 범주의 친족 집단을 뜻하기도 하는 사회적 단위일 뿐만 아니라 문화적 맥락에서 이해가 가능한 혈연적 범주이다.

가족은 개인에게는 일상생활에서 너무나 밀착이 되어서 객관적 관찰의 대상이 되기 어렵다. 그것은 일차적으로 한 개인이 존재할 수 있는 가장 기본적인 심리적이고 감정적인 세계이다. 가족을 시로써 읊은 예가 드문 이유는 오히려 그 중요성이 너무나 크고 밀착되어 일상을 이루고 있는 것이기 때문이다. 평소에는 전혀 관심이 없다가 가족과 떨어져 있게 될 때 비로소 그 신세가 가장 비참함을 느끼는 것이 중국인의 마음이다.

당나라 때 인일(人日)을 맞아[02] 고적(高適)은 청두(成都)에 옮겨 와 지내고 있던 친구 두보(杜甫)에게 시를 보냈다. "버들가지 나날이 푸르러 가고 (그대가 고향 생각할 것을 상상하니) 차마 볼 수 없어 눈을 돌리는데 매화가 온 가지에 그득 피었으니 빈 마음에 애를 끊나니 … 금년 인일에 (서로 떨어져서) 함께했던 옛날을 부질없이 회상만 하니 내년 인일에는 우리 어디에 있을 것인가" (柳條弄色不忍見 梅花滿枝空斷腸 … 今年人日空相憶 明年人日知何處). 두보는 눈물을 흘리며 "성도에 봄빛은 속절없이 현란하고 … 동서남북 어디로 갈지 더욱 어렵네, 희어진 머리에 병든 몸 홀로 뱃전에 기대노라"(錦里春光空爛熳 … 東西南北更誰論 白首扁舟病獨存)고 답을 하였다.

가족은 개인이 소속된 최초의 사회적 단위이다. 가족에 의하여 그는 '어느 집 자식인 아무개'라는 사회적 정체성을 갖게 된다. 사람은 태어나서 가족에 의하여 성장하고 문화를 섭취하고 사회 성원으로서 갖추어야 할 소양을 교육받는다. 나아가서 성인 되어 혼인을 하여야 비로소 온전한 사람으로 취급을 받고 사회 성원으로서 완전한 자격을 갖추게 된다. 사람은 결혼하여 자식을 낳음으로써 부모가 될 때 완전한 하나의 가족을 형성하는 것이니 전통적으로 결혼과 자식 낳기는 가장 중요한 관심거리였다. 대개 부모와 자식의 두 세대 사이에 형성되는 윤리적·사회적 관계를 말하는데 실재로는 조부모와 부모와 자식의 세 세대의 관계가 가족의 핵심이라고 할 것이다.[03] 제1세대 부모는 제2세대인 자식을 낳고 기르며 그 자식은 부모가 늙으면 봉양한다. 동시에 제2세대는 자신의 자식인 제3세대를 낳고 양육하면서 자신의

---

02 음력 정월 초하루부터 차례로 닭(酉)날, 개(戌)날, 돼지(亥)날, 양(未)날 소(丑)날, 말(午)날이 되고 7일째가 사람(人)의 날이라 한다. 이날은 사람의 고귀함과 중요함을 기리며 안부를 묻고 글짓기를 하며 특별히 과거시험을 치르기도 했다. 이날을 기념하는 과거를 人日試라고 한다.

03 費孝通. 1947. 『鄕土中國』. 上海: 觀察社(이경규 옮김. 1995. 『중국사회의 기본 구조』. 일조각) 참조.

노후와, 그리고 제1세대 조부모가 아직도 생존한다면 그를 부모 대신에 봉양하도록 윤리를 갖추게 한다. 이럴 때 비로소 세대를 이어 지속되는 혈연적 집단으로서의 가족이라는 범주가 생기는 것이다. 유교 윤리의 핵심은 사회적 기본 단위로서의 이 3대에 걸쳐서 형성되는 가족에 집중된다. 효제(孝悌), 즉 부모에게 효도하고 형제간에 서로 아끼는 것을 실현하는 것은 사람으로서 지켜야 하는 가장 본질적이고 핵심적인 가치이며 윤리이다. 한 개인으로 본다면 그것은 위로는 부모와 아래로는 자식과의 관계에 관한 실천윤리인 것이다.

중국인들에게 행복의 하나는 가족이 함께 모여서 사는 것이다. 헤어진다는 것 특히 가족과 떨어진다는 것은 가장 슬픈 일이다. 사업이나 청운의 뜻을 품고 대도시나 외국으로 멀리 떠나는 것도 가족과 헤어지는 것이므로 그들은 장도를 축원하면서도 슬픔을 이기지 못하여 회자정리(會者定離)라는 말로써 위안을 삼는다. 중국인들은 오늘날에도 일 년에 한 번 춘절에는 세상 어디에 가 있든지 반드시 집으로 돌아와서 가족이 함께 지내야 한다는 생각을 굳게 가지고 있다. 명절에 특히 춘절에 객지에 있는 것이야말로 가장 비참한 신세인 것이다. 자(家)와 자샹(家鄉) ―우리가 말하는 집과 고향― 은 서양인들은 이해할 수 없는 깊고 영원한 정서와 정신적 힘의 덩어리이다. 보통 '자'는 현재 이루고 있는 생활의 단위로서의 가족을 말하지만 객지로 삶의 터전을 옮긴 사람은 대대로 살아왔던 고향의 집, '라오자'(老家)를 잊을 수 없다. '라오자'는 개개인에게 그만이 간직하고 있는 전설과 추억이 담긴 특별한 향수와 의미의 세계이다. 그러므로 그들은 '라오자'라는 단어만 들어도 순간적으로 눈빛이 깊어지고 얼굴에 혈색이 도는 것을 볼 수 있다.

1) 전통적인 가족

전통 중국사회에서 가족은 우리의 전통적인 가족문화와 기본적으로 다를 바 없다. 우리의 가족제도는 조선조에 유교를 따라서 만든 것이기 때문이다. 부계율을 적용하고 가부장의 권력과 권위가 거의 절대적이며 8촌까지의 오복지친이 사회적으로나 경제적으로 상부상조하는 공동운명체적 감정과 윤리를 실천하는 기본적인 혈연 범주이다.

그런데 흥미롭게도 실제로 중국에서 실천되는 가족제도와 문화는 우리의 것과는 다르다는 점을 발견할 수 있다. 우리의 이름제도에는 성(姓)에 본관이 있는 데 비하여 중국에서는 본관이란 것이 없다. 씨족의 관향을 따져서 경주김씨, 안동김씨 등으로 구별하는 우리와 달리 중국인들은 전국적 차원의 씨족 대신에 특정 지역에 처음 들어와서 터를 잡은 소위 입향 시조의 자손들로써 지역적 종족을 이루고 그 지역으로써 자신과 동성의 타인을 구별한다. 예컨대 두 사람이 만나면 나는 산둥 모처의 왕씨라고 소개하고 상대방은 자신이 저장성 모처의 왕씨라고 소개한다. 그들 사이에 씨족 시조로부터 어떻게 분파되었는지 어떤 세대적 관계가 있는지를 밝히는 것은 불가능하며 또한 의미도 별로 없다. 다만 그들은 막연히 같은 시조의 자손이려니 하는 생각이 주는 친근감을 가질 뿐이다. 만약 객지에서 산둥성 모처의 왕씨를 만난다면 아주 반가운 것이다. 실제로는 뒤에서 말하겠지만 동성이라도 어떤 특정의 지역, 즉 촌락의 같은 조상사당을 공유한 동성 씨족임이 밝혀질 때 그들은 비로소 혈연의식이 깃든 특정의 감정을 갖는다. 그럼에도 중국인들은 동성불혼의 경향이 강하다. 우리나라에서는 동성불혼이란 엄격히는 동성동본 간에 적용하는 제도인 데 비하여 중국에서는 그 범주가 아주 넓다고 하겠다.

가계를 잇는 것은 남계친 자식이며 장남이 우선적이지만 우리나라만큼 엄격하지가 않다. 자식이 없으면 무후가 되어 족보에서 더 이상 이어지지 않는 경우가 많다. 재산이 많아서 입양이 가능한 경우를 제외하고 가난한 집에서는 굳이 입양을 하여 승계할 것이 없기 때문이다. 아마도 이 점은 우리나라에도 마찬가지였을 것이다. 우리나라에서도 조선조 중기를 거쳐 후기에 와서야 비로소 종법체계가 실천되었으며 입양이 시도되었다. 이때에 입양은 될 수 있는 대로 가장 가까운 친족 범주 안에서 이루어졌다. 그러나 중국에서는 이성입양(異姓入養)도 현실적으로 많이 이루어졌다. 아들이 없이 딸만 있는 경우에는 데릴사위를 들이는 풍속이 있었다. 주로 동남부 지역에 흔한 것으로 보고되지만 화베이지방에서도 발견된다. 데릴사위는 그 자식을 처가의 성을 따르게 하는 제도이다. 그래서 거꾸로 말뚝을 꽂는다는 뜻으로 다오차혼(倒揷婚) 또는 군더더기 식구로 들어간다는 뜻으로 루쭈이(入贅)라고 부른다. 한편으로 혼인에서는 빙금(聘金)이라 하여 처가에 많은 돈을 지급해야 하므로 가난한 집에서는 장가를 들이기가 어렵다. 그 대안으로 가난한 집의 어린 여자아이를 데려와서 키워서 나이가 차면 아들과 결혼을 시키는 풍속이 있다. 이런 민며느리를 동양식(童養媳)이라 한다.

가계는 아들로 이어지는 것이 당연한데 재산은 아들들에게 균분한다. 장남에게 조금 더 줄 수도 있지만 균분상속이 원칙이다. 부모에 대한 제사는 상속을 받은 아들들이 돌아가면서 모신다. 이를 윤류(輪流)라 하는데 이는 부모가 살아 있는 동안에 재산을 자식들에게 나누어 주었으면 이들의 집에 일정 기간씩 돌아가면서 거주를 하는 관행도 일컫는다. 가끔씩 재산을 상속받지 못한 자식은 부모에 대한 제사의 의무를 수행하지 않는 경우가 보고된다. 유교 윤리의 교육은 아무리 가난하고 무식하고 재산으로 물려받은 것이 없더라도 부모에게 효를 하고 돌아가신 후에도 제사를 지내는 것이지만 그렇지 않은 경우가 있다는 것은 우리나라보다 훨씬 부모와 자식 간에 일종의

사세동당
출처: 필자 2011

계약 혹은 거래관계라는 실용적인 관계가 성립하는 것을 볼 수 있다. 재산은 균분상속이고 제사 의무는 상속자에 따라 균분된다는 점은 장남이 상속에서 절대적 우위를 점하고 제사 의무는 절대적 특권으로서 독점되는 한국과 아주 대조적인데 그것은 뒤에 설명하겠지만 곧 한중 간 서로 다른 가족구조의 원리로 작동한다.

전통적으로 그들은 아버지의 관리 감독하에 하나의 주거군을 이루며 살았다. 베이징의 사합원(四合院)은 결혼한 아들들이 공동의 마당을 가운데 두고 각각 주거공간을 나누어 갖는 구조이다. 그들은 분가를 할 때까지는 한솥밥을 먹으며 부모를 모신다. 대개 조부를 모시는 삼대가족이 보편적인 가정 형태이지만 증조부나 고조부까지도 생존하여 함께 사는 경우도 있는데 이를 사세동당, 오세동당이라 하여 대가족의 상징이었다. 대가족은 전통시대에 가족의 이상형이었다.

농촌에는 아직도 마당을 갖는 전통적인 가족이 많이 남아 있다. 부유한 가족은 집 앞에 연못을 파고 연꽃을 기르며 집 주위에는 오동나무를 심는다. 대개 촌락에는 입구에 큰 못이 있어서 여름에는 연꽃이 그득하다. 봉황은 오

집안의 정당
출처: 필자 2005

동나무에 살면서 잎에 생기는 이슬을 먹고 산다는 전설이 있다. 오동나무는
그래서 악기로 만들고 책장으로 만들며 시집갈 때는 그것으로 옷장을 만들
어 간다고 한다. 연꽃은 주돈이의 시에서 보듯이 고결한 인품을 상징하는 것
이니 중국인의 내면의 세계를 이들 식물로써 상징하는 것이다. 5월이면 오
동나무의 보라색 꽃이 만발하고 6월에는 연꽃이 그득하며 7-8월이면 오동
나무의 너른 그늘 아래서 사람들이 부채질하며 더위를 식히는 모습은 언제
나 되풀이되지만 아늑하고 평화로운 농촌의 풍경이다. 대문으로 들어가면
마당을 앞에 하고 가로로 지은 본채가 있다. 본채의 가운데 너른 방은 정당
(正堂) 혹은 커팅(客廳)이라 하여 우리식으로는 응접실 혹은 대청에 해당하는
데 벽에는 풍경화나 꽃그림과 『논어』나 시의 구절을 대련으로 써서 붙인다.
오늘날에는 마오쩌둥 초상화를 붙이는 경우가 많다. 주벽 앞에는 사각형의
높은 탁자를 놓는다. 평소에는 조상의 위패나 사진을 놓고 양쪽에 의자를 놓
아서 한편에는 주인이 앉고 다른 한편에는 손님이 앉아서 차를 마시고 담소
를 즐긴다. 설날 전날 저녁에는 온 식구가 다 모여서 투안위안판(團圓飯) 또
는 취안자푸(全家福)라 하여 함께 큰 식사를 하는데 이때는 탁자를 홀의 중앙

으로 옮기고 사방에 의자를 각각 두 개씩 놓고 앉는다. 여덟 명이 앉을 수 있어서 팔선탁(八仙卓)이라 한다. 설날이나 특별히 조상에게 제를 올릴 때에는 그 위에 위패와 향로와 음식을 놓고 그 앞에서 절을 한다.

정당 옆 동쪽과 서쪽에 방이 있는데 서쪽은 부모의 침실이고 동쪽은 신혼 혹은 아들부부가 자는 방이다. 신혼부부의 첫날밤 침실을 동방(洞房)이라 하는데 동쪽에 있어서 동방(東房)이라고도 한다. 그 후 자식들이 계속 결혼함에 따라 그들의 거처는 마당을 사이에 두고 본채의 양옆에 마주 보게 짓는다. 마지막에는 본채와 정면으로 마주 보는 집을 짓는다. 이러한 구도가 베이징 사합원인데 기본적으로는 이 원리에 따라 대가족 혹은 연합가족을 형성한다. 남쪽지방으로 가면 먼저 부모의 집을 짓고 그 앞에 다음 자식의 집을 짓고 그 앞에 다시 손자의 집을 지어서 전청(前廳)과 후청(後廳)의 구도를 갖기도 한다. 이러한 구도는 가부장을 중심 혹은 정점으로 삼고 형제들이 화합과 질서를 이루며 공동체를 영위한다는 상징을 표현한다.

동일 입향조의 자손들이 하나의 촌락을 이루는 것이 전형적인 중국의 촌락이다. 그래서 이름도 왕가장(王家庄), 주촌(朱村), 이가둔(李家屯) 등으로 표기된다. 물론 그러한 촌에는 여러 성씨들이 함께 사는 경우도 있다. 단일 성씨의 촌락인 경우에는 마을에 종족사당이 있어서 모든 조상의 위패를 사당에 모시고 공동의 제사장소로 사용한다. 전통시대 치안이 제대로 확보되지 않은 상태에서 촌락은 비적들의 침탈에 대비한 자기방어를 위하여 마을을 성벽으로 둘러싸거나 높은 망루를 지어서 경계하는 건물도 가지고 있었다. 해방 이후 그러한 성벽은 많이 없어졌다. 그러나 교통이 불편한 편벽한 지역에는 아직도 그러한 흔적이 남아 있는 곳이 많아서 오히려 관광자원으로 활용되기도 한다. 특히 푸젠성과 광둥성의 내륙지방에는 가운데에 너른 공동의 마당을 두고 외벽을 두터운 흙으로 두르며 쌓아 올린 폐쇄적인 벽을

토루
출처: 필자 2009

만들고 그것을 뒷벽으로 삼은 4-5층짜리 수많은 집을 집합적으로 건축하여 함께 사는 토루(土樓)라고 불리는 독특한 거주 형태가 있다. 하나의 토루는 동일 조상의 자손들이 사는 독립된 가옥의 집합으로서 가운데에는 사당이 있으며 규모는 하나의 촌락에 해당한다. 공동 출입구로서의 정문을 하나 가지고 있고 집집마다 높은 곳에 바깥을 향한 창문이 있다. 만약 비적들이 나타나면 출입구를 봉쇄하고 각자 자기 집의 창문에서 총이나 활을 쏴서 비적을 물리친다.

오늘날 도시는 물론 농촌에도 가옥 개량운동이 벌어져서 아파트식 건물이 들어서게 되었으니 사합원이니 삼합원이니 하는 가옥구조는 사라졌다. 그러나 정당의 개념은 남아 있어서 문을 열고 들어오는 첫 번의 큰 마루를 정당으로 삼아서 여러 가지 방식으로 치장을 한다. 거기에는 팔선탁이 있을 수도 있지만 소파와 텔레비전 세트가 새로운 필수품으로 되어 있다. 정당은 온 식구가 조상과 함께 모이는 곳이며 손님을 맞는 곳이며 성스러움과 세속적인 일상생활이 함께 이루어지는 곳이다.

2) 종족(宗族)

가(家)와 족(族)은 유교 종법제도에 의하여 형성되고 장려되어 온 것으로서 국가권력체계와 달리 개인을 자신의 혈통적 계보에 의하여 조직화하는 제도이다. 유교전통에서 그것은 국가의 기본 단위이며 국가를 위한 개인의 이념교육의 기제로서 중시되었다. 충과 효는 함께 가는 덕목이자 윤리였다. 우리가 종족이나 문중이라고 부르는 혈연조직을 중국에서는 족(族) 혹은 가족(家族)이라 한다. 그 조직과 운영의 방식과 문화체계는 우리와 다르다. 그러한 차이는 유교를 바탕으로 하면서도 두 나라의 가족의 의의와 기능의 차이를 의미하기도 한다.

조선조에서 유교적 종법제도의 실현은 선비로 분류되는 특정 인구에 전유되는 특권적 문화자원이었다. 그래서 한국에서는 일정한 수준의 학자나 관료 혹은 사대부 칭호를 받은 인물을 시조로 삼아서 종족이 생겨난다. 그러하지 않은 소위 보통 사람들은 종족을 형성할 자격이 없었다. 사당을 짓는 일은 법으로 정해져 있었고 또한 유림이라 하여 유교 엘리트들의 조직이 이를 승인하여야 하는 제도적 장치가 작동하였기 때문이다. 이에 비하여 중국은 그 역사가 오래되고 영토가 광활한 까닭에 종법제도가 신분제적 제약을 넘어서 보편적인 가치관으로서 대중화되었다. 중국에서는 사농공상의 신분제적 차별을 넘어서 누구든지 조상을 정점으로 하는 사당을 세울 수 있었다. 조선조의 법령에 의하면 당상관이 되어야 그로부터 사대조(고조)까지 제사를 지낼 수 있었으며 당하관은 삼대조(증조)까지만 제사를 지낼 수 있었다. 후기에 와서 약간의 벼슬을 했거나 학자로서의 입신을 한 집안에서 점차 사대봉사를 행하기 시작하였던 것이다. 사대가 지나면, 즉 사대조를 봉사할 자손이 마저 죽고 나면 그 아들 대에 가서 이제 5대조가 되는 조상의 위패는 무덤에 묻고(祧埋) 더 이상 기제사를 지내지 않는다. 얼마 동안은 한식 청명이나 가을에 산소에서의 시제를 받다가 점차 잊혀지게 되는 것이 조상의 운명이다. 그러므로 얼마나 오랫동안 제사를 받을 수 있는가가 그 조상의 명망이며 그 조상을 둔 자손의 위세이기도 하다. 그러므로 영원히 기제사를 받을 수 있는 조상을 만드는 문화적 기제가 발명되었다. 즉 만약 국가나 사회적으로 큰 공을 세우거나 명망이 높은 인물이 죽으면 국왕은 작위와 호를 내리고 그에 대한 제사는 영원히 받도록 자격을 부여하였다. 이를 부조지위(不祧之位) 흔히 불천위(不遷位)라 한다. 이를 얻기 위하여 자손들은 수십 년에 걸쳐 조정에 청원서를 내고 여러 세력과 관계를 동원하여 힘을 썼다. 불천위로써 씨족 안에서 하나의 문중 혹은 지파가 확립되는 것이다. 국왕으로부터 불천지위를 받는 것 외에 지방의 유림사회로부터 인정을 받아서 불천위가 되는 것이 또한 있었다. 전자를 국불천 후자를 향불천이라 하는데 위세 있는 집안에서는 그들 문중 자체에서 특정 인물을 사사로이 불천위로 모시기도 하였다. 이를 사불천이라 하였다. 그들은 사당을 짓고 그 위패를 영원히 모셨다.

한국의 사당에는 사대가 지나면 무덤으로 옮겨지는 조상의 위패와 영원히 남는 불천위가 있는 반면에 중국에서는 이러한 가정 중심의 사당이 없다. 마을에는 종족 공동의 거대한 사당이 있고 그 안에는 종족 구성원의 모든 조상의 위패가 모셔진다. 즉 학식이나 관직의 유무나 수준은 아무 관계가 없었으며 누구든지 사당을 만들어 조상을 모시면 되었다. 따로 불천위가 정해져 있지 않고 자손에 의하여 기억되는 만큼 그는 기억되는 것이다. 물론 황제로부터 특별한 벼슬이나 작위를 받은 인물의 위패는 더욱 화려하게 만들어져서 특별한 자리에 모셔지기도 하며 부조지위를 밝히기도 하지만 모든 종족원의 조상들이 한자리에 실질적으로는 부조지위나 다름없이 받들어진다는 것은 한국과는 다르다.

사당의 위패
출처: 필자 2008

한국에서는 씨족의 시조가 있어서 그 후대에 내려가서 몇몇 남계친 자손을 파시조로 하는 분파가 일어나고 그 파시조의 남계친 자손은 자동적이고 당연한 성원의 자격을 동등하게 부여받는다. 그들은 가까운 조상을 정점으로 하는 가승(家乘) 혹은 가첩(家牒)을 만들고 더 높은 세대의 공동조상을 정점으로 하는 파보(派譜)를 만들고 파보를 모아서 전체 씨족의 족보(族譜)를 만든다. 시조로부터 대를 이어 장남에게 씨족이나 문중의 전통과 역사 그리고 재산과 제사의 권한과 의무가 전해지는데 이 자손을 종손이라 하고 그 사당을 지닌 종가가 종족분파 즉 문중의 상징으로 보전된다.

그러나 중국에서는 전국 차원의 씨족 시조가 없으며 그를 정점으로 하는 모든 자손이 질서정연하게 파보와 족보로 정리되어 있지 않다. 학술적 용어로 '지역화된 종족'(localized lineage) 혹은 '지역적 종족'(local lineage)이라고 부르는 일정 지역에 사는 종족원 ―대개는 그 지역의 입향조의 자손으로 구성된 종족― 이 그들만의 파보, 즉 가보(家譜)를 만들고 가묘(家廟) 혹은 사당을 만들어서 조상을 제사 지낸다. 그런데 입향조의 모든 자손이 자동적

154

이고 당연하게 그 종족의 구성원이 되는 것은 아니다. 자손들 중에서 어떤 조상을 정점으로 한 사당과 위토 그리고 종족공동묘지를 장만할 때 경제적인 부담을 한 가족만이 그 종족의 구성원이 된다는 점에서 선택적이다. 종족의 공동재산은 일종의 재단과 같아서 공업(公業)이라고 부른다. 이 사당에는 이들 공업에 지분을 가진 종족원의 개인 위패가 모셔진다. 그러므로 수많은 위패들이 모여 있으며 그 사당이 존재하는 한 계속 모셔진다. 일종의 불천위처럼 되는 것이다. 사당 건립에 특별한 법규나 제한이 있지 않고 또한 모셔지는 조상의 사회적 신분상의 자격이 정해지는 것은 아니다. 누구든지 조상이 되고 그 조상을 받드는 일에 동참하는 자는 그 구성원이 되는 것이다.

우리나라에서는 씨족의 시조나 파의 시조는[04] 학식을 바탕으로 하여 관작이나 칭호를 가져야만 될 수 있고 기술적으로는 국가나 유림이나 해당 씨족회의 인정을 받아서 불천위를 획득함으로써 새로운 파시조가 만들어지고 이에 따라 그 형제들이 자연히 분지하여 파들이 이루어진다. 그리고 그 남계친 자손은 자동적으로 구성원이 된다. 그러므로 파의 이름은 관작이나 칭호를 따라 지어지게 마련이다. 그것은 무엇보다 자손들에게 사회적 명망과 지위를 부여하는 기제이다. 이에 비하여 중국에서는 굳이 학식이 있거나 관작을 가지거나 과거급제를 통한 칭호를 가져야 시조가 되는 것은 아니다. 나아가서 본관(本貫), 종가(宗家), 종자(손)[宗子(孫)]의 제도가 없다. 종족의 일은 지식과 명망을 갖추어 지도력을 가진 족장(族長)의 지휘하에 원로들이 모여서 논의한다. 한국에서 잘 조직된 문중에서 볼 수 있는 종가와 사당은 중국에는 없다. 대신에 모든 종족원의 위패를 모은 장려한 사당과 공동묘원과

---

04 중시조 혹은 파조라고 부른다.

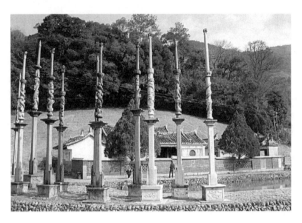

푸젠지방의 종족사당
출처: 필자 2010

공동소유의 토지가 있다. 이런 종족재산을 공동으로 소유하고 관리하는 것이다.

　가묘(家廟) 혹은 사당(祠堂)이나 종사(宗祠)는 평소에는 다양한 사회적 활동과 모임의 장소로 쓰이고 절기(節期)에는 집단적 제사공간으로 사용된다. 개별 가정에 자기 직계 조상의 신위를 모시는 것이 아니므로 개별적인 조상에게 제를 올리거나 기원을 할 때에도 사당에 와서 향을 피운다. 그러므로 일 년 내내 한쪽에서는 향을 피우고 절을 하는 사람이 있는가 하면 넓은 홀에서는 마작을 하거나 잡담을 즐기거나 오락이 이루어진다. 마을 전체의 일을 의논할 때에도 곧잘 이런 종사가 이용된다. 결혼하면 조상에게 고하기 위하여 사당을 방문하고 아들을 낳으면 첨정등(添丁燈)이라 하여 붉은색의 등을 달아서 조상에게 향화(香火)를 이을 의무를 완수했음을 보고한다. 사당의 이름은 팽성당(彭城堂)과 같은 본고향을 기억할 수 있는 단어나 수륜당(修倫堂)과 같이 자기들의 염원을 표현하거나 삼성당(三省堂)과 같은 철학적 지향을 나타내는 말로써 짓는다. 그리고 스스로는 그 사당 이름으로써 파를 가리킨다.

한국에서 종족은 뛰어난 조상이 있어서 그로부터 분파가 만들어져서 자손을 통하여 후대로 내려오지만 중국에서는 자손들이 모여서 조상을 선택하여 자기들의 종족 집단을 조직하는 것이다. 따라서 한국에서는 파시조가 되기 위해서는 유교적 가치체계에 따라야 하는 까다로운 조건이 적용되지만 중국에서는 누구나 시조가 되며 그것은 국가가 정한 제도가 아니라 사람들 스스로가 정하는 것이다. 한 조상의 자손이라고 해서 반드시 하나의 종족을 구성하는 것이 아니며 동일 조상의 자손이 두 개 이상의 종족을 형성할 수도 있다는 흥미로운 사실은 중국의 사회경제체제와 연관이 있다. 이론적으로 상속이 균분제(均分制)이므로 후대로 갈수록 자손들 사이에는 가족의 숫자에 따라 상속제산의 규모에 다양한 차이가 생겨나게 된다. 결국 동일 조상의 자손이라도 내부적으로 경제적 지위에 차별이 생기고 이는 각자의 사회적 지위나 명망과 위세에 차등적 질서를 낳게 된다. 그리하여 조상을 위한 사당과 위토의 장만 즉 분파의 설립에 경제적 능력과 개인의 의사에 따라 참여자와 불참자가 생겨난다.

이러한 의미에서 종족은 자손들의 자발적이고 자율적인 조직이다. 종족이 화난지역에 더 잘 조직이 되어 있는 점에 대하여 학자들은 변방이론을 내세운다. 즉 중앙정부의 보호 감독이 그만큼 약화된 변방일수록 사람들은 스스로를 방어하고 자원과 생산 활동을 확보하기 위하여 뭉치며 논농사에 필요한 노동력의 조직적 관리의 필요성이 강해진다. 그들은 국가에 대하여 조세를 부담하고 스스로의 힘으로 지역사회의 질서를 지켜 나가야 한다. 더구나 중원에서 변방으로 이주하여 터를 잡기까지 열악한 환경과 사회적 조건을 이겨 나가기 위해서는 핏줄에 기초한 연대와 협력기제가 가장 효과적이며 필수적인 것이다. 창장강 이남의 농업경제가 발달한 지역뿐만 아니라 환경이 열악한 지역에 종족이 더 많이 조직되어 있고 종족활동도 더 활발한 것도 이를 뒷받침한다.

전통시대에 한국과 중국에서는 문자 사용이 권력의 중요한 자본이 되었다. 한국에서는 사족(士族)이라고 스스로를 일컫는 무리들이 문자 사용능력과 유교지식을 전유함으로써 신분제적 지위를 배타적으로 재생산하였다. 중국에서는 조선보다는 개방적이고 유연성을 지녀서 유교지식과 문자를 세습적 신분제의 배타적 문화자본으로 사용하지는 않았다. 중국에서는 신분과 직업은 별개로 존재하였다. 그래서 종족 구성원 중에서 과거급제를 하거나 문자를 통한 지식 혹은 학식을 습득하는 한편[05] 상업으로써 경제적 부를 축적하여 사회적 출입의 연망을 넓힌다. 이들 인사들, 즉 신사(紳士) 혹은 신진(紳縉)은 지방정부와 중앙정부와의 관계를 확보하고 또한 종족의 안전을 보장하는 역할을 한다. 즉 종족은 사회적, 경제적, 군사적, 정치적 기능을 하는 조직체인 것이다. 정부의 입장에서 볼 때 종족의 자율성은 국가 에너지를 소모하지 않고 지역사회의 질서와 안전 그리고 세수의 확보가 이루어지게 한다. 그러므로 종족과 정부는 상호 협력을 하지만 때로는 긴장과 심지어는 경쟁관계를 이루기도 한다. 국가가 가족의 가치와 조직의 규범에 대하여 특별히 관심을 쏟는 이유가 여기에 있다.[06]

동남부 지역에 종족이 더 발달한 점을 들어 이러한 이론을 피력하는 학자들에 대하여 일군의 역사학자들은 그들이 새로운 지역으로 개척해 나갈 때에 종족이 조직되는 것이 아니라 오히려 이미 만들어진 종족의 힘과 관계의 망을 기반으로 하여 새로운 지역으로 이주하고 개척의 망을 넓힌다는 점과, 중국인의 종족은 사회경제적인 기제로서만이 아니라 정신적인 자산 즉

---

05 향시를 치러 貢擧, 秀才, 貢人, 擧人 등의 칭호를 얻고 과거에 급제하면 進士가 된다. 조선에서는 향시를 생원과와 진사과로 나누고 과거를 대과라 하여 문과급제자로 칭하였다.

06 종족조직을 국가와 사회의 관계 속에 위치시켜서 사회적·경제적 그리고 정치적 기능을 해석한 탁월한 연구로 M. Freedman, 1958, *Kinship and Lineage Organization in Southeast China*, London: Athlone 참조.

윤리와 가치의 실천기제로서의 중요성을 가진다는 점을 지적한다. 즉 모든 것을 경제적 선택이라는 이론적 틀에 맞추어 당장의 현실을 설명하려는 서구 학계의 방법론에 대하여 중국인이 경제적 합리성을 뛰어넘는 문화적 의미의 중요성과 현실의 밑에 있는 오랜 역사의 축적을 함께 고려해야 한다는 주장이다. 기존의 오랜 역사를 통하여 조직되고 발달해 온 종족 조직과 관념이 새로운 종족분파를 만드는 점도 있고 새로운 환경에 적응하기 위하여 종족을 만드는 경우도 있으므로 어느 편이 더 옳다고 할 수는 없다. 두 가지 견해가 어떤 집단을 관찰하는가에 따라서 더 맞기 때문이다.

전통사회에서는 실제로 경제력과 인구의 크기는 종족의 지역사회에서의 지위를 결정하였다. 소위 명문종족은 때로는 지방 장관과 결탁하기도 하고 대결세력이 되기도 하였다. 남부 특히 푸젠지방과 광둥지방은 종족들 사이에 토지나 경제적 이익 혹은 권위와 명예를 두고 상한 감정으로 인하여 오랜 기간 즉 세대를 걸쳐서 조직적인 혈투 즉 계투를 벌임으로써 수천 혹은 수만 명의 사상자를 내는 사건들이 많았다.[07] 신해혁명이 광둥성의 자오칭(肇慶)이라는 작은 도시에서 시작하여 전국적으로 번져 나간 경로를 추적한 역사학자는 그것이 동맹회(同盟會)를 대표로 하여 여러 비밀결사들의 연망을 통하여 지역적으로 확산되어 갔음을 밝혔는바 그러한 결사들을 잇는 주체는 사람이었으며 이때 사람과 사람의 연망은 결국 가족과 인척관계가 만드는 관계의 초지역적(trans-local) 연결망이었다. 곧 가족은 유교의 천하를 이루는 기본, 즉 국가의 이념적이며 실질적인 기본 요소인 동시에 국가라는 공적인 체제에 대한 사적인 도전세력이기도 한 이율배반적인 존재인 것이다.

---

07   陳支平. 1991. 『近500年來福建的家族社會與文化』. 上海: 三聯書店.

3) 혁명 속의 가족

사회주의 국가가 성립하면서 가장 먼저 강력하게 취해진 조처는 전통적인 가족의 관념과 제도를 바꾸는 일이었다. 먼저 가족이 경제 단위로서 가지고 있던 생산력의 통제권을 공유제로 전환하는 것이다. 그래서 토지와 농기구, 축력 등 모든 재산에 대한 개인 소유권을 포기하고 집단의 공동소유로 하는 집체화(集體化, collectivization)를 함으로써 사적인 경제적 조직으로서의 가족의 기능을 축소 내지 해체하였다. 토지개혁을 실시하여 지주로부터 토지를 몰수하여 경자유전의 원칙에 따라 농민에게 나누어 주고 농민은 이를 다시 국가에 바침으로써 전체 인민이 공동소유를 한다는 의미에서 전민소유제(全民所有制)를 확립하였다.[08] 여기에는 인간의 노동력을 포함하는 일체의 생산력이 가족의 개별적인 소유가 아니라 마을이 하나의 단위가 되어서 공동소유가 됨을 뜻한다. 또한 가족이란 혈연을 이용하여 사적인 경제적·사회적 이익을 도모하는 기제이므로 이를 없앰으로써 공공의 이익을 공동으로 그리고 평등의 원칙에 의하여 추구하게 만든다는 의미이다.

경제적 단위로서의 가족의 해체는 집체화와 단위제를 통하여 더욱 적극적으로 이루어졌다. 처음에는 전통적으로 한 우물(井)을 공유하는 10호 정도의 이웃을 한 단위로 삼아서 농기구와 가축을 공동사용하는 호조조(互助組)로 편성되었다가 곧 한 마을이 전체로 공동소유 공동생산을 하는 합작사(合作社)로 발전하였으며 마침내 인민공사제(人民公社制)를 실시하였다. 약 20호의 가구가 기본적인 생산소대가 되고 10개 정도의 생산대가 생산대대로 편제되고 이들 대대 10개 정도가 모여 하나의 인민공사가 된다.[09] 인민공사는

---

08 사회주의 혁명이 인민의 사유를 국가가 빼앗는다는 오해를 불식하기 위하여 국유라는 말의 사용은 될 수 있는 대로 피한다.

09 공사는 오늘날 향이나 진에 해당하는 규모와 급이고 생산대대는 촌락의 규모이며 생산소대는 촌락 안에서 몇 개의 조(組)로 나누어진 체제이다. 그래서 지금도 나이가 든 사람들은 습관적으로 이웃을 생산대,

10개의 대대를 관장하는 정치 단위이자 공동생산 공동분배 공동소비를 하는 자급자족적인 경제 단위가 된다. 그리고 개인의 사회적 정체성과 일상생활을 위한 교류와 관계의 연망이 이로써 이뤄지는 사회 단위이기도 하다. 소학교와 초급중학, 병원 등 공익기관도 인민공사가 하나의 단위가 되어서 운영하는 것이다. 즉 정치, 경제, 사회의 세 단위가 지역적인 공사체제를 이루게 된다.

공동생산 공동분배의 원칙과 집체주의의 실천을 위하여 혁명 초기 50년대에는 한때 각 가정이 따로 식량을 갖는 것을 금지하고 부엌을 없앴다. 마을 사람들은 모두 농업을 비롯한 여러 가지 생산 영역에 분배되어 일을 하였고 마을의 공동 취사장에 와서 밥을 배급받아서 먹었다. 식당에서 일을 하는 것도 그러한 집체생활의 한 부문이었다. '스탕'(食堂)이라는 말은 중국인에게 그러한 최근의 혁명의 경험과 결부되어서 특별한 의미의 역사적 기억을 제공한다.[10]

혁명정책의 또 하나 아주 중요한 점은 앞 장에서 살폈듯이 호적(戶籍)에 관한 것인데 호구제도를 실시하여 농촌에서 농업에 종사하는 사람은 농민호구를 갖게 되었고 농민이 아닌 도시인구는 성시호구(城市戶口)를 부여받은 점이다. 성시호구는 일상적으로는 공인 혹은 직공이라고 부른다. 공업, 행정, 교육, 의료, 군복무 등의 비농업 부문에 종사하는 이들은 농민과 대조하여 공인(工人), 직공(職工) 또는 노동자(勞動者)라 한다. 상업이 허용되지 않고 사영업이 금지되었으므로 국영 백화점이나 식당에서 일하는 사람도 모두

마을을 대대, 형이나 진을 공사라고 부르는 것을 볼 수 있다.
10 마오쩌둥 시대가 끝난 후 새로 도입된 행정체제는 행정 단위와 사회적 단위를 분리하였는데 인민공사는 현(縣) 아래의 향(鄕)이라는 행정 단위로 조정 재편되었다. 대개 이전의 공사 중심지에는 향(鄕)정부나 진(鎭)정부가 들어섰다. 2010년 이후에는 현을 시(市)로 바꾸고 그 아래에 종래의 다양한 크기의 향과 진을 몇 개의 큰 진으로 통합하고 촌락 역시 그 규모에 따라 통폐합을 하여 영어로 커뮤니티를 의미하는 '서취'(社區)로 개편하였다.

국가에 고용된 셈이어서 국가직공이라고 불렀다. 지금도 많은 사람들이 자신이나 가족의 직업에 대하여 농민이라거나 공인 혹은 노동자 또는 국가직공이라는 단어를 사용한다.[11]

사람들의 일상생활이 이루어지는 사회라는 공간은 사회적 관계, 신앙 영역 그리고 경제 특히 시장으로 이루어진다. 그런데 마오쩌둥 시절의 사회주의 국가는 시장, 신앙, 개인의 사회적 관계의 연망 모두를 부정하였다. 대신에 생활에 필요한 기본적인 물자와 전기, 물, 의료, 교육 및 노후 복지를 모두 국가에서 배급하는 국가복지체제를 추구하였다. 그 결과는 개인을 가족으로부터 국가로 직속시키는 이른바 세포화를 가지고 옴으로써 개인 간의 사적 연망이 축소 및 약화되고, 또한 기본적인 복지가 국가로부터 제공됨으로써 생산의욕의 저하와 사회의 정체(停滯)으로 인한 경제적 낙후와 창의적이고 역동적인 사회생활이 이루어지지 않게 되었다.

이를 두고 이데올로기와 기술관료 사이에 빚어진 마찰은 전술한 바와 같이 10년 동란이라 일컫는 문화대혁명을 일으켰다. 덩샤오핑의 개혁개방 정책으로 책임생산제와 시장의 부활이 채택되고 고속경제성장이 시작되었다. 이에 따라 2000년대에 들어서면서 단위체제의 해체가 이루어졌으며 완전하지 않고 공식화된 것은 아니지만 개인의 직업 자유화가 현실화되었다. 직업시장이 개방되었고 개인은 자신의 호구와 관계없이 직업과 거주지역을 이동하는 유동인구 현상이 사회변화의 중요한 항목으로 되어 있다. 최근에는 국가가 책임지던 사회주의 복지체제가 근본적으로 변하여 보험가입제로 바뀌고 있다. 도시와 농촌, 연해지역과 내륙지역, 직업과 지역에 따라 빈부의

---

11 최근에 공무원이란 단어가 정식으로 사용되기 전까지는 국가기관의 종사자는 국가직공이라고 불렀다. 그래서 한국에서는 중국인이 자신을 국가직공 혹은 공인이라고 말하면 블루칼라 노동자인 양 오해하기가 일쑤였다.

격차가 격심해진 현재 개인이 스스로의 보험을 담당하는 것은 많은 사람들에게 부담을 주는 것이기 때문에 한편에서는 가난했지만 평등했던 마오쩌둥 시절에 대한 향수를 말하는 사람들이 생기기도 한다. 어쨌든 이 모든 정책은 가와 족의 존재 형태와 기능에 중요한 변화를 초래했으며 그것은 개인과 국가권력체계와의 관계에 중요한 의미를 가져오는 데에 초점이 맞추어져 있다.

사회주의 혁명이 전통적인 가족제도와 문화에 가져온 변화는 다음과 같다. 가족제도는 사실 여성의 지위와 깊은 관계가 있다. 남녀평등을 제창한 혁명정부는 자식의 성을 부모의 성씨 중에서 선택할 수 있게 하였다. 양성(兩性)평등은 양성(兩姓)평등으로 제시된 것이다. 한 자녀 낳기 운동으로 인하여 특히 도시에서는 하나뿐인 손자 손녀에게 어느 쪽의 성을 부여하는가를 두고 친조부모와 외조부모 사이에 경쟁이 나게 마련이어서 가끔씩 부모는 아이의 출생신고를 미룰 정도이다. 그 누구의 성을 따르기도 힘들기 때문이다. 또한 이성입양(異姓入養)도 가능하였다. 이렇게 아버지의 성씨에 구속되지 않고 선택할 수 있다는 것, 남녀구분이 없는 것 등은 부계율에 기초한 가부장의 권위를 대폭 희석시키는 결과를 가지고 왔다.

마오쩌둥 시절에 국가는 모든 재산의 국유화를 통하여 가와 족의 경제적 기반을 일단 없애고 가족주의를 때려 부수어야 할 네 가지 낡은 사상과 제도의 하나로 규정하여 퍼쓰저우(破四舊: 낡은 사상, 낡은 전통, 낡은 제도, 낡은 습관을 부수기)운동을 대대적으로 벌였다. 유교이념에 기초한 가족과 관계된 가치와 사상에 대한 비판과 부정은 해방 이래 최근까지도 정신문명 건설운동에 빠짐없이 들어 있었다. 가족을 위하여 집체 즉 공동체 단위의 이익을 배반하는 것은 반혁명적 사상의 발로 혹은 봉건시대의 잔재라고 공공의 비판을 받았다.

많은 가족 해체의 프로그램이 경제적 합리성의 언술로 표현되었다. 식량 증산과 토지의 적극이용을 내세워 무덤을 만드는 것을 금지하였고 기존의 분묘를 평분하여 밭으로 만들었다. 사람이 죽으면 간단한 고별식과 함께 사흘 안에 화장을 하여 골회함(骨灰盒)에 뼛가루를 담아 봉분 없이 밭에 묻거나 공공의 골회함 보관소에 보관하거나 밭에 뿌리는 장례가 권장되었다. 당연히 제사도 없어졌다. 문화대혁명 때는 홍위병들이 들어와서 족보를 불사르고 비석을 파괴하였으며 사당은 위패를 없애고 건물은 유아원, 노인 오락실, 촌정부 행정실, 보건진료소 등등 공공의 이익을 위한 용도로 바뀌었다. 가족은 각종 제사를 통하여 조상과 연결되는 상징적인 체험을 하는 사회적 제도이다. 국가의 공식적인 역사 대신에 사적인 역사기억의 재생산이 이루어지는 사회적 공간이다. 그러므로 이러한 일련의 조처는 가족의 역사를 형성하는 기억의 장치를 없애는 작업이다. 개인이 사적인 기억으로부터 사상을 스스로 해방하여 사회 공동체의 성원으로서의 공공의 도덕과 가치를 실천하는 것이 곧 혁명의 모범이라는 교육을 받았다.

정부는 반복적으로 결혼과 장례, 즉 홍바이스(紅白事)를 성대히 치르는 것을 비판하고 이펑이수(移風易俗)의 구호 아래 민속개혁운동을 벌였다. 의례의 간소화를 주도하는 문명화운동은 역시 일견 경제적 합리성의 확립을 겨냥한 것이다. 그러나 그것은 사람들을 가족의 구성원 대신에 마을이나 직장 단위와 같은 집체의 일원으로 만드는 혁명의 전략적 조처이며 가족 단위의 사적 관계의 연망을 축소하려는 사회주의 정책이었다고 할 수 있다.

새로운 혼인법은 부모나 친족의 개입을 부정하고 당사자의 자유의지와 국가의 법에 의하여 결혼이 결정되는 것을 절대화함으로써 전통적인 가족의 도덕체계, 즉 결혼이 기존의 가족 단위를 확대 재생산하는 기제가 아니라 그것을 분해하는 과정으로 만들었다고 할 수 있다. 문당호대(門堂戶對: 당사자

개인이 속한 씨족, 종족, 집안의 사회적 격과 경제나 정치적 지위가 서로 맞는 처지를 말하는 것으로서 혼인 결정에 중요한 항목이었다)나 가족 간 혹은 친족 집단 간의 사회적 연대와 경제적 호혜관계를 성립시키는 사회적 제도로서의 혼인의 의미와 기능에 대한 전통적인 해석은 수정을 하지 않으면 안 되었다. 즉 혼인은 가족의 지속적인 재생산을 위한 것이기보다 국가의 세포로서의 개인을 생산하는 기제이며 혼인은 이제 가족 대신에 국가에 의하여 결정되었다.

가에 관한 정치문화적인 국가의 간섭은 개인의 신분이 모계로 계승되게 하고 개인의 성을 부모의 것 중 하나를 자유의사로 택할 수 있게 하였던 법률의 제정에서도 드러난다. 또한 계획생육의 실시는 생육을 위한 사회적 기구로서의 가족의 기능 혹은 역할은 태어날 아이에 대한 권한 혹은 법적 소유권을 국가가 가지게 만들었다. 우선 아이를 누가 가질 수 있는가를 국가가 배당하고 허가 외의 불법임신 여부를 가임기 여성의 신체에 대한 정기적인 검사로써 확인하게 되며 불법임신의 사실이 드러나면 즉석에서 강제 낙태수술을 실시하였다. 이는 모두 향화(香火)를 꺼뜨리지 않는, 즉 가의 계승에 집착한 전통적 윤리와 가치를 넘어서 국가에 충성을 바치는 애국 행위로 정의된다. 전통적 덕목에 의하면 중국의 여자는 시집을 가서 두 가지 불을 꺼뜨리지 않아야 한다. 즉 온돌 위의 불(炕上火)과 온돌 아래의 불(炕下火)인데 전자는 조상에게 제사를 지낼 향불, 즉 아들을 낳는 것이며 후자는 아궁이의 불, 즉 살림을 잘 살아야 한다는 뜻이다. 가정의 모든 법적 권리를 남자가 가지면서도 집안의 흥망을 시집온 여자에게 의존한다는 것은 도리에 맞지 않는 것이지만 실제로 주부의 역할은 아주 중요하였다. 오늘날 국가가 강력하게 만혼만생우육(晚婚晚生優育)의 구호를 내걸고 결혼연령을 늦추고 자녀 출산의 연령을 늦춤으로써 생물학적으로 자녀 출산 수를 억제하며 개인의 임신을 국가의 계획에 의하여 허가하는 제도의 실시는 인구폭발을 막기 위한 경제적 정책이지만 이는 또한 사람들로 하여금 국가의 이념과 정책의 막강함을 경험하고 또한 그 기억을 내면화하게 만든다.

이러한 국가의 조처에도 불구하고 가와 족의 전통적 가치가 인민에 의하여 존속되어 온 이유에는 흥미롭게도 제도적으로 보장되어 온 측면도 있다. 즉 호구제도(戶口制度)는 사람들로 하여금 대대로 살아오던 그들의 사적 세계에 그대로 머물게 함으로써 스스로 역사의 담지자가 되게 만든 것이다. 임의로 외지로 나갈 수 없게 되는 호구제도는 가족이 생존을 위한 기본적인 단위임을 체험적으로 인정하게 만든다. 촌락 공동체는 인민공사제를 실시한 국가의 정책적 제도에 의하여 오히려 지속되었다고 할 수 있다. 그리고 집체 단위제도는 자급자족을 단위로 삼게 함으로써 그들 지역화된 종족사회의 전통적인 상호관계의 연망을 지속 재생산시키는 요인이 되었다. 이와 함께 혁명의 과정 속에서 개인의 권리와 정치적 지위를 결정짓는 소위 성분론은 사람들로 하여금 스스로 망각하였던 자신의 가와 족의 배경을 되살려 주는 것이었다. 즉 개인은 자기가 속했던 과거의 가족배경으로부터 완전히 자유로울 수 없다는 사실을 때때로 확인하게 되는 것이다. 따라서 인민이 가족과 촌락 공동체의 성원으로서 갖게 되는 사적 기억은 국가에 대한 저항 전략에서뿐만 아니라 역설적으로 국가에 의하여 재생산되는 것이다.

물론 이념이 아닌 제도의 차원에서 전통적인 가족문화의 실천은 상당히 약화되었다. 사당은 세속적인 공공의 장소로 전환되거나 아예 훼철되었고 집단적이고 조직적인 조상의례는 자취를 감추었으며 족보는 압수되어 불살라졌다. 훌륭한 조상이라고 자랑하는 일과 조상 대대로 이어 나온 집안의 덕목들을 말하는 것은 오히려 봉건사상을 증명하는 일로 국가의 공식적인 비난의 대상이 되었다. 다만 그들은 일상생활의 차원에서 동질성에 대한 감정적 유대와 상부상조의 윤리를 지켜 나오는 것을 적당히 허용받았을 뿐이었다. 경조사나 절기는 그러한 내재된 심정적 유대감을 구체적으로 표출하고 새롭게 하는 기회이지만 정신문명 건설운동을 통하여 민속개혁이나 의례 간소화를 내세운 국가 합리성 혹은 이성의 웅변에 의하여 억제되었다. 소위 민속절기도 점차 현대화에 밀려 사라졌다.

그런데 특히 2000년대에 들어서면서 가족에 관한 문화는 부흥하기 시작하였다. 족보가 중수 간행되고 무덤이 만들어졌고 잘 다듬은 묘비가 세워지기 시작하였다. 사람들은 좋아진 경제력을 일단 주택 개량사업과 조상의 묘를 호화롭게 재건하고 족보를 간행하고 사당을 보수 혹은 증수하는 데에 쏟는다. 간소한 결혼식은 다시 호화 결혼식으로 바뀌고 경조사에는 대단한 손님접대의 잔칫상이 제공되고 부조액수는 이전보다 열 배 이상 많아졌다. 새로운 주택 건설은 개혁개방 정책이 가지고 오는 발전의 경험을 직접 확인하게 하는 전시적 효과가 가장 큰 항목이므로 정부에서 오히려 주도적으로 전개한 사업이다. 그러나 분묘와 사당의 재건 그리고 경조사의 대량 지출은 사적 영역의 재건으로서 사회주의 이념에 대한 도전의 문화적 유행으로 간주되었다. 경제발전이 먼저 이루어진 동남부 연해지역에서 호화로운 장식의 무덤으로 가득 채운 거대한 공원묘원을 경쟁적으로 개발하였기 때문에 정부에서 이를 금하고 공원묘원을 없애도록 강력 조처를 취하기도 하였다. 그러나 곧 지방정부와 기업의 합작으로 대규모 현대식 공원묘원을 개발하는 사업이 성행하기 시작하였다. 농촌에서는 마을의 공동묘원을 조성하여 봉분을 하고 비석도 세우는 일이 유행하였다.

국가의 문명 건설운동에 반하는 이러한 비합리적이고 낭비적인 경조사와 무덤 만들기의 유행은 시장경제의 확장에 따라 이전에 국가가 담당하였던 사회적 안전의 보장과 경제적 기회의 평등의 확립 대신에 혼란과 경쟁의 세계가 진행되었기 때문이라는 지적이 있다. 사람들은 사적인 인간관계를 사회경제적 자원으로서 중시하게 된 것이다. 많은 경우 국가의 조세 감독의 눈을 피하고 일종의 불법 혹은 탈법적인 행위를 시도하게 된다. 이전에 국가에 의하여 재분배되었던 체제 —사회주의 체제의 특징— 에 대항하여 인민이 직접 자기들끼리의 교환체계를 이루려는 시도에서 핏줄에 기초한 종족관계 혹은 혈연관계를 가장 믿을 수 있는 사적인 자원으로 인식하게 되었다는 것이다. 소위 예물교환(gift exchange)이라는 개념으로서 물질뿐만 아니라 감정과 은혜와 호혜적 관계가 하나의 다발을 이루는 인간관계가 성행하는데 그중에서도 핏줄의 공유성에 대한 상상을 기반으로 하는 신뢰관계와 공동운명체적 유대가 인민의 일상생활의 차원에서는 가장 직접적인 적응수단이 된다는 것은 자명하다.

경제 영역에서 사적 관계는 정보, 자본, 인력 확보, 판로 확보 등등에 가장 효과적인 자원임이 증명되는 것이다. 유동인구의 발생과 촌민의 임시 혹은 중단기적 외출(外出打工)은 가족의 부분적이고 불일정한 별거를 가져오며 이때 가족 내부의 분업체계가 시도된다. 즉 친족 혹은 가족의 성원 중 촌에 남은 사람이 떠난 사람이 승포한 토지를 경작하여 책임량을 감당해 주는 것이다.

가족 형태와 생활방식의 변화는 '소황제'(小皇帝)의 출현과 관련된다. 이전에 노동력을 생산력의 핵심으로 여겼던 시대에는 대가족을 이상으로 삼았다. 그러나 인구팽창을 막기 위하여 정부는 1980년대부터 엄격한 계획생육(計劃生育) 정책을 실시하여 왔다. 도시에서는 한 자녀를 갖도록 하였고 농촌에는 첫아이가 여자일 경우에 국가로부터 배정받은 출산가능 숫자 안에서 주민회의를 통하여 임신허가를 획득하여 두 번째이자 마지막 출산 시도를 하게 된다. 그러나 이 두 번째의 임신은 첫아이와 나이가 9살 터울이 되어야 자격이 주어진다. 결과적으로 지금은 한 가정에 한 명의 아이만 있는 것이

방학 때 단체여행에
나선 소황제
출처: 필자 2002

대부분이어서 이 아이는 여섯 개의 돈주머니를 차고 태어났다고 하는데 부모, 조부모, 외조부모의 여섯 어른의 집중적인 애정 속에 키워진다. 그래서 그가 누리는 소비생활의 호화로움과 그에게 바치는 부모의 정성의 수준을 빗대어 '소황제'라 한다.

특히 80후·90후 세대로 대표되는 소황제는 여러 형제들과 함께 크는 경험이 없어서 개인주의, 이기주의, 포용성과 참을성의 결여, 부모를 비롯한 윗세대에 대한 배려와 예의의 결여 등등의 특징을 가진 새로운 유형의 인간으로 묘사되면서 이들이 중견이 될 시대의 중국사회의 질적인 변화에 대한 예상을 두고 논란이 증가하고 있다. 국가가 사회보장을 해 주던 시대는 지났고 사적인 보험시대로 들어서고 있는 현재 앞으로 이들 차세대가 과연 부모세대를 위한 배려와 희생을 할 것인가에 대한 우려가 팽배하고 있다. 이에 대한 대비책으로 아이들에게 가정의 틀을 넘은 종족개념으로 상부상조하는 네트워크를 구축하게 하며, 가족 성원을 늘리려는 시도를 한다. 중산층 주부들은 잘 기를 능력을 갖추고 있는 만큼 아이를 더 낳게 해 달라는 청

문화대혁명 때의 족보
를 보관한 노간부
출처: 필자 1992

원을 하고 몰래 갓난아기를 사기도 한다.

국가에 의하여 가와 족이 부정되고 축소되는 정책과 이념이 실시되었음
에도 불구하고 인민은 다양한 저항의 기술을 개발함으로써 자신들의 세계
를 재생산하여 왔다. 문화대혁명의 거센 물결이 모든 족보를 파괴할 때 한
질(帙)은 종족의 암묵적 공모에 의하여 숨겨졌으며 은닉의 책임을 맡은 사람
은 바로 공산당 노간부(老幹部)였다. 문혁이 끝나자 문명화운동을 주동하는
책임을 졌던 간부와 교사 및 당원들 중 퇴직자를 주축으로 하여 종족의 사
당을 다시 짓고 족보를 재간행한다. 이는 찬란한 중화문명의 보수와 보존이
라는 명분을 내세움으로써 정부로부터 지원과 보장을 받는 일이었다. 그렇
게 함으로써 그들의 사적 세계는 국가의 공적인 세계의 일부로 거듭 태어나
는 것이다.

중수된 족보에는 지난 시절의 경험 특히 종족에게 일어났던 일들을 서술
한 새로운 장이 첨가되었다. 그들 집안의 사적인 역사 즉 국가의 역사가 사
적인 영역에 어떤 영향을 주었는가를 기억해야 할 역사로서 기록하는 것은
족보의 간행이 단순히 전통의 복구이거나 수천 년 묵은 낡은 봉건사상의 반

복이 아니라 국가에 의하여 빚어지는 역사에 대항하여 그들만의 역사를 정당화하고 보존하는 기제임을 말해 준다고 하겠다.

2. 향

탈속의 표일한 경지를 살아가는 이백도 가을날 밝은 달 아래에서 고개를 떨구고 고향 생각에 젖는 때가 있었다. "침상에 달빛 환하니 땅은 온통 서리 내린 듯. 머리 들어 밝은 달 바라보다 머리를 숙여 고향 생각"(林前明月光 疑是 地上霜 擧頭望明月 低頭思故鄉). 수많은 시인묵객이 객지에서 고향을 생각하고 고향 사람을 만나면 반가워하는 시를 남겼다. 향수, 사향(思鄉), 망향, 귀향 등의 단어는 모든 사람의 가장 깊은 감정과 그리움 속에 자리 잡고 있다. 객지에서의 삶이 힘들수록 고향과 향토에 대한 그리움은 큰 법이다.

핏줄의식과 함께 중국인은 자신의 지방에 대한 특별한 애착심과 감정체계를 가지고 있다. 지방이라 할 때에는 고대 제후국의 역사적 기억을 바탕으로 인식하며, 현재의 행정체계에 의한 성이나 시의 이름을 따서 스스로의 정체를 내세우기도 한다. 그러나 감정의 심층에 자리 잡고 있는 것은 고향이다. 향(鄕)이란 오랜 역사가 깃들어 있는 자신의 삶의 원초적인 기억의 터전이다. 이분법적 사고방식은 도시와 농촌을 대립항으로 정리하여 진보와 낙후, 현대와 전통, 세련됨과 거침 등으로 인식한다. 그러나 향촌이라는 단어는 동시에 도시인이라도 그리워하는 '인간다운 세계'의 상징이다. 실제로 향은 인간다운 사람들이 가꾼 일상의 세계로서 자연과 구분된다. 조선조에서 지방의 유교문명의 보급과 실천을 위한 자치적 제도로서 권장되었던 향약(鄕約)과 향청(鄕廳) 제도는 문화와 문명의 개념에서 존재한다. 향안(鄕案)

은 그 향의 구성원의 명단이지만 그 지역에 거주하는 사람이 아니라 그중에서 주인, 즉 문명의 주도권을 가진 사람들만이 기재되는 것이었다. 나머지 백성, 즉 성(姓)이나 이름이 없는 자는 향의 구성원이 되기에는 부족한 '덜된' 인간이었던 것이다. 향약은 물론 중국에서 처음 실시되었지만 그렇게 보편화하지는 못하였다. 그러나 사람들은 자신의 향에 대한 자부심과 충성심을 강하게 지녔으며 지금도 그러하다.

향토라는 단어는 전통이나 토착사회를 의미한다. 시대적 유행에 따라 그것은 낭만적인 것이기도 하고 낙후의 상징이기도 하다. 고향, 향, 향토 등은 가족의 경계를 넘어서 문화적으로 범주화된 일정한 지역사회를 의미한다. 문화적 범주는 자연환경 외에 방언, 풍속, 역사적 경험, 삶의 방식, 사회적 연망 등의 공유성 혹은 공통성을 말한다.

중국과 같이 광활한 영토의 나라에서 지방은 곧 문화적으로 분별되는 세계이다. 따라서 어디를 가나 사람들은 자기의 문화권을 찾아 나서게 된다. 중국인은 낙엽귀근(落葉歸根)이니 수구초심(首丘初心)이니 하는 단어를 곧잘 쓴다. 그런데 그들은 동시에 어디를 가나 거기서 또한 뿌리를 내리고 터를 잡는다. 그래서 낙지생근(落地生根)이라는 말도 쓴다. 즉 어디든지 가서 개척을 하고 터를 잡으며 동시에 떠나온 고향을 잊지 않음으로써 자신의 아이덴티티를 지키고 그러한 지연적 아이덴티티를 사회적 자원으로 삼아서 자신의 세계를 넓히고 확립하는 것이다. 동향회(同鄕會)는 그러므로 아주 중요한 조직이다. 산시상인(晉商)들은 전국에 산시회관(山西會館) 혹은 산섬회관(山陝 會館)[12]을 지어서 산시 사람이면 누구나 편히 쉬고 숙식을 제공받고 또한 만남과 연락망의 접점으로 삼는다. 산시 출신인 관운장을 자신의 아이덴티티

---

12 고대사에서 진(晉)은 오늘날의 산시(山西, 산서)성과 산시(陝西, 섬서)성 동부지방을 아우르는 곳이어서 이 둘을 합쳐서 산섬이라 한다.

의 가장 핵심적인 상징적 자원으로 삼아서 회관에는 관제묘(關帝廟)를 마련하여 제를 올리고 또한 관운장의 생일에는 그를 기리는 오페라를 즐길 무대도 마련해 놓았다.

집에 간다는 것, 즉 귀향과 회가(回家)는 중국인에게는 가장 푸근하고 편안하며 기쁘고 자랑스럽고 행복에 겨운 말이다. 가고 싶어도 가지 못하는 처지에 있거나 돌아갈 고향이나 집이 없는 사람은 세상에서 가장 비참한 신세이다. '고향이 따로 있나 정 붙이면 내 집이지'라고 위로하지만 죽음에 임박하면 집으로 와서 죽어야 하고 객지에서 죽으면 운구하여 집에 와서 장례를 치르며 그렇지 못한 경우는 언젠가는 고향 땅으로 다시 옮겨 묻혀야 한다. 시인들은 중양절(重陽節: 음력 9월 9일)에 고향을 생각하거나 동향인을 만난 회포나 객지에서 고향에 대한 애타는 그리움과 걱정을 많이 읊었다. 이날에는 형제나 친구들이 야외에 모여서 국화주를 나누어 마시는 풍속이 있었다. 왕유(王維)의 시가 대표적이다.[13] 이향즉천(離鄕卽賤)이란 말도 한국이나 다름없이 사용한다. 춘절은 친족뿐만 아니라 이웃의 친구들과 친척들을 만나는 것이므로 가족과 동향의 전통문화를 실현하는 것이다. 그믐날(除夕)에는 온 가족이 한자리에 모여서 해를 보내는 식사를 한다. 이를 투안위안판(團圓飯)이라 한다. 그리고 새해가 되는 순간을 뜬눈으로 기다리는 수세(守歲)를 한다. 우리들이 어렸을 때 지켰던 풍속도 그랬다. 그리고 새해가 되면 폭죽을 요란스럽게 울리고 조상과 하늘과 땅에게 제를 올리고 어른들에게 세배를 한다. 잠깐 눈을 붙인 후 이른 새벽부터 온 마을 사람들이 먼저 친족을 항렬(輩分)과 연령을 따져서 차례로 찾아다니며 세배를 드리느라고 분

---

13 九月九日憶山東兄弟: 獨在異鄕爲異客 每逢佳節倍思親 遙知兄弟登高處 徧揷茱萸少一人[홀로 타향에서 낯선 객이 되어 매년 가절이 되면 가족 생각이 더욱 간절해지네. 오늘(중양절)도 멀리 고향에는 형제들이 언덕에 올라 여기저기 수유꽃 꽂아 놓고 축원할 때 나 한 사람만 거기서 빠져 있구나].

그믐날 투안위안판을
즐기는 대가족
출처: 필자 2010

주하다. 이튿날에는 마을 바깥의 친척들에게 다닌다. 사흘째 날에는 시집간 딸이 사위와 아이를 데리고 친정에 인사를 온다. 후이냥자(回娘家)라고 하는 이날에는 온 마을이 사위들로 가득하고 이집 저집에서 우푸(五服) 이내의 관계에 있는 사위들을 초대하여 잔치를 베푼다. 춘절은 정월대보름, 즉 원소절(元宵節, 위안샤오제)까지 계속된다. 특히 원소절은 등절(燈節)이라고도 하며 새해를 맞은 후 이날이 지나면 세속적인 생산과 소비의 일 년이 정식으로 개시되는 것이다. 원소절에 이르는 기간에는 이 마을 저 마을마다 춘제완후이(春節晚會)라 하여 촌민이 전체가 즐기는 오락회가 열리고 이웃마을의 룽우두이(龍舞隊)나 유에두이(樂隊)를 초대하여 즐긴다. 대개 마을이나 향진, 현 혹은 시 정부는 원소절에는 대대적인 등회와 불꽃놀이를 준비하여 대중들을 축복하고 해당 행정 단위의 경제적 부를 과시한다. 그러므로 춘절이 되어서 고향에 돌아가지 못하고 객지에 있는 경우는 가장 슬픈 일이다.

평생을 객지에서 표박의 생을 살았던 두보는 "이번 봄 또 지나가니 어느 해 고향에 돌아갈까"(今春看又過 何日是歸年) 하며 눈물을 흘리고 구구절절이 망향의 감정을 늘어놓았다. 그러니 어디서든 고향의 사투리나 비슷한 억양만 들어도 반가워서 가슴이 뛰게 마련이다. 당의 시인 최호(崔顥)는 뱃사공 여인의 말투에 혹시 고향이 같은 사람이 아닐까 싶어서 조심스럽게 어디에 사느냐고 묻는다. 여인은 시인의 고향 근처에서 태어났으나 (어릴 때 떠나와) 살아 본 적이 별로 없으니 서로 알지는 못하겠다는 답을 듣는다.[14] 이 시가 남기는 쓸쓸함을 오늘날 우리들도 경험했을 것이다. 그러한 쓸쓸함은 타향처럼 되어 버린 고향을 찾을 때 더욱 가슴을 아프게 한다. 시인 하지장(賀知章)이 늙어서 고향을 다시 찾았다. "少小離家老大回 鄕音無改髮毛衰 兒童相見不相識 笑問客從何處來"(어릴 적 소년으로 집을 떠나 늙어서 돌아왔네. 고향말씨는 변함없는데 머리털은 희고 성기었다. 아이를 마주쳤으나 서로 알지 못하니, 웃으면서 묻기를 손님 어디서 오셨나요?).

개혁개방이 천명된 이래 사람들이 보다 나은 경제적 기회를 찾아서 외지로 나가는 일이 일어나게 되었다. 농민들이 농촌을 떠나 도시로 나가서 주로 육체노동에 뛰어들어 돈벌이를 하고 고등학교나 대학을 마친 도시인들이 더 유리한 취업기회와 직장여건을 찾아 대도시로 움직인다. 호적상으로는 농민인데 농업을 떠나 공인(노동자)의 일을 한다고 하여 이를 농민공이라 불렀는데 반드시 농민만이 아니라 도시호구를 가진 사람도 포함하므로 유동인구(流動人口)라고 칭하게 되었다. 즉 정처 없이 떠도는 인구라는 뜻이다. 우리가 부랑인(浮浪人)이라고 부르는 것과 같다. 개인의 호적상의 신분은 변할 수가 없으며 원래 소속된 단위로부터 모든 생계와 복지혜택을 보장받게 되어 있는 중국에서 한 농민이 자기의 근거지를 떠나서 다른 지역으로 가면 그는 새로운 거주지의 성원이 아니므로 그 지역에서 주는 교육, 의료, 양로

---

14 君家何處住 妾住在橫塘 停船暫借問 或恐是同鄕(자네 집이 어딘가? 저는 횡당에 삽니다. 배 멈출 때 잠깐 물어본 이유는 혹여 동향 사람이 아닐까 해서였네). 家臨九江水 來去九江側 同是長干人 生小不相識[저는 원래 집은 주장의 물가인데 (뱃사공으로) 주장 옆으로만 오갈 뿐입니다. 이 여인도 장간 사람이지만 (고향에) 살아 본 적이 적으니 서로 알아보지 못하는구나 … (주장은 장간 땅에 있다)].

등의 모든 복지혜택에서 제외된다. 문자 그대로 몸뚱이 하나로 존재하는 것이다. 그의 호적은 떠나온 원래의 거주지에 그대로 남아 있으며 현재 거주하고 있는 도시에서는 유령인구인 것이다. 이러한 유동인구가 전국적으로 2억 명이 넘는 것으로 통계된다. 주로 내륙의 편벽한 농촌에서 연해지역의 대도시로 나오며 한 성의 가난한 지역에서 발달한 도시로 모인다.

이 유동인구의 이동 패턴과 임시 거주방식이 모두 동향관계의 연망에 따라 결정되는 것을 볼 수 있다. 1990년대에 베이징 교외의 저장성 웬저우(溫州)에서 올라온 수만 명의 사람들로 이루어진 무허가 불법 집단거주지가 생겼는데 이를 저장촌이라고 불렀다. 이런 식으로 대도시 변두리에 불법이주민으로 이루어진 무허가 집단거주지가 생겨났으며 사람들의 출신 지역에 따라 허난(河南)촌, 안후이(安徽)촌, 후난(湖南)촌 등으로 불렸다. 웬저우 사람들은 중국의 곳곳에 소위 웬저우성이라는 집단거주지를 만들고 제품을 만들어 내다 판다. 전국적인 연계망을 통하여 완제품과 부품 재료 등을 서로 교역하며 인력과 자본과 기술 및 시장 관리체제를 동원한다. 그러므로 해당 지역 사람들로부터 시장침범과 경제 및 산업 부문의 침범에 대한 우려에서 반발을 사기도 한다.

실제로 전국 곳곳에 진행되는 토목사업을 비롯한 개발사업과 다양한 직종을 감당할 값싼 노동력과 다양한 인력이 필요하기 때문에 내륙의 가난한 농촌지역에서 이러한 지역으로 대량 이주를 한다. 호구제도로 인하여 해당 지역의 학교에 아이를 보낼 수 없으므로 자식은 농촌에 두어 늙은 조부모가 돌보게 하거나 심지어는 10대의 소년 소녀가 혼자서 집을 지키는 유수소년(留守少年: 소년가장)이 생겨난다. 부분이농의 결과 농촌에 남은 아동과 노인이 겪는 여러 가지 사회적·정신적 문제가 점차 전체 사회적 문제로 부상하고 있다. 최근 여러 시정부는 적게는 수십만 많게는 수백만 명에 이르는 유동

농민공의 노동 및
취업 시장
출처: 필자 2005

인구가 가지고 올지도 모르는 경제 및 사회 질서의 혼란, 질병 확산이나 환경오염 그리고 열악한 생활환경으로 말미암아 유동인구 자체가 입게 될 각종 피해상황이 가지고 올 정치적·사회적 문제 등을 감안하여 이들을 객지에 적응시키고 안정을 보장하기 위하여 다양한 보조정책을 취한다. 임시 거류증의 발급이나 준시민적 자격의 제공, 학교와 의료시설의 이용권의 허용 등을 포함한다. 이로써 그들은 자녀들을 방치하지 않고 자기들이 일하는 지역 사회에서 함께 살면서 교육도 받을 수 있는 것이다.

그러나 이들은 기본적으로는 해당 도시의 영속적인 거주자가 아니며 또한 시민이 아니다. 그들은 일정한 기간 동안 거처가 임시적인 노동자로 일할 뿐이어서 언제나 통합되고 안정된 사회 속의 나그네이며 잠재적인 적으로 간주된다.

그런데 1990년대에는 혼자서 혹은 부부가 도시로 나와 일을 하여 돈을 벌어서 가족으로 돌아가는 것이 대표적인 유동인구의 유형이었지만 2000년대에 들어서는 가족이 함께 이주를 하는 유형이었다. 그리고 2010년 이후로는 이제 도시에 정착한 이농민이 낳은 자식들이 제3세대 유동인구를 형성하게 되었다. 이들은 도시에서 나서 도시에서 줄곧 자란 젊은이들로서 호적상 자기가 속한 고향 농촌과는 전혀 관계가 없이 도시인이 되어 있음에도 불구하고 법적으로는 현재의 도시에서는 이방인의 신분으로 되어 있다. 이들이 부모의 고향으로 돌아간다 하더라도 농사는 전혀 지을 줄 모르며 생활방식이나 정서에서 전혀 적응할 수가 없다. 이들 제3세대 농민공은 문자 그대로 뿌리 없는 부평초가 되는 셈이다. 1980년대에 중국의 농민과 도시인의 비례는 8 : 2였지만 2010년을 넘으면서 실질적으로 거주하는 실태에 따르면 6 : 4가 되었다. 이전에는 농촌연구가 주류를 이루었지만 지금은 도시화가 연구의 주류를 이루게 되었다.

전체 가족이 완전히 고향을 떠나는 제2세대, 제3세대 유형의 유동인구가 급속히 늘어나게 되면서 많은 인구가 농민의 신분으로 호적상의 거주지를 떠나 외지에 나가 살고 있다는 사실은 조만간 고향이나 농촌이 사라지게 될 것이라는 예상을 하게 만든다. 농촌은 호적상으로는 많은 인구가 있지만 실제로는 텅 비어 있고 노인들만 허물어져 가는 집을 지키고 있는 것이다. 농민의 도시이주는 새로운 도시문제를 낳을 뿐만 아니라 농업생산의 감소와 이로 인한 경제구조의 변화가 가지고 오는 문제를 야기한다. 정부는 농촌의 도시화라는 구호의 정책을 실시하여 향진 소재지에 대규모 도시형 아파트를 건설하고 도시형 사구(社區)를 신설하여 농민들을 수용함으로써 농촌에도 도시생활을 즐기게 하고 농민을 객지로 나가 유동하지 않고 인근의 도시에 비농업 부문에 종사하는 정책을 추진한다. 1990년대에 유행했던 농촌 공업화라는 기치 아래 추진하던 향진기업운동의 변형이라고도 할 수 있다. 그러나 이 경우에는 농민이 농촌에 거주하는 것이 아니며 토지 경작을 전문적인 기업농이나 기업체에 임대해 주고 그 수익을 얻는 것이다. 결과적으로는 농민을 탈농업화시키는 것이 된다. 그러므로 이는 새로운 산업구조와 경제구조를 야기하는 것으로서 많은 논란과 연구를 수반한다.

농민공의 귀성행렬
(베이징역)

그런데 한편으로는 개혁개방 30년 동안 인구의 지역적·직업적 이동 혹은 유동이 일어나면서 사람들이 급격한 변화의 물결 속에서 잃어버린 혹은 잊어버렸던 자신의 근거에 대한 반성이 일어나고 있다. 고향에 대한 애정이 다시 나타나기 시작하고 향수를 토로하는 노래가 유행한다. 뿌리에 대한 향수와 자신의 정체성에 대한 관심이 도시에서 모래알 같은 존재로서 살아가는 이방인의 입장에선 더욱 고향을 찾게 만드는 것이다. 감정적인 면에서뿐만이 아니다. 농민과 농촌에 대한 정부의 지원정책이 나오면서 실질적으로 고향의 농민호적을 가지고 있는 것이 낫다는 전략적 사고방식이 작동하게 된다. 대학에 진학하면 이전에는 자동적으로 도시호구를 가지게 되었으나 지금은 농민호구를 계속 가질 것을 선택할 수 있다. 한때 농촌은 낙후의 상징이었으나 지금 도시인에게 농촌은 잃어버린 고향의 상징이며 전원생활의 상상을 주는 곳이다. 가난과 낙후의 상징이던 농촌과 향토라는 단어는 탈현대성 속에서 새로운 의미로 사람들의 정서와 가치관에 자리를 잡기 시작하는 것이다.

고향의 중요성은 해외로 이민을 갈 때에도 확인하게 된다. 해외에서 중국인들은 두 가지 조직의 도움을 받는다. 즉 씨족조직과 동향회 조직이다. 이

두 조직은 중국의 고향을 기점으로 삼아 초국적인 연계망을 형성하고 있으며 해당 국가에서도 전국적인 연망을 가지고 있다. 그래서 동향인에게 어떤 사업을 어디서 하는 것이 유리하며 이와 관계되는 여러 자원과 도움 분야에 대한 정보망을 제공한다. 씨족조직은 혈연의 상상에 기초한 동질성을 자원화하는 것이며 동향회는 언어와 관행과 풍속의 공유로 인한 현실적인 상호 협력의 관계를 만드는 자원이 된다.

중국인의 해외이주 과정과 차이나타운 사회에 대한 많은 연구에서 추출되는 공통점이 있다. 즉 일단 먼저 가서 자리를 잡은 고향 사람의 소개로 이주를 하면 먼저 그 나라 혹은 지역의 차이나타운에 가야 한다. 거기에는 두 개의 조직이 있다. 하나는 동향회이고 또 하나는 씨족종회이다. 자기에게 해당되는 조직체를 찾아가면 거기서는 그 나라 전체를 놓고 어디에 가서 어떤 사업을 하는 것이 좋겠다는 정보와 자본 및 필요한 재료와 설비를 공급받을 네트워크를 제공한다. 예컨대 음식점을 하고자 하면 어느 지역에는 인구가 얼마인데 두 개의 중국식당이 있을 뿐이니 성공률이 높다는 조언과 부동산 중개자와 자본 대여자를 소개해 준다. 주방기구를 비롯하여 밀가루, 기름, 간장, 식초, 고기, 채소 등 모든 식재료의 확보는 화교들이 경영하는 공장과 유통업체의 네트워크를 이용한다. 갚을 능력이 생길 때까지는 신용거래를 한다. 혈연과 지연에 바탕을 둔 신용과 상부상조 정신은 해외 화교 사회에서는 생명과 같이 중요한 윤리이자 도덕이다. 유태인이 객지에서 정착하는 과정은 시너고그를 찾아가서 랍비의 지도하에 유태인의 연계망에 들어가는 것이라고 한다. 중국인에게는 조상과 땅, 즉 혈연과 지연이 생존의 핵심적인 사회 및 문화 자본인 것이다.[15]

---

15 해외 이민과 정착의 네트워크가 종족과 동향 조직을 통하여 이루어지는 과정에 대한 연구로서 J. Watson. 1975. *Emigration and the Chinese Lineage: The Mans in Hong Kong and London*. Berkeley:

오늘날은 해외 화교사회의 자본과 인맥이 국제질서 속에서 국가를 위한 초국가적 관계를 구축하는 데 핵심적인 요소가 되고 국내산업과 경제발전을 위한 자본과 정보와 인적 연망의 원천으로서 중요성을 인정받는다. 개혁개방은 자본주의에 충실한 이들 화교들에게 대만에 대신하여 새로운 관심으로 중국을 바라보게 만들었다. 1990년대에 들어서 중국정부는 화교 유치를 위한 거국적인 사업을 전개하였다. 그것은 전통문화를 되살리는 일이다. 그들은 고향에 두고 온 가족이나 친척 및 그 후예들을 찾는 것을 최우선적인 관심사로 삼기 때문에 고향방문단 혹은 가족방문단을 위한 문화 프로그램을 개발하였다. 공공시설로 사용하던 종족의 사당을 원래대로 복구하거나 훼철했던 것은 재건하였으며 없던 것은 새로 만들었다. 조상의 무덤을 단장하고 비석을 세웠다. 고향방문단은 남아 있던 친척들과 함께 제사를 올리고 그들의 기억에 존재하는 고향의 문화경관을 순례하였다. 미신타파의 대상이었던 민간 의례와 사찰들이 적어도 연출의 차원에서나마 복원되었으며 이는 점차 지역의 전통축제로 발전하였다. 이러한 고향 되살리기는 화교들의 귀향과 투자 유치로 이어졌다.

　고향을 다시 만드는 사업은 화교와 지방정부 그리고 현지 주민의 공모로 이루어졌다. 1990년대의 해외자본 유치를 위한 애국적인 발상에서 전통문화의 복원이 전략적으로 시도되었으며 2000년대에 들어서는 올림픽을 비롯한 국제적 대회가 국운 융성의 지표가 되어 대대적으로 유치되면서 대중화 문명의 찬란함을 세계에 인식시키기 위한 문화애국주의가 고무되었다. 이에 사람들은 자기 종족의 문화유산을 재건하고 지역의 문화전통을 되살리는 지방문화 재건운동을 조직하게 되었다. 특히 관광산업의 경제적 중요성

University of California Press.

의 강조에 의하여 지방의 문화유적과 의식주의 지방특색, 민간 예술과 풍광과 풍속 등이 관광상품으로 대대적으로 복원, 발굴, 발명되었다. 2003년 한국의 강릉단오제의 유네스코 세계문화유산 등재에 자극을 받아 유네스코 등재를 목적으로 하는 '우리 문화' 발굴과 복원운동이 전국적으로 대중적 문화애국주의와 문화주권주의 그리고 관광수익을 내세운 정부의 경제제일주의와 결합하여 열기를 불러일으키고 있다.

이러한 문화상품화와 문화민족주의의 열기는 사람들에게 그동안 국가에 의하여 부정되거나 파괴되었던 인민의 전통세계를 복원하는 기회를 제공하는 것이다. 표준화와 합리화에 의하여 거부되었던 지방문화의 전통과 기준은 이제 국가와 민족의 명분을 빌려서 재발명되고 있다. 종족과 지방의 인사들은 그들의 문화 복원과 발명을 국가와 민족의 전통부흥이라는 맥락에서 정당성을 얻는 전략을 취하는 것이다. 그러므로 고향은 사람들에게 새로운 자부심과 정체성의 원천으로서 강조되고 고향은 점차 축제의 공간으로 만들어지고 있다. 이러한 지방의 발명과 재생은 지역사회 사이에 그 문화적 위상을 둘러싼 경쟁을 촉발한다. 동향관계가 사회의 각 부문에서 형성되고 상부상조의 자원으로 공공연히 활용된다. 지역의 틀 안에서 오랜 세월을 통하여 축적되고 형성된 언어와 풍속의 동질성과 인간관계는 국가의 이성과 권력에 대한 저항과 타협 그리고 공모의 자원으로 다양하게 개발되고 이용되는 것이다.

3. 학맥

혈연과 지연의 중요성 외에 최근에 학맥이 중요한 정치적·사회적 자원으로 부상하고 있다. 경제발전에 따라 교육의 기회가 확대되고 정부에 의하여 개인의 소질론이 제기되면서 연해지역의 농촌에서는 대부분의 자녀가 초급중학교를 졸업하고 그중에서 20%가 고급중학이나 중등전문학교에 진학한다. 또한 고등학교 졸업자의 5% 이상이 대학이나 전문대학에 진학한다. 전국적으로는 전체 인구의 1.5%가 대학생이라는 통계가 있다.

농촌에서 중학교 동창관계는 새로 생기는 취업시장에서 중요한 작용을 한다. 학교는 촌락이나 향의 경계를 넘어서 미래의 인간관계를 맺게 하는 문화적 자원으로서 중요해졌다. 최근에는 농촌에서도 초급중학과 고급중학의 동학회(同學會)가 결성되고 일종의 클럽과 같은 의미와 역할을 갖는다. 1977년 문화대혁명이 끝나면서 대학이 문을 다시 열고 나이와 학력에 관계없이 국가에서 치르는 자격시험을 통하여 대학에 입학하게 되었다. 이 고등교육기관(즉 대학) 입학고시, 즉 가오카오(高考) 이래 40년간 대학 졸업자는 2억에 달한다. 당시에는 대학의 수가 적었으므로 수험자 중에서 입학률이 5%에 불과하였지만 그동안 대학의 수가 급격히 늘어나면서 시험을 치른 학생의 85%가 대학에 진학하게 되었다. 전국적으로 4년제 대학이 1,243개, 전문대학이 1,388개로서 총 2,631개의 대학 및 전문대학이 있게 되었다.

1990년대에는 초급중학 동창관계가 사회적 자본으로서 역할을 하였다. 당시만 하더라도 40-50대 나이의 사람들 가운데 초급중학을 다녔던 사람이 그리 많지 않아서 그들이 향정부와 지역의 기업체와 공사의 행정 사무직을 점하였던 것이다. 2000년대에 들어서 고급중학이 많이 생겨났다. 농촌에서 초급중학 졸업자의 40%는 고급중학으로 진학하게 되었다. 고급중학은 현(縣) 소재지에 한 개 정도가 제1고급중학이라는 명칭으로 있고 도시에는 2-3개 정도만 있었으므로 고급중학을 졸업하면 상당한 직책을 보장받았다. 이제 현에도 제2, 제3중학이 생겼고 학생들이 집을 떠나 기숙생활을 하게 된다. 초중까지만 의무교육이고 그 이상은 선택교육이므로 학비와 기숙비 등 여러 경비가 들기 때문에 약간의 경제적 여유가 있어야 진학이 가능하다.

대학 역시 2000년대 들어서 전국적으로 기하급수적으로 늘어났다. 그중에서 중앙정부 직속의 중점학교와 성정부, 시정부 그리고 국가기관에서 전문기술인력을 배양하기 위한 세운 학교와 학원(단과대학)들로 나누어진다. 중앙정부 직속의 중점학교 중에서도 베이징, 칭화, 인민, 난카이, 산둥, 푸단, 난징, 우한, 샤먼, 중산, 지린 대학이 최고 명문이며, 이공계에서는 칭화대학, 하얼빈공과대학, 상하이 및 시안의 교통대학, 허페이의 중국과기대학, 칭다오의 중국해양대학 등이 명문이다. 베이징사범대학, 화둥사범대학이 사범학교로서 명문이며 중앙민족대학이 소수민족 엘리트 배양학교로서 국가급 학교이다. 이 외에 저장대학, 쓰촨대학이 일류종합대학으로 부상하고 있다. 국가급 명문대학은 해당 지역뿐만 아니라 전국에서 학생을 선발한다. 지역별 안배가 있고 빈곤계층과 소수민족에 대한 특별 안배가 주어진다. 졸업생들은 전국적으로 일류직업이 보장되기 때문에 결국 전국 차원의 학맥을 통한 사회적 연계망이 형성되는 것이다. 자연히 명문대학의 입학경쟁은 치열하여 좋은 교육, 즉 입시 훈련을 받은 만큼 입학이 된다. 결국은 학생 개인의 자질보다 부모의 경제력이 입학을 결정한다는 말이 나오며 새로운 계급구조를 낳는다는 우려가 나온다. 도시에서는 고등학교에 학군제를 병행하므로 소위 일류대학 진학률이 높은 명문고등학교 주위로 한시적 거주가 이루어지고 따라서 이 지역의 집값이나 임대료가 폭등한다. 일류고등학교에 가기 위해서 중학생 나아가서 소학교 시절부터 치열한 과외공부를 하게 된다. 부모의 수입의 절반은 자녀의 사교육비로 쓰인다.

대학의 학비와 기숙사비를 비롯하여 모든 비용이 개인 부담이다. 대학원

에서는 학비는 국가가 지원하지만 기숙사비는 자비로 부담한다. 물론 기숙
사비에 해당하는 장학금이 지급된다. 경제적 여유를 누리는 학생들이 많아
지고 또한 중고등학생의 가정교사를 하여 생활비를 충당한다. 학교 측에서
는 빈부의 차이, 대도시와 시골의 차이, 한족과 소수민족 간의 차이 등으로
인하여 자살이나 우울증 등의 문제의 발생에 대하여 많은 신경을 쓰게 된다.

중국정부도 "세계수준"의 교육의 발전을 위하여 985공정이나 211공정이
라는 명칭의 국가 차원의 평가와 지원정책을 실시하고 있다. 앞서 말한 중점
대학을 포함하여 20개의 대학이 "985"학교라는 명칭을 얻었고 그 외 약 20여
개의 명문대학이 "211"학교라는 명칭을 얻었다. 이들 대학에 주어지는 특권
과 특혜가 워낙 크므로 학교차별에 대한 비판과 학벌사회의 성향에 대한 우
려가 높아지고 있다.[16] 이러한 문제에도 불구하고 최소한 대학은 나와야 얼
굴을 들 수 있다는 생각과 대학이 곧 출세의 관문이라는 인식은 확고하다.
대학 동창관계는 지연이나 혈연을 넘어서서 전국 차원에서 그리고 모든 직
업의 경계를 넘어서 중요한 사회적 자본으로 지위를 구축하고 있다.

교육에 대한 부모들의 투자는 그동안 사회주의 이념에 억눌려 왔던 유교
적 가치관에 기초한 인민의 전통이 재활성하는 추세라고 할 것이다. 지식의
중시는 마오쩌둥 시절의 지식인을 부정하는 혁명 프로그램과는 정반대되는
현상으로서 중국이 지식 기반의 사회로 나아가기 시작했음을 의미한다. 세
대에 따른 문화적 이질성은 역사기억에 대한 차이일 뿐만 아니라 교육기회
의 차이에 따른 지식의 질과 양의 차이에서 오는 것이다.

지식의 확대와 보편화 그리고 다양화는 국가와 개인의 타협과 공모로 이

---

16 2017년 가오카오의 참가자는 923만 명이었고 4년제 대학의 합격자는 372만 명으로서 합격률이 40.3%에
이른다. 소위 국가 차원의 '명문대학'은 전체 대학교 중에 5%에 불과하다. 그러므로 예컨대 베이징대학에
입학을 하면 그 출신 고등학교나 도시나 동네 전체가 우리나라의 사법고시 합격자를 대하듯 떠들썩하다.

베이징대 졸업식
출처: 필자 2016

루어지고 있지만 사적 영역의 확장과 국가의 공권력 사이의 긴장관계가 문화 영역에서 생겨나고 있다. 이를 완화하기 위하여 정부는 새로운 세대 특히 80후·90후(1980년대 및 1990년대 이후에 출생한 사람들)로 부르는 세대에 대한 교육 프로그램에 깊숙이 간여한다. 정부는 애국주의에 입각한 과거의 기억과 미래의 상상력을 주입시키기 위하여 지방의 향토문화 유산 및 유적을 애국교육기지로 선정하여 순례활동을 조직하고 역사교육과 정치교육을 강화한다. 2030세대(연령이 20대와 30대)의 생활세계는 탈역사적·탈국가적인 개인적 욕망과 애국심으로 언술되는 국가의 욕망으로 이중적으로 구성된다. 그러므로 70대 이상의 노인 세대에 비하여 차세대와 국가 사이에는 더 미묘한 긴장관계가 이루어진다.

4. 사와 공 그리고 정치

이상에서 살펴본 바를 정리해 보면 오늘날 중국인의 일상세계는 공과 사의 긴장과 갈등의 정치적 과정의 연속선상에서 구조되고 진행되고 있다고 보겠다. 그들의 일상세계는 가와 족으로 표현되는 혈연적 세계와 고향으로 표현되는 지연에 의한 세계가 얽혀 있으면서 국가가 규정하고 제시하는 공적인 세계와 끊임없는 경쟁과 타협의 관계를 맺는다. 이 사적 전통의 세계와 공적 이념과 법규의 국가적 세계 사이의 긴장이 어떤 방향으로 나갈 것인가에 대하여 사회과학자들은 각각의 이론적인 시각에 따른 예측을 제시하고 있다.

오늘날 인민이 가장 생생하게 기억하고 있는 역사적 경험은 일상세계의 구조를 근본적으로 뒤흔들었던 문화대혁명이다. 중학생 홍위병이 부모를 고발하고 조상의 묘와 사당을 파괴하고 인륜과 역사를 파괴하였다. 또한 혈연과 지연의 공동체를 구성하였던 그들에게 인간의 심성 깊이 자리 잡은 불신과 경쟁 혹은 배반의 가능성을 발견하게 만들었다. 여기서 우리가 주목해야 할 것은 그러나 그러한 경험이 주는 위축에도 불구하고 그들은 순종의 자세를 연출하면서 은밀하게 자신의 세계를 지켜 나간 기억이 주는 자부심이 있다는 사실이다.

사회주의 혁명이란 개인을 내밀하고 감정적이며 이기적인 단위로서의 혈연 집단인 가족으로부터 공개적이고 이성적이며 공공적인 사회로 이끌어 내고 궁극적으로는 국가에 개별적인 존재로 소속됨으로써 공적인 존재가 되게 하는 변혁의 과정이자 이념적 수단이다. 봉건시대에 유교는 가(家)가 국(國)의 기초임을 가르쳤다. 사회주의 혁명은 가와 국을 대립의 관계로 개념화하고 공(公)과 사(私)의 대립이항을 적용하였다. 국가를 위한 것이 공이며 개인적인 이익과 목적을 추구하는 것을 사라고 하고 사를 나쁜 것으로 규정하였다. 가족은 바로 사적인 것을 추구하는 가장 기본 단위이자 강력한 원천으로 감시와 교정의 대상이 되었다. 권위체계, 경제 단위, 정치적·사회적 단위, 사회적 연망의 허브로서의 가족은 그 물질적 기반을 사유제 폐지와 단위제 및 집체화의 도입에 의하여 그 지위가 상실되었다. 가족이 담당하던 가치와 윤리의 교육과 전승의 기제는 봉건사상의 척결을 내세운 이데올로기 운동에 의하여 그 기능이 축소되었다. 지난 60년간의 사회주의 혁명과정에서 가족은 국가의 관리 아래 구성원의 생육과 정서적 유대를 담당하고 생계를 위한 공동체로서의 기본적 생활 단위로 축소되어 유지되었다고 할 수 있다. 이와 함께 배급제의 실시와 시장의 폐지는 개인의 자유로운 경제생활의 기제를 없앴다. 계획경제와 집체주의 그리고 혁명과업을 위해 국가에 의한 국민계도의 하달식 사회 운영체제는 인민에게 국가의 정책에 대하여 어떤 이의나 갈등의 표현공간을 허락하지 않았다. 그러한 소음은 사익을 위한 잘못된 발상이거나 구시대 낡은 사상과 관습의 잔재이거나 또는 반혁명 분열주의적 행위로 의심받았던 것이다. 당과 국가의 정책과 지시는 합리, 이성, 공정, 그리고 혁명의 이름으로 무장되었고 개인적 이익과 방식의 추구는 그 반대로 규정되었다. 국가가 공(公)을 전유함으로써 사(私)는 반국가적인 것을 의미하는 나쁜 것으로 분류되는 문화교육은 다양한 방식으로 지속적으로 행해졌다. 사회의 질적 수준이 낮은 것은 인민의 소질이 낮기 때문이며 따라서 소질을 높여야 한다는 소질론과 과학기술과 제도를 현대화해야 한다는 현대화론이 이를 뒷받침하였다.

그럼에도 불구하고 소위 사적 영역은 완전히 사라지지 않았다. 머릿속에 들어 있는 사상은 현재적 시공간을 넘어선 오랜 기억의 축적으로 이루어진 것이며 역사적 기억은 앞서도 말했지만 단선식 진행이 아니라 나선형의 진행을 하는 것이다. 나아가서 최근에 사적인 연대와 집단적인 활동이 조직되고 있다. 지진과 홍수 사태에 대한 재난구호활동, 가난한 사람을 돕는 구빈활동, 무의탁 노인이나 유수아동을 돕는 자선 및 봉사활동이 자원결사체의 형식으로 조직되고 있고 정부에서도 이러한 현상을 격려한다. 종교단체가 이러한 자선과 봉사활동을 활발하게 조직한다. 이러한 일련의 변화는 사당의 재건, 종족활동의 재활성화, 향촌 건설운동, 지연과 학연의 사회적 자본화 등과 아울러서 사적 영역의 재건 혹은 확대의 현상으로 보인다. 서구 학계와 중국 국내의 진보적인 학계에서는 이를 비정부조직운동(NGO)과 시민사회운동의 활성화로 진단하는 학자들이 있다. 그러나 이것들은 정부와 인민 사이의 타협과 공모에 의해서 이루어지는 것이다. 국가의 입장에서도 정치의 기술 차원에서 볼 때 공(公)의 과도한 강조와 확대가 가지고 오는 사회의 경직성을 완화하고 사회문제와 복지문제의 해결에 국가의 부담의 일부를 민간 영역에서 감당하는 것을 허용할 필요성이 있는 것이다.

인민의 사적 전통과 영역은 국가의 공적인 권위와 제도가 확대되고 강화될수록 약화 축소되는 것이 아니다. 공(公)과 사(私)는 제로섬 게임의 관계에 있는 것이 아니라 긴장과 경쟁과 타협의 관계에 있기 때문이다. 곳곳에 "오직 사회주의만이 신중국을 만든다"(只有社會主義 才能新中國), "공산당 없이 신중국 없다"(沒有共産黨 做沒有新中國), "당의 지휘를 우리는 따른다"(聽党指揮)라고 쓴 페인트 글자가 퇴색된 광고판을 바라보며 인민들은 "위(정부)에는 정책이 있으면 아래(현지 백성)에는 대책이 있다"(上有政策 下有對策)고 말을 한다. 이 말의 심장한 의미를 현재적인 상황에서 해석하는 것만으로는 부족하다. 그것은 그들이 말하는 5,000년의 유구한 역사의 흐름 속에서 살아온 인민의 지혜이자 힘이다. 아마도 그 힘이 곧 5,000년의 인민에 의한 중국의 역사를 만들어 온 것이 아닌가 생각된다.

가(家)와 족(族)으로 실현되는 인민의 기본적이고 원초적인 세계와 고향(故鄕)으로 언술되는 지방전통의 세계의 발전은 국가권력과 권위에 대한 도전과 저항의 세력으로 성장할 것인가의 여부는 판단하기에 이르다. 국가는 사적인 전통과 영역이 그러한 위협으로 성장하기 전에 다양한 문화교육과 통제력을 발휘하고 있다. 인민의 욕구와 국가 이성의 힘이 긴장과 타협 그리고 공모의 역동성을 생산하고 있는 것이 오늘날의 중국사회의 문화적 현상이라고 할 수 있다. 그 방향을 명쾌하게 규명하는 일은 현재로서는 불가능하다. 세상은 그렇게 법칙대로 간단하게 움직이는 것이 아니기 때문이다. 나는 다만 인민의 일상세계의 중요성에 시선을 주고자 할 뿐이다. 국가는 인민의 욕망을 얼마나 실현시켜 줄 것인지 그리고 인민은 국가에 어떤 봉사를 할 것인지를 두고 둘 사이에 이루어지는 관계를 관찰해야 할 것이다. 가장 역사가 오래인 국립극장인 수도극장에서 궈머러우의 〈채문희〉가 2017년에 오랜만에 재공연된 것은 그 극장의 60주년을 맞이하면서 첫 번째 올렸던 연극을 다시 하는 것으로서 당연한 일일 것이다. 그러나 그것이 첫 번째로 무대에 올라갔다는 사실은 60년 전이나 60년 후에도 의미심장한 것이라 할 수 있다. 혁명은 아직도 진행되고 있다.

제 5 장

—

물질세계와 정신세계

퇴직교사 종(宗) 선생의 집 뒷벽에는 "태산석감당"(泰山石敢當)이 걸려 있다. 그 집의 위치를 봐서 북쪽에서 나쁜 액이 오기 때문이다. 작은 연못이 있는 마당을 통해 집 안으로 들어가면 정당(正堂)의 벽에는 『논어』의 구절을 쓴 대련이 양쪽에 붙어 있고 그 사이에는 마오쩌둥의 사진과 조부모님의 사진이 위패를 대신해서 놓여 있다. 팔선탁 위에는 관음상과 "일범풍순"(一帆風順)이라 쓴 돛배 조각상이 놓여 있다. 그는 "집안에 악귀가 들어오지 않게 하는 것이 국태민안을 실현하는 인민의 도리이며 마오 주석이 저세상으로 가셨으니 거기서 우리 조상을 잘 보살펴 주실 것이다. 그러니 조상을 위해서는 마오 주석을 잘 모셔야 한다" 하고 웃었다. "내 성(姓)이 종(宗)이니 내가 믿는 게 곧 종교(宗敎)요"라고도 했다. 나는 그의 재치 있는 농담을 즐겼으나 집에 돌아와서 생각하니 그럴 듯도 하다고 믿게 되었다.

1980년대 개혁개방 시대에 정부는 사회주의 쌍문명 건설운동을 대대적으로 전개하였다. 쌍문명이란 소위 물질문명과 정신문명을 말하는데 전자는 인간의 물질적 기반 즉 경제발전을, 후자는 정신적 기반 즉 문화발전을 의미하는 것이다. 정신문명 건설이란 사회주의 혁명의 사상적 체계를 확립하고 인민의 구습을 타파하여 시대에 걸맞은 현대문화를 수립한다는 것으로서 이풍이속(移風易俗)의 구호를 내건 민속개혁이 구체적인 항목이지만 국가가 종교에 대해 보다 세련된 관리를 도모하는 것이다.

이는 최근의 일이 아니라 실은 수천 년의 역사를 통하여 국가와 인민 사이의 관계를 다시 확인하는 정치적 문화행사이다. 즉 국가는 인민을 문명으로써 교화, 즉 문화(文化)시켜야 할 대상으로 삼는 것이다. 백성은 어리석고 거칠며 국가 영도자는 하늘로부터 부여받은 문명으로써 백성을 교화하고 보호하는 가부장이다. 즉 천자란 화(華)로써 이(夷)를 화의 일부로 변화시킴으로써 천하를 이룬다는 전통적인 화이사상 혹은 중화의 질서를 실현함을 의미한다.

따라서 마오쩌둥이 지식 엘리트와 권력 귀족을 부정하고 건강하고 정당한 인민, 즉 농민, 노동자, 무산계급을 주인공으로 하는 인민공화국을 세우고 개인의 가족으로부터의 해방, 여성해방, 계급투쟁, 토지개혁 등의 혁명 프로그램을 통하여 전통적인 사회 권력구조의 타파를 실천했음에도 불구하고 현명한 군주와 우매한 백성의 관계에 대한 모델은 변함이 없다. 백성이란 때로는 기존의 지배구조를 타파하는 혁명과 봉기의 주체이지만 그런 일이 성취된 후에는 조만간 다시 이전의 영도자와 백성의 종속적인 관계로 돌아간다. 권력 엘리트와 백성은 따로 세계를 가지고 있을지라도. 정치란 결국 인민이 국가에 대하여 공모자가 되게 하든가 아니면 저항자가 되게 하는가를 결정하는 '문화의 조작' 과정인 것이다.

이 '문화의 정치' 속에서 인민의 정신세계는 어떻게 평가되는가? 그 반대의 입장에서 보자면 인민은 자신의 정신세계를 어떻게 구성하고 외적 조건, 즉 국가가 제공하는 경제적 조건, 권력구조, 이념체계에 대한 반응기제로서 그들의 문화체계를 어떻게 재구성하고 재정의하는가? 이러한 질문을 가지고 지난 60년의 혁명 과정 속에서 국가에 의한 교도와 교정의 대상이었던 인민의 신앙생활이 오늘날 다시 유행하는 조짐을 보이는 현상을 이해해 보려는 것이 이 장의 주제이다.

1. 다양성으로 이루어진 하나의 세계

인간관, 세계관 혹은 가치관과 윤리관을 이루는 문화체계는 신앙체계나 종교생활을 통하여 구체적으로 드러난다. 학문적으로 우리는 물질생활과 정신생활을 분리하는 경향이 있다. 양자 사이에 인과론을 적용하여 혹자는 물질적 조건과 제도가 정신적 삶의 양식을 결정한다고 보거나 반대로 정신에 의하여 물질적 조건이 결정되는 것으로 본다. 이 두 가지 시각은 공히 모든 사람이 한 가지 세계관을 동질적으로 공유한다는 문화의 제일성(齊一性)을 상정하고 있다. 예컨대 막스 베버는 유교, 불교, 기독교, 이슬람교 등의 특정 종교가 한 사회의 도덕체계와 시대정신을 어떻게 결정하였는가를 밝히려 하였다. 경전학자뿐만 아니라 많은 인문학과 사회과학자들이 중국에 대해서 유교나 도교나 불교 혹은 기타 특정의 민간신앙의 발생과 발전을 분석함으로써 중국사회의 역사적 특성과 중국인의 문화적 특성을 규명하려 하였다.

나는 인류학자로서 실제로 사람의 삶의 현실 또는 일상의 세계 속에서 사람을 관찰할 때에는 그러한 한 측면을 가지고 결론적인 해석을 내리는 것이 제한적이며 따라서 왜곡의 위험성이 아주 높다는 것을 절감한다. 앞서 언급했듯이 인간의 삶은 여러 요소가 복합적으로 얽혀서 이루어지며 이질적이고 모순적인 것들의 만남이 오히려 삶의 역동성을 만들어 낸다. 그러므로 관찰되는 하나의 현실에는 여러 가지 이야기가 켜켜이 쌓여 있고 또한 의미들이 얽혀 있는 것이니 인류학자 기어츠(Geertz, 1975)가 말한 '중층적 기술'(重層的 記述, thick description)은 중국인들의 종교적 행위 혹은 신앙체계를 이야기할 때에는 더욱 필요한 방법론이다.

한족에게 초점을 맞추어 볼 때 중국인의 일상생활 속에서는 도교와 불교

태극과 팔괘
출처: 필자 2005

와 유학이 하나의 체계로서 실천된다. 이슬람은 회족의 전유물이다. 물론 회족 중에는 이미 한화가 되어서 외모나 생활방식으로는 한족과 쉽게 구분이 되지 않는 사람들이 많다. 회족임이 뚜렷이 구별되는 것은 전형적인 문화적 특징을 보일 때이다. 즉 초승달(무하마드가 진리를 터득한 순간을 뜻한다)과 청진(淸眞: 순수와 진리)의 기호를 내건 청진사(淸眞寺: 이슬람 사원)를 중심으로 예배를 드리며 돼지고기를 먹지 않으며 일상생활을 하는 종교적 커뮤니티를 이루고 사는 경우이다. 한족사회에 함께 살고 있으면서 이슬람에 철저하지 않은 경우에라도 최소한 돼지고기를 기피하고 술을 마시지 않음으로써 회족의 아이덴티티를 실천한다. 그들은 소수민족에 대한 정부의 문화정책에 의하여 화장을 하지 않고 매장을 하며 사각형의 무덤을 만들며 그들만의 공동묘지를 사용한다. 죽어서도 돼지고기를 먹는 한족과 함께 묻힐 수 없기 때문이다. 이 장에서 무슬림과 이슬람에 대한 고려는 제외한다. 또한 불교 중에서 티베트인과 몽골인이 특징적으로 받드는 라마불교 역시 제외한다. 한족의 중국인은 유교와 불교와 도교 그리고 흔히 민간신앙이라고 부르는 다양한 신앙 중에서 어느 하나만을 선택하는 것이 아니라 하나의 세계관으로 수용하여 융통성 있게 사용한다.

인류는 고대부터 우주와 만물의 생성과 소멸의 원리와 구조적 본질, 그리고 우주와 인간의 관계에 대하여 관심이 많았고 결합방식과 운행의 원리를 여러모로 관찰하여 설명을 만들어 내었다. 그 안에는 시간, 공간, 방향의 눈에 보이지 않는 구조에 대한 관심도 포함된다. 중국인들은 태극, 음양, 오행, (팔)괘, 수(數) 등의 개념으로써 설명체계를 만들어 내었다. 그들의 세계관 혹은 사상체계에서는 우주의 구조적 본질과 운행의 원리에 대하여 태초의 상태를 태극이라 하고 음양과 오행이 어떻게 결합하는가가 곧 팔괘이니 주역은 이를 분석하는 방법이다. 그들은 인간을 포함하여 세상 만물의 생성과 소멸과 재생의 끊임없는 윤회적 진행이 모두 이러한 우주의 기운들의 결합에 따라 정해진다고 설명한다. 음양은 서로 대립되는 요소와 기운의 일차적 분류체계이며 오행은 화수목금토(火水木金土)의 다섯 요소로서 2차적 분류체계이다. 오행은 일차적으로 그 움직임의 방향체계에 편제되는데 북(상)에서 시작하여 남(하)으로 향하는 수직적인 움직임의 방향과 동(좌)에서 시작하여 서(우)로 진행하는 수평적인 움직임의 방향이 이루는 입체적인 십자가 방향체계이다. 이에 의하여 숫자와 오행이 질서를 만드는데 1(=6=북)=물, 2(=7=남)=불, 3(=8=동)=나무, 4(=9=서)=쇠, 5(=중심)=흙이다. 오행은 다시 평면의 차원에서 우주의 시간적 운행의 질서에 따라 계절의 순서를 만들어 낸다. 곧 목(봄, 즉 일 년의 시작), 화(여름), 토(일 년의 중심 축), 금(가을), 수(겨울)이다. 이것들은 일련의 연속선상에 작동하는데 이를 상생의 원리라고 한다. 즉 목생화(木生火) 화생토(火生土) 토생금(土生金) 금생수(金生水) 수생목(水生木)이며 그 윤회이다. 오행의 반대 방향의 배치는 상극의 연속적인 작동을 하는데 서에서 동으로, 북에서 남으로, 그리고 중앙으로 모인다. 따라서 상극은 금극목

(金克木) 목극수[木克水(土)] 토극금[土克金(水)] 수극화(水克火) 화극토[火克土(金)] 이며 그 윤회이다. (여기서 오행의 진행 방향과 순서를 따지면 그렇게 짝이 이루어진다. 둥근 괄호 안은 원래의 성질상 만났을 때의 결과이다.)

중국인들은 다섯이라는 숫자를 중시하는데 나아가서 동서남북중의 오방, 단맛·신맛·쓴맛·짠맛·매운맛(甛酸苦鹹辣)의 오미, 청백적흑황(靑白赤黑黃)의 오색, 궁상각치우(宮商角徵羽)의 오성 등의 분류가 그것이다. 인륜 역시 군신, 부자, 부부, 남녀, 장유의 윤리적 관계를 말하는 오상으로 체계화한다. 여기에 10과 12의 숫자분류가 있어서 하늘에는 십간(甲乙丙丁戊己庚辛壬癸), 땅에는 십이지(子丑寅卯辰巳午未申酉戌亥)가 있고 시간의 흐름에 따라 순차적으로 하늘과 땅이 결합한다. 일 년을 사시(四時)로 나누고 24개의 절기(節氣)로 구분하며 열두 달(月)로 나눈다. 방향, 오행, 시간, 숫자, 생명의 기운, 상징, 색깔 등을 하나의 도식으로 정리하면 다음과 같다.

수	방위	오행	색	간지	상징동물	의미
6	北	水	黑(玄)	壬癸	武	죽음
7	南	火	朱(赤)	丙丁	雀	생명력
8	東	木	靑	甲乙	龍	젊음과 힘
9	西	金	白	庚辛	虎	순수(淨土)
5	中	土	黃	戊己	帝(사람)	지배

중국인의 사상체계는 인간이 우주의 원리를 거스르며 자기의 의지와 욕구를 무모하게 주장하고 추구함으로써 정상적인 흐름을 파괴한다는 진단에 바탕을 둔다. 그러므로 그들은 중(中)과 화(和)를 이상으로 삼았다. 중이란 평형, 균형 그리고 우주 만물의 이치의 한복판을 의미하며 화는 조화와 화해를 의미한다. 한자의 뜻으로 볼 때 중화(中和)는 각각 상태인 동시에 그것을

이루는 행위와 과정이다. 이 중화사상이 춘추시대에 와서 노자와 공자에 의하여 각각 도가와 유가사상으로 정리, 체계화되었다. 노자는 인간을 우주의 한 부분으로 보고 인위적인 노력의 욕망을 극복하여 자연에 귀의하는 무위를 통하여 인간과 우주(자연)가 화해를 이루는 도가사상을 확립하였다. 공자는 우주와 사물의 본질인 중화를 질서개념으로 규정하고 이를 이루기 위해서는 인간의 본성 즉 윤리를 깨우쳐야 한다는 사상을 체계화하였다. 곧 유학이 현실사회에서 인간이 지켜야 할 윤리와 인간관계의 도리에 관한 가르침이라면 도가사상은 우주 만물의 이치와 인간이 어떻게 결합할 것인가에 대한 지혜의 원천으로 자리를 잡았다. 도가사상은 후에 우주의 원리 혹은 자연의 섭리를 인간의 욕망을 실현하기 위한 특별한 믿음과 기술을 가르치는 도교의 바탕이 되었다. 우리가 흔히 도교의 요소라고 믿기 쉬운 태극, 음양, 오행, 팔괘, 풍수, 주역 등은 도가와 유가 사상의 공통된 연원이며 그런 까닭에 유가에서도 이런 개념에 대한 연구를 하는 것이다. 도가와 유가 사상이 궁극적으로는 우주 속에서 찾아야 할 인간의 위치와 도리를 말하는 것이었다면 후한 말에 외래 종교로서 들어온 불교가 내세관, 초월적 세계, 그리고 초월적 존재에 의한 구제의 상상을 제공하였다. 그리고 도가사상을 기초로 하여 만들어진 도교가 불교와 함께 민중의 신앙체계를 형성하게 되었다. 점차 유학과 도가의 사상과 불교와 도교의 신앙이 하나의 믿음과 도덕체계의 다발을 형성함으로써 중국인의 일상 속에 뿌리를 내리게 되었다고 하겠다.

그래서 중국인의 신앙체계 혹은 '중국적' 종교생활을 해석할 때에는 흔히 삼교합일(三敎合一)을 말한다. 그렇다고 해서 이 셋을 녹여서 하나의 종교로 만든다는 뜻이 아니다. 즉 유교, 도교, 불교 그리고 심지어 기독교와 민간신앙을 하나의 체계로 묶는데 그것은 융합이 아니라 다양한 꽃들로 만든 꽃다발과 같은 것이다. 다시 말하자면 그러한 다양한 종교적 가르침과 믿음이 중국인들의 세계관과 생활양식에서 하나의 체계를 이루는 것이다.

그러므로 중국인의 신앙체계는 이중적이고 모순적이다. 그러나 사람들이 일상의 세계에서 실천하는 차원에서는 그러한 모순성이 충돌을 만들어 내지 않는다. 중국인들은 자기중심적이기 때문에 포용적이며 실용적이다. 지금도 한족의 생활세계에는 제자백가로 말해지는 여러 사상과 도교 그리고 외래 종교인 불교와 기독교적 요소들이 갈등을 보이지 않고 혼재되어 있다. 그들은 화(和) 또는 화해(和諧)를 핵심적인 덕목으로 삼는다. 화해란 서로 다르더라도 하나로 통일하지 않은 채 어울림 혹은 평화로운 공존을 의미한다. 이중적인 것들이 화해를 이루고 있는 것이 곧 중국인의 정신세계이자 종교적 생활이라고 할 수 있다.

그들은 곧잘 공맹의 가르침을 일상의 대화에서 언급하기를 좋아하지만 그렇다고 유교적 가르침에 철저한 생활을 한다고 할 수도 없다. 그들은 검소하기보다는 근면하고 부귀를 좋아한다. 공공의 생활 영역 혹은 차원에서는 유교적인 규범 특히 예(禮)를 강조하면서 동시에 개인적인 내밀한 세속적 욕망, 즉 온포(배부르고 따뜻하게 입기)에서 출세를 하여 귀하게 되고자 도교적인 신앙을 추구하고 자비와 보호를 빌기 위해 불교를 찾는다. 그들은 "유교는 세상을 다스리고(儒家治世) 불교는 마음을 다스리며(佛敎治心) 도교는 몸을 다스린다(道敎治身)"는 송효종의 말을 곧잘 인용한다. 그것은 현실세계를 살아가는 데 중요한 윤리와 가치, 개인의 마음과 정신세계, 그리고 생명과 건강 그리고 행운을 기도하는 행위의 기술에 관한 원리이기도 하다.

그러므로 중국인의 가정에서 공맹지도를 잘 배우라는 문구와 부자가 되는 복이 들어오라는 글자의 조합이 부적처럼 함께 붙어 있는 것을 보는 것은 아주 일상적이다. 유교적 가치관을 나타내는 독서와 청백을 말하는 문구와 도가사상을 말하는 천장지구(天長地久)와 도교적 바람인 금옥만당(金玉

*學好孔孟*의 합성자
출처: 필자 1992

*招進寶財*의 합자
출처: 필자 2005

滿堂)의 글이 함께 집 안을 장식한다. 학자가 되는 것과 돈을 버는 것은 결코 하나가 될 수 없도록 사회적 신분제를 적용하였던 조선조 유교사회에서는 상상을 할 수 없었던 일이다. 사농공상의 계급적 가치관을 말하면서도 중국에서는 유(儒)와 상(商)은 갈등 없이 합쳐지고 유(儒)와 도(道) 역시 결합한다. 그것은 독립되어 병존하는 것이 아니라 정합(整合)되는 것이다. 비록 이념 차원에서 보다 근본주의적인 유가(儒家)는 도교(道)와 불교(釋)를 멀리하지만 실제 사람들의 현실생활에서는 분명하고 배타적인 구분이 없다. 이 점이 유교가 보다 근본주의적 성향을 띠면서 실천된 조선과 구별된다. 명(明)은 유교를 국가이념과 체제의 기반으로 천명하였지만 조선과 달리 비유교적인 것, 즉 도교와 불교를 타파하기에는 역부족이었다고 할 것이다. 너무나 광활한 영토에서 너무나 많은 대중이 너무나 오랜 세월을 통하여 도교를 실현해 왔기 때문이었다. 그러므로 유교와 도교와 불교는 공존하면서 대중의 삶 속에 깊이 스며 있게(saturated/embedded) 된 것이다. 만주족인 청 황제들은 유학을 실천하는 데 열심이었다. 청더(承德, 熱河)의 피서산장(避暑山庄)을 방문하면 인상 깊게 관찰할 수 있듯이 강희, 옹정, 건륭제는 유교적 문명을 실천하는 데 노력하였다. 동시에 그들은 만주 무속과 라마불교를 혼합하였다.

한족 백성은 유교뿐만 아니라 불교를 신봉하였고 또한 만청(滿淸)에 대한 저항감을 때로 도교를 통하여 실현하려는 기도를 하였다.

사회주의 신중국 건설 이후에 미신타파운동과 정신문명 건설운동이 반복적으로 전개되었다. 그러나 인민의 전통적인 신앙세계는 비록 상당히 쇠퇴한 형국임에도 여전히 지속되고 있다. 그것은 개인이 국가에 세포적 존재로 구조화되면서 야기된 사회의 경직성을 완화하고 사회적 역동성을 활성화하는 문화 혹은 문명의 힘으로 재인식되고 있기 때문일 것이다. 특히 중화문명과 중화세계의 재현이 고창되는 현재적 맥락에서 볼 때 인민의 전통적 생활세계의 부활이 신앙 영역에서 시도되고 있음을 이해할 수 있다.

2. 유교전통의 세계

세상을 문명의 수준에 따라 차등적으로 나누어 지배체계를 구조화하는 것이 유교적 문명관 혹은 화이관이라 할 수 있다. 문명의 천하는 왕도정치로써 실현하는 것으로서 그 사상은 춘추전국시대에 와서 공자와 맹자에 의하여 수기치인(修己治人)의 도(道)로서 확립되었다. 유교가 통치의 수단으로서 채택이 된 것은 한(漢)대에 와서 동중서(董仲舒)가 관료 선발에 유학을 시험과목으로 채택함에 의하여서이다. 그러나 유학은 식자들에 의하여 실천되는 반면 인민 전체가 실천하기에는 한계가 있었다. 실제로 한나라 시대에 민간신앙 차원에서 도교가 퍼졌으며 피폐한 민심을 달래려는 의도에서 황제의 지원을 받았다.[01] 후한이 망하고 위진남북조의 혼란과 전쟁을 겪은 후

---

01 한고조의 어머니는 적룡(赤龍)의 꿈을 꾸고 유방을 낳았다. 진은 서쪽이니 곧 쇠의 기운이 뻗친 곳이며 진시황은 물의 기운이다. 서쪽은 백색이니 백룡(白龍)의 땅이다. 진이 동쪽(목)과 남쪽(화)을 진압하고 통일

마침내 당(唐)이 다시 천하를 통일하였을 때 한유(韓愈)를 비롯한 지식관료가 유교를 확립하려는 노력을 하였다. 그러나 이미 남북조 이래 불교가 들어와서 기층세계를 파고들었고 당의 황제들은 유교보다 도교에 더 심취하였다. 유학이 송(宋)대에 와서 신유학으로 재기되는 것은 남북조와 당과 오대십국시대 그리고 금의 침입을 거치면서 한편으로 혼란해진 사회질서와 대중화한 도교의 성행이 퇴영적인 일상생활을 조장하고 있음에 대한 유학지식인들의 저항적이자 도전적인 반응으로 보인다.

흔히 북송 5대가로 불리는 유학자, 즉 소옹(邵雍, 康節, 1011-1077), 장재(張載, 橫渠, 1020-1077), 주돈이(周敦頤, 茂叔/濂溪, 1017-1073), 정호(程顥, 明道, 1032-1085), 정이(程頤, 伊川, 1033-1107)에 의하여 신유학의 기틀이 마련되었고 남송시대에 와서 주희(朱熹, 晦庵, 1130-1200)에 의하여 마침내 성리학이 정립된 것은 공맹시대로부터 약 2,000년이 지난 후였다. 장재는 유학의 의의를 "천하를 고르게 편안하고 질서 있게 만드는 데에 마음을 세우고, 인민이 풍요한 삶을 누리게 하는 데 명을 세우고, 옛 성현의 끊어진 학문을 이어서 다가올 만대에 태평한 세상을 열어 주는 것"(爲天地而立心 爲生民而立命 爲往聖繼絶學 爲萬世開太平)으로 천명하였다. 그러므로 유학은 수기(修己)에서 시작하여 궁극적으로는 군자의 도로서 치인(治人)과 경세(經世)를 실현함을 목적으로 삼는다. 결국 주자의 성리학은 수기가 모든 것의 근본이며 그것은 이(理)로써 밝히는 것이니 명징하고 냉철한 이성을 닦는 것이 중요하다. 주희의 시가 이를 대표한다. "작은 네모난 연못이 한 조각 거울이 되니/ (거기에) 하늘과 구름이 함께 떠도는구나/ (연못을 채우는) 물더러 물어보자 어찌하여 그렇게 맑

국가를 이룬 것은 곧 그 진행 방향으로 보건대 수가 목을, 금이 화를 이긴 것이며, 다시 유방이 백사(白蛇)를 단칼에 죽였다는 이야기는 곧 적룡(火)이 백룡(金)을 진압한 것이다. 즉 우주 원리의 운행에 따른 것이라는 이야기이다.

은가/ 원천이 그렇게 맑기 때문이라오"(半畝方塘一鑑開 天光雲影共徘徊 問渠那得 淸如許 爲有源頭活水來). 소옹의 〈청야음〉(淸夜吟) 역시 티끌 하나 없는 깨끗하 고 투명한 이성을 노래하고 있다. "밝은 달 하늘 한가운데에 닿고 맑은 바람 고요한 수면에 불어온다. 이 맑은 뜻을 아는 이 얼마가 될 것인가"(月到天心處 風來水面時 一般淸意味 料得少人知).

유가사상이 사물의 이치를 밝히고 세계에 대한 올바른 인식방법을 주제 로 삼아 인간의 본성과 우주의 섭리를 규명하는 것이 기본 주제였던 만큼 유가들은 태극에 대한 관심으로부터 사고의 체계를 다듬어 나갔으며 이는 도가사상과 일맥상통하는 점을 가지고 있었다. 그러므로 북송의 5대가는 이(理)와 기(氣)와 성(性)과 심(心)에 관한 유학적 사상을 현학(玄學)의 전통에 서 접근하기도 하였고 남송에 와서는 주희의 성리학과 육구연(陸九淵, 象山, 1139-1192)의 심학(心學)이 대립하였다. 심학과 이학은 명대에 와서 왕수인(王 守仁, 陽明, 1472-1528)에 의하여 결합하였으니 신유학은 다양한 방향으로 발 전하였다.[02]

여기서 우리가 유학의 제 학파의 이론을 학술적으로 분석하는 대신에 인 민의 일상생활 속에서 해석되고 실천되는 유학의 가르침에 보다 주목을 하 면 유학자들의 정통(orthodoxy) 유학과 대중의 비정통 혹은 이단(unorthodoxy/ heterodoxy)적인 유교의 관계는 진위나 정반의 판단이 아니라 사회적 역동성 의 문화적 작동을 이해하는 자료가 된다는 점을 알 수 있다. 즉 인민이 실제 생활에 적용하고 실천하는 가치로서의 유교는 학자들의 경전에 대한 정교 하고 심도 있는 지식과 반드시 일치하지는 않는다고 할 수 있으며 이러한 불

---

02 우리나라에서는 성리(性理)에 바탕을 두고 선지후행(先知後行)을 주장하는 주자학, 즉 성리학이 조선조 내내 절대적인 정당성을 장악함으로써 심즉리설(心則理說)과 지행합일(知行合一)을 주장하는 양명학은 이단시되었다. 조선 후기에 들어서 비로소 강화학파에 의하여 양명학이 조금씩 논의되기 시작하였다.

일치로 인한 갈등과 긴장 그리고 타협이 곧 사회와 문화의 역동성을 낳는다.

그러한 불일치는 감정과 행위에 관하여 예악(禮樂)으로 표현되는 유가사상의 이중성 때문이기도 하다. 『예기』에서는 "(음)악이란 천지만물을 화합하게 하는 것이며 예는 천지만물에 질서를 부여하는 것이다. 화라는 것은 그러므로 만물이 융합하여 공존케 하는 것이며, 서란 곧 모든 것에 질서정연함을 부여하여 구별을 분명히 하는 것이다"(樂者天地之和也 禮者天地之序也 和故百物皆化, 序故群物皆別)라고 하였다. 음악이란 여러 다른 소리와 음을 하나의 소리로 만드는 것이니 이 다양한 것이 하나 됨을 통하여 감정과 심리와 정신이 일치가 되어 편안하고 즐거워지는 것이다. 즉 화합이 되면 불평과 불만이 없어진다. 음악은 곧 상호 사랑하는 원리이며 천지의 화합을 뜻한다. 하늘은 열두 달과 오행으로써 선의로 작용한다. 음악은 궁상각치우의 다섯 개의 기본 소리와 열두 개의 음률이 화합하여 하나의 소리를 낸다. 열두 개의 편경(扁磬) 혹은 관(管) 혹은 줄(絃)은 열두 달의 각 달의 본성을 나타내며 그음들은 하나하나가 사시(四時)의 품성과 덕을 낸다. 곧 각각 다른 소리와 음률 즉 다양성을 합친다는 뜻이니 화(和)를 이루는 것이다. 그러므로 사람이나 나라의 음악의 완전한 정도는 곧 그 사람과 나라의 가치와 도덕의 척도가 된다. 군자의 정신세계가 높지 못하면 노래는 급하고 짧으며 리듬이 불규칙하여 백성의 마음은 슬프고 고통스럽다. 군자가 관대하고 백성을 잘 살피며 덕을 베풀어 백성들이 편하고 살기가 쉬워지면 그들의 노랫소리는 부드럽고 길며 맑고 아름답다. 인간의 본성은 선한 것이니 음악은 그것을 제대로 개발하는 수단이요 그 수양의 실현이다.

그런데 예(禮)는 행동 즉 의지를 어떤 방향으로 어떻게 표출하는가에 대한 규율이다. 사람들 사이에 합일 또는 단일성을 만드는 것이 아니라 각자가 마땅히 설 자리를 찾아서 위치를 정하고 서로 다른 위치 사이의 관계를 올바로 지키는 행위이다. 음악이 지배하면 개인은 주류의 흐름에 그대로 따라가면 된다. 그러나 예는 서로 다른 사람들의 권리 가운데 존재하는 구별 혹은 차이를 허용하는 것으로서 서로 상대방을 대하는 특별한 규율을 통하여 상호 의존함으로써 전체 질서체계를 유지한다. 그러므로 개인의 감정이나 욕망을 있는 그대로 표현하는 것은 야만이다. 수양이 된 문명인은 자기의 감정을 다스리며 양자 사이의 관계에 적용되는 약속된 법칙에 의하여 행동을 한다. 이는 결국 다양성을 인정하고 그 사이의 관계에 따른 규정된 행동을 하는 것이니 이때의 화(和)는 다양성 속의 질서체제 즉 화이부동(和而不同)의 실현이다.

예와 악은 이렇게 모순이 된다. 이 모순이 하나의 체계를 이루는 것이다. 대개 예의 중시로 인하여 악을 소홀히 하였고 그것은 예의 엄숙함, 까다로움, 정밀한 양식으로 인하여 그것을 제대로 실천할 여유가 없는 서민들에게는 부담이 되었다. 『논어』 예용장(禮用章)에 "예의 쓰임은 화로써 귀하게 함이니 선왕의 도, 바로 이것이 아름다움이 되는 것이다. 크고 작은 일이 이로 말미암았느니라. (그런데도) 행해지지 못할 바(경우)가 있으니 '화'를 (좋은 줄로) 알아서 '화'만 추구하고 '예'로써 절제하지 않으면 또한 (그런 '예'는) 행해질 수 없느니라"(禮之用和爲貴 先王之道斯爲美 小大由之. 有所不行 知和而和 不以禮節之 亦不可行也) 하였다. 5·4운동 시기의 지식청년들이 "사람 잡아먹는 예교"라고 지탄한 것이 그러한 이유에서이다.

백성들이 일상생활에서 거론하는 유학의 핵심은 삼강(三綱)과 오상(五常)으로 말하는 예(禮)이니 개인이 지켜야 할 가족의 윤리와 사회적 관계에 관한 윤리와 도덕이다. 그런데 이것이 차등적 관계를 핵심으로 삼는다 하여 사회주의 혁명의 과정에서 그리고 오늘날 민주사회에서 많은 논란과 비판의 대상이 되어 왔다. 그럼에도 불구하고 유교는 사회생활에 지켜야 할 윤리와

효-유교 윤리
출처: 필자 2004

도덕체계로서 중시되어 왔다. 유학은 예의염치(禮義廉恥)를 지키고 인(仁)과 신(信)을 실현하며 이를 위하여 앎(깨달음)과 수양 곧 지(知)를 갖추는 것을 가르치기 때문이다. 대중적 차원에서 이해하고 실천하는 바의 유교전통은 가족, 즉 혈연적 관계를 지키는 것을 절대적 윤리로 삼게 만든 것과 그러한 윤리를 깨닫는 군자(君子)의 도(道)를 닦는 일, 즉 지식숭상과 교육에 대한 높은 가치 부여의 태도를 촉진시켰다는 점일 것이다. 흔히 유교의 이념체계를 충효사상으로 말하지만 중국인에게 충은 효만큼 중요한 것은 아니다. 문천상(文天祥)이나 악비(岳飛)와 같은 애국 충절의 표상이 된 인물이 있었지만 일상적으로는 국가에 대한 충성은 노백성의 윤리적 임무는 아니었다. 그들은 효제(孝悌)를 가장 중시한다. 효제를 핵심으로 하는 유교적 가족제도는 국가체제에 대립적인 동시에 국가를 보좌하는 이중적인 제도이다. 그러므로 사회주의 이념과 유교는 긴장과 공모의 이중적인 관계를 유지한다.

사회주의 신중국 건국 이후로 유교가 공식적인 문화운동을 통하여 부정당한 것은 혁명수행을 위한 정치적 필요성 때문이었다. 유교의 계급적 사회관은 혁명이 내건 평등사상과 배치되는 것이었으며 무산자 계급혁명을 위하여 지식인의 존재는 폄하되어야 했다. 앞 장에서도 살폈듯이 유(儒)는 문(文)을 업으로 하는 사람을 의미한다. 곧 문자를 익히고 문자로서 기록하고 전수하고 전달하는 것이니 곧 지식의 생산과 전파를 담당하는 것이다. 문인은 곧 학자이며 학문으로써 관리가 된다. 중국에서는 행정관리가 학자보다 우월하게 취급되었다. 특히 현대에 와서 혁명 이후 문, 즉 학자와 지식인은 무산계급사회의 적으로 취급되었다. 전통적 지식, 교육, 예의의 생산기제인 유학은 따라서 비판의 대상이 되었다. 혁명 후 세대는 유교에 대한 부정적인 비판을 교육받았다. 그것은 또한 국가권력의 절대화를 위하여 가족 중심의 윤리와 가치를 타파할 필요가 있었기 때문이다. 그러나 동시에 마오쩌둥은 유교적 질서체제와 윤리체계를 이용하였다. 대가족으로서의 국가의 이미지, 국가 지도자의 가부장적 권위와 이미지, 관료적 권위, 체제의 순응, 새로운 계급적 질서의 수용, 국가에 대한 충성심, 법치보다 인치의 우선 등을 실천하는 데 유교는 오히려 좋은 자원이 되었다. 이러한 맥락에서 대국굴기를 천명한 2000년대에 들어와서 후진타오와 시진핑 정부가 홍색기억의 강화와 동시에 유교 덕목을 재조명하는 것은 국가의 중심체제에 대한 대중의 충성을 고취하며 대국굴기의 열기 속에서 중화문명에 대한 주권주의를 확보하기 위한 가치의 선별적 문화정치의 일환이라고 볼 수 있다.

유교가 가르치는 윤리체계는 곧 국가사회의 구조적 원리가 되는데 그것은 위계에 따른 질서를 정당화하는 것이다. 그러나 공동체란 질서체계와 함께 그러한 위계적 질서를 넘어서 수평적으로 동등한 관계를 필요로 한다. 유교적 질서는 인간의 완전한 이성의 상태, 즉 중화(中和)를 추구하면서도 문명의 수준에 따른 구분과 차별을 주장하는 이중적 가치를 담고 있는 것이다. 그러므로 민중은 현재적 사회생활에서 인간관계에 적용할 예의와 국가 중심의 윤리와 덕목을 유학에서 교육받는 동시에 그 도덕체계의 제약을 벗어나기 위하여 도교와 불교를 동시에 추구하는 것이다.

최근 중화부흥의 맥락에서 전통문화에 대한 재평가운동이 일어나면서 유학이 조명을 받기 시작하기까지 유학과 공맹의 유적은 사회적 관심의 변두리에 처해 왔다. 다만 가족윤리와 교육숭상 그리고 기본적인 사회적 예절은 대중의 일상생활 속에 자리 잡고 있었다. 그리고 그것은 지금도 마찬가지이다.

3. 도가와 도교

노장사상(老莊思想)으로 불리는 무위(無爲)의 도(道)를 근본으로 하는 도가사상은 선진시대부터 유가사상과 함께 있었다. 무위란 일체의 인위적인 시도를 포기하고 자연의 일부로서 자연의 순리에 자신을 맡김으로써 세상의 제한과 속박을 초탈하는 것이다. 흔히 노자사상을 도교라고 부르는데 엄밀히 말하여 도가사상과 도교는 구분된다. 전자는 사상체계이며 후자는 민중의 신앙체계이다.

도가의 세계에는 인간과 자연, 문명과 야만(자연), 현실과 상상, 현재와 과거 혹은 미래, 무한과 유한 등의 경계가 없다. 그러므로 경계의 모호함은 인간이 우주의 끝없이 넓고 깊은 현묘한 이치의 역동적인 운행 속에서 어떤 존재이며 인간의 삶이 어떤 형태를 가지고 있는가에 대한 답을 구하려 하였다. 그러한 구도는 모든 인위적인 욕망과 노력을 비우기와 현실이라는 세계가 실은 텅 빈 것이며(空/虛), 현실이 곧 꿈이며 꿈이 곧 현실이라는 꿈(夢)의 현묘한 이치를 서술하게 만들었다. 꿈과 잠이라는 경험을 통하여 서술된다. 서양에서와 달리 중국의 문학세계에서 잠이나 꿈은 죽음이나 허망함의

찬저우에 있는
노자의 석상
출처: 필자 2011

메타포가 아니다. 꿈은 현실과 대비되는 것이지만 그 경계가 모호하다. 장자(莊子)의 나비의 꿈에서 보듯이 나비가 현실의 나인지 꿈을 꾼 내가 현실의 나인지 꿈을 꾼 것이 현실인지 지금이 꿈을 꾸고 있는 것이 아닌지를 모른다는 것은 그러한 경계의 모호성을 말한다. 인간이란 현실과 비현실, 공간과 시간의 경계를 넘나드는 자연의 한 존재로서 그러한 이치에 몸을 맡기고 모든 것을 포기하는 무위의 도로서 존재하여야 한다. 노자의 『도덕경』은 "인간의 행위인 말로써 말할 수 있는 도는 이미 불변의 도가 아니요 이름을 붙일 수 있는 이름은 더 이상 불변의 이름이 아니다"(道可道非常道 名可名非常名)라고 일체의 인위적인 것을 부정한다. 그래서 인간이 자연의 한 요소로서 무상한 자연의 도에 몸을 맡길 것을 "하늘과 땅은 없어지지 않고 그대로 있으니 그것들이 영원함은 스스로를 위하여 있는 것이 아니기 때문이다. 그러므로 그것은 능히 오래오래 살아갈 수 있는 것이다"(天長地久天地所以能長且久者以其不自生故能長生)와 "최선은 물과 같은 것이다. 물은 만물에게 다투지 않으면서 좋은 것을 주고 사람이 싫어하는 곳에도 들어가 있으니 고로 그것은 도에 거의 도달하는 것이다"(上善若水 水善利萬物而不爭 處衆人之所惡 故幾於道)

라고 설명하고 "모든 하고자 하는 욕망이 누그러지면 모든 것이 고요해지니 그때 천하는 스스로 안정이 되는 것이다"(不欲以靜 天下將自定)라고 가르친다.

도가사상은 모든 것이 정적인 상태로 남는 것을 상정한다고 여겨지기 쉽지만 실은 천지운행과 우주의 기운의 소용돌이, 즉 역학(易學)을 배태하고 있다. 그러므로 중국사회의 역동성은 오히려 도가사상에서 찾을 수 있다. 유학에서 변화에 대한 관심은 도가사상에 대한 관심과 결부되었다. 조선의 유학자들이 성리학에 집중하였음에 비하여 중국의 유학자들은 심학과 현학까지도 아우르는 다양한 신유학의 장르를 개척하였고 또한 경세치용에 대한 논의에 관심을 쏟았던 것이다. 그것은 도가의 태허(太虛)와 태극(또는 무극)이 정적인 상태가 아니라 동적인 상태이며 시간과 우주의 기운의 흐름(流)과의 타협과 다양한 적응방식에 대한 탐구와 연관되는 것이다.

도가사상은 포일(抱一)과 복귀(復歸)의 개념을 가지고 있다. 포일은 "구부러지면 온전해지며 휘어지면 곧아지며 마르면 그득 차며 낡으면 새로워지며 적어지면 얻게 되며 많으면 혼란스러워진다. 성인은 이 모든 이치를 하나로 품으니 이는 곧 천하의 이치이다"(曲則全 枉則直 窪則盈 敝則新 少則得 多則惑 是以聖人抱一爲天下式)라는 것이다. 복귀는 "갓 태어난 아기로 돌아가고 가없는 영원으로 돌아가고 원초적 단순함으로 돌아간다"(復歸於嬰兒 復歸於無極 復歸於樸)라는 것이다. 그러므로 "도라는 것은 언제나 아무것도 하지 않으면서 모든 것을 하는 것이다. 지배자가 이 도를 능히 지킬 줄 안다면 만물은 저절로 변해 나간다"(道常無爲而無不爲 侯王若能守之 萬物將自化)고 하며 "억지로 변화시키려는 욕심을 없애면 고요해지고 천하의 모든 것은 저절로 제자리제 궤도에 처하게 된다"(不欲以靜 天下將自定)는 것을 깨달아야 한다.

일반적으로 중국인들이 오묘한 도가의 가르침과 이치를 숙지하지는 못하지만 일상생활에서 보면 그들은 우주와 천지를 논하고 그 속에 자신을 위치

수련
출처: 필자 2014

시켜 담론하기를 좋아한다. 몸을 움직이거나 어디에 자리를 잡을 때나 그들은 자연스러움과 자신의 의지를 타협시키는 어떤 방도를 취한다. 아침저녁으로 몸을 유연하게 움직여 태극권이나 무술이나 각자가 고안한 유연한 체조를 하고 호흡법을 행하는데, 음양과 오행의 이치로써 우주의 기(氣)를 모으고 풀고 엮는 것이다. 양생법을 추구하고 시간, 공간, 색깔, 소리 등에 대한 상징분류체계를 적용하는 데 특별히 신경을 쓰는 것도 모두 도가사상을 생활 속에서 실천하는 풍속이다.

한대에서 당대를 거치는 긴 시간에 도가는 중국인의 생활 속에 깊이 자리를 잡게 되었다. 당시(唐詩)는 도가적 요소를 많이 풍긴다. 자연의 오묘함과 인생의 덧없음, 일체의 감정과 미련으로부터의 해방, 유유자적하는 인생관 등이 무한하고 기발한 상상력과 결합하여 신비함과 신성함을 맛보게 한다. 도가적 세계에 대한 이상은 일체의 세속적인 명예와 권력을 버리고 〈귀거래사〉를 읊으며 낙향하여 은둔자로 살았던 동진(東晉)의 도잠(陶潛, 淵明, 365-427)이 지은 〈도화원기〉(桃花源記)가 가장 유명하다. 당대(唐代) 이백의 〈산중문답〉03과 송대 육유(陸游)의 〈유산서촌〉04이 모두 그러한 도가적 풍모의 시이다. 조선 초기 안견의 〈몽유도원도〉는 1447년 안평대군이 꿈에서 본 무릉도원의 이야기를 듣고 그린 것이다.

도연명의 〈음주〉05는 도가적 생활의 유연하고 초탈한 삶의 철학을 읊은 시이다. 후대의 많은 시인뿐만 아니라 유학자들조차 그의 철학을 흠모하고 따라 하기를 좋아하였다. 당나라 시대에 오면 시인들은 거의 도가적 풍모를 보이게 된다. 백거이의 〈화비화〉06는 도가적 냄새가 강한 시이다. 이 시기 시인들은 꿈과 잠을 노래했고 이를 위해 술에 취했다. 맹호연의 〈춘효〉07가 그러하다. 아마도 이백의 〈춘야연도리원서〉(春夜宴桃李園序)에서 "대저 천지란 만물이 흘러가다 멈춘 것이요 광음이란 백대를 거쳐 지나가는 나그네일 뿐이라 그 속에 떠도는 인생이란 꿈과 같거늘 제대로 즐길 수가 얼마가 되겠는가"(夫天地者萬物之逆旅 光陰者百代之過客 而浮生若夢爲歡幾何)라는 구절은 도가적 경지를 대표하는 구절일 것이다. 송대의 소식도 〈적벽부〉에서 잠깐 잠이 들어 현실과 꿈의 세계가 오가는 신비함 속으로 독자를 인도한다.

시인 개인의 탓도 있겠지만 도가와 유가의 차이는 '이별'을 두고 이백과

03 山中問答: 問余何事棲碧山 笑而不答心自閑 桃花流水杳然去 別有天地非人間(어찌하여 이 깊은 산속에 사느냐 물어도 웃음 띤 채 답할 것 없으니 스스로 한가롭다. 복숭아꽃 물에 실려 아득히 흘러가나니 인간세상 아닌 곳이 따로 어디에 또 있을 것인가).

04 遊山西村: 山重水復疑無路 柳暗花明又一村(산 너머 산 물 건너 물이라 길을 잃었는가 싶더니, 홀연히 그윽한 버드나무 화사한 꽃 사이로 또 한 마을이 나타났네).

05 飮酒: 結盧在人境而無車馬喧 問君何能爾心遠地自偏 採菊東籬下悠然見南山 山氣日夕佳飛鳥相與還 此中有眞意欲辯已忘言[사람들 틈에 오두막 짓고 살아도 수레와 말 시끄러운 소리 들리지 않으니/ 어찌 그런가 물으면 마음이 세속으로부터 떨어져 있으면 저절로 가능하다네/ 동쪽 울타리에서 국화를 따다가 문득 고개를 드니 남산이 눈에 들어온다/ 저녁 해에 산 경치는 더욱 아름답고 새들은 짝을 지어 돌아오는구나/ 저 가운데 참뜻 있어 말하려 했더니 이미 잊어버렸네(말할 게 무언가)].

06 花非花: 花非花 霧非霧 夜半來 天明去 來如春夢幾多時 去似朝雲無覓處(꽃이면서 꽃이 아니요 안개이면서 안개가 아니로다. 한밤에 왔다가 날이 샐 때 떠난다. 찾아올 땐 봄꿈처럼 잠깐이건만 떠날 때는 아침 구름처럼 자취도 없이 사라진다).

07 春曉: 春眠不覺曉 處處聞啼鳥 夜來風雨聲 花落知多少(봄잠 아직 깨어나지 않았는데 곳곳에 새소리 간밤에 비바람 소리 들었거늘 꽃은 얼마나 떨어졌을까).

고려시대 학자인 정지상(鄭知常)이 쓴 시에서 대조적으로 보인다. 중국인과 한국인의 차이라고 할 수도 있겠지만 나는 도가와 유가의 차이로 보고자 한다. 이백은 맹호연을 보내면서 "옛 친구 황학루에서 이별하고/ 아지랑이 핀 삼월 양주로 떠나네/ 외로운 돛 그림자 멀리 푸른 하늘로 사라지고/ 오직 창장강 물 아스라이 하늘가로 흘러감을 보노라"(故人西辭黃鶴樓 煙花三月下楊洲 孤帆遠影碧空盡 唯見長江天際流)라고 읊었다. 여기서 유(流)는 단순히 강물이라는 사물의 모양이나 움직임을 말하는 것이 아니다. 일체의 시간과 이별이라는 사건까지 하늘가, 즉 우주 속으로 흘러가는 그대로 두는 모습이 상상된다. 이에 비하여 정지상은 〈송인〉(送人)에서 눈물로써 이별의 슬픔을 한탄하고 있다. "비 개인 긴 강둑에 풀은 더욱 푸르고 임 보낸 남포에는 슬픈 노래가 진동하네 대동강물 언제 마를 날 있을 것인가 해마다 이별의 눈물이 푸른 물을 더해 주는데"(雨葛長提草色多 送君南浦動悲歌 大同江水何時盡 別淚年年添綠波). 매년 눈물을 흘리니 대동강물이 마르기는커녕 더욱 많아진다고 하여 이백의 흘러 사라진다는 것과 대조적이다. 봄마다 강둑의 풀과 대동강 물색이 더욱 푸르게 되는 것은 이별의 정과 슬픔의 눈물 때문이라고 하여 우리의 폐부를 찌른다. 그러나 이백의 시에는 그러한 감정이 없다. 일체의 감정이 흘러가도록 내맡기는 초연함과 표일함이 있다.

유학자들은 이백과 같은 시를 짓기 어렵다. 논리와 이성과 현실 속에서 지켜야 할 인간의 윤리와 도덕을 추구하는 그들에게 이성의 굴레를 벗어나는 도가적 사상을 받아들일 공간이 있을 수 없다. 유학자들이 평소에 엄격하고 근엄하며 냉철한 이성과 논리를 추구하면서도 개인적으로는 당시와 송사를 애송하고 도가적인 풍류를 은밀히 즐기는 모습을 보이는 것은 엄정함의 확립이 가지고 오는 생활세계의 경직성과 규율성을 가끔씩은 벗어나는 상상적 경험이 필요했기 때문이었을 것이다.

송대에 와서 신유학자들이 세상에 대한 통절한 참여의식으로 시를 쓰게 되었으니 육유의 〈복산자 영매〉[08]가 대표적이다. 현대에 와서 마오쩌둥이 그의 시를 읽고 뜻을 바꾸어 시를 읊었다.[09] 당대의 시인들이 바람과 달과 우주와 시간 속에서 꽃이 지는 것을 술과 잠에 취하여 읊었음에 비하여 송대에 와서 유학자들은 특정한 꽃에 특정한 가치와 이념을 투사하여 시를 지었다.

1) 도교

도교는 크게 두 가지 상반된 이념적 지향성으로 이루어져 있다. 그 철학적 기원이 된 노장사상의 핵심은 무위(無爲)로서의 인간이 자연의 일부로서 자연의 섭리에 자신을 맡김으로써 자연과 함께 무상(無常)과 무한(無限)을 누리는 것이다. 이에 비하여 도교는 장생술(長生術)이나 금단술(金丹術)에서 보이듯이 음양과 오행의 조합으로 우주의 기(氣)를 적극적으로 이용하여 인간능력의 한계를 극복하는 기술을 추구하는 믿음으로서 주역과 신선사상의 결합이 핵심이다. 즉 생명의 유기체적 한계를 넘어서기 위한 불로장생의 신선도(神仙道)가 그 하나이며 세계의 질서체계를 넘어서 새로운 세상을 추구하는 주역(周易)의 도를 실천하는 진인(眞人)에 대한 믿음이 또 하나이다.

08 卜算子 咏梅: 驛外斷橋邊 寂寞開無主 已是黃昏獨自愁 更著風和雨 無意苦爭春 一任群芳妬 零落成泥輾作塵 只有香如故(역참 밖 끊어진 다리 옆에 주인 없이 쓸쓸히 피었네. 이미 황혼이 드리우는데 홀로 수심에 가득 차서 비바람 속에서 오히려 자태가 드러나는구나. 뭇꽃들과 애써 봄을 다툴 뜻 없고 그들의 질투에도 아랑곳하지 않는다. 꽃잎은 떨어져 진흙 속에 밟히고 밟혀 마침내 먼지가 되어 사라져도 오직 그 향기는 남아 여전하리라).

09 卜算子 咏梅: 讀陸游咏梅反其意用之 風雨送春歸 飛雪迎春到 已是懸崖百丈冰 獨有花枝俏 俏也不爭春 只把春來報 待到山花爛漫時 她在叢中笑(비바람에 떠밀려갔던 봄이 돌아오는구나. 휘날리는 눈발 속에 봄을 맞이한다. 높고 높은 절벽에 얼음은 여전한데 너만이 예쁜 꽃가지를 피었다. 그 아름다움으로 다른 꽃무리와 봄을 다투지 않고 홀로 봄이 옴을 전하려고 왔구나. 이제 온 산에 백화가 만발할 때 너는 숲속에 숨어서 혼자 웃을 것이려니).

도교는 후한(25-220) 때 장도릉(張道陵, 34-156)이란 인물이 전설상 최초의 황제인 황제(黃帝)와 도가의 원조 노자를 결합하여 황로교라 하고 민간신앙의 제 요소를 흡수하여 신앙으로 발전시킨 오두미교(五斗米敎)가 대표이다. 후한 말에 장자가 산둥의 노산(崂山)에서 가르칠 때 배웠던 장각(張角)이 태평도(太平道)를 칭하고 어지러운 세상을 구하겠다는 기치 아래 신도들에게 누런색 수건으로 머리를 두르게 하고 허베이성 거록(鉅鹿)을 중심으로 무력 봉기를 하였으니 곧 1차 황건적의 난(184)이다. 이후 192년에 조조에게 진압 당했다. 장(도)릉의 오두미교는 이후 장시성 용호산(龍虎山)에 본거지를 정하고 정일교라는 명칭으로 지속적으로 발전하였다. 후한 말기에 시작하여 삼국시대와 동진과 서진 그리고 오호십육국 시대를 거쳐 북위와 남송의 남북조 시대에 이르는 시기에 끊임없는 전쟁과 잦은 왕조의 변천으로 사회는 혼란에 빠지고 사람의 마음은 피폐되었다. 이러한 상황에서 도교는 유교를 제압하고 불교와 더불어 민중의 세계에 널리 퍼졌다. 노자의 『도덕경』과 더불어 후한 말의 위백양(魏伯陽)이 쓴 『주역참동계』(周易參同契)와 동진(東晉, 317-420)의 갈홍(葛洪, 283?-343?)이 저술한 『포박자』(抱朴子)는 주역과 연단술과 신선도의 이론을 집대성한 것으로 도교의 성전(聖典)이다. 도교의 이상은 우화등선(羽化登仙)이니 몸에 날개가 돋아나서 신선이 되어 훨훨 선경으로 가는 것이다. 학은 그래서 신선도와 함께한다. 사람이 죽으면 "학을 타고 서쪽으로 갔다"(駕鶴往西) 하고 제갈량의 그림에서 보듯이 학의 날개로 부채를 만들어 우아하게 움직이는 것이 도인의 풍모이다. 유학자들은 학으로써 학자의 탈속의 고결함을 상징하였다. 비조직적으로 민간신앙 차원에 있었던 도교는 남북조시기 북위(386-534)의 구겸지(寇謙之, 365-448)에 의하여 종교의 체계와 조직을 갖추게 되었다. 그는 의례적 측면을 세련하고 천사교(天師敎)라는 명칭을 사용하였으며 최초의 교단 도교를 확립함으로써 당시 국가 차원에서 종교의 지위를 세웠던 불교와 경쟁하게 되었다. 북위의 태무제(太武帝)는 불교를 금하고 도교를 국교로 삼기도 하였다. 북조에선 선비와 흉노를 비롯한 북방의 다양한 비한족(한족은 이들을 오랑캐라 하여 호라고 불렀다) 정권들이 서로 패권을 다투며 또한 한족을 제압하였으며 유교가 한족사회의 윤리와 가치체계로서 전유되었던 사실과 달리 민간신앙체계로서 도교는 누구에게나 운과 기회가 주어지는 것이며 그것을 공히 자연적인 것으로 취급하였던 까닭에 한족뿐만 아니라 북방 이민족의 제왕들도 받아들였다. 남북조시대에 북방민족들과 한족의 혼거(混居)와 혼혈이 이루어지고 화북의 세력들이 대거 창장강 이남으로 이주를 함에 따라 도교는 전국적으로 퍼지게 되었다.

도교는 도가사상을 기저로 삼고 태극, 음양, 오행, 팔괘, 주역, 상생, 상극, 양생의 도(道)와 기운을 시간, 공간, 풍수, 사물, 방향, 색깔, 소리, 물질과 결합하여 신선이 되고 복록수를 누리고 나아가서는 세상을 바꾸는 도술을 익히는 것이다. 민간신앙의 요소들을 수용하고 복서(卜筮), 참위(讖緯), 점성(占星), 무격(巫覡), 방술(方術)과 결합하고 동물과 식물뿐만 아니라 귀(鬼)와 신(神)과 반수(半獸) 반인(半人) 등 다양한 종류와 범주의 존재를 포용한다. 그러므로 도교의 세계는 아주 넓고 다양하며 도사의 가르침과 기술은 신비하고 변화무쌍하다. 이런 맥락에서 도교는 중국인의 상상과 신화와 전설의 세계를 대표한다.

도교 사원은 도관(道觀)이라 하는데 기본 구조는 삼청궁(三淸宮)으로 이루어진다. 도는 하나이지만 그것이 세 개의 차원에서 현현하는 것이어서 맨 위는 옥청궁(玉淸宮)이니 원시천존(元始天尊), 즉 옥황상제가 있으며 태초의 우주의 시작의 기운이 있는 곳이다. 다음은 상청궁(上淸宮)으로서 영보천존(靈寶天尊)이 있는 곳이니 태상도군(太上道君)이 있는데, 우주의 영험함을 뜻한다. 그 아래에는 태청궁(太淸宮)이 있는데 도덕천존(道德天尊)으로서 태상

태산
출처: 필자 2004

노군(太上老君)이라 일컫는 노자가 그 현신이다.

중국으로 인식되는 우주공간에는 동악[태산(泰山)], 서악[화산(華山)], 남악[형산(衡山)], 북악[항산(恒山)], 중악[숭산(嵩山)]의 오악이 있다. 그중에서 태산은 동악대제 혹은 동악태산지신이 있는 대중적 신앙의 가장 중요한 성지이다. 진시황을 비롯하여 역대 황제는 태산에 와서 하늘에 예를 올리는 봉선의식(封禪儀式)을 행하였다.

물론 오악 외에 중국의 곳곳에 웅숭한 산과 맑은 물이 함께 있어서 기괴함과 신비함이 서리는 소위 선계와 같은 곳은 도교의 성지로 되어 있다. 특히 쓰촨의 청성산, 후베이성의 무당산, 허베이성 엄산, 장시성의 용호산(정일교의 본산), 산둥의 노산(장자가 강론을 했던 곳)이 유명하다. 신선들이 산다는 봉래산, 방장산, 영주산은 모두 산둥성에 있는데 멀리서 보면 하늘 위 안갯속에 보이지만 가까이 가면 사라진다는 상상의 산이다. 전통시대 도시에는 일반인의 참배를 위한 도교 사원, 즉 도관이 현무관, 백운관, 진무궁, 청양궁 등등의 이름으로 있었다.

중국인들은 그들의 생활세계를 도교적 우주관과 유교적 가치관으로써 구체화하였다. 유교적 수직적 관계와 수평적 구별과 우주의 기운의 분류와 구조에 관한 도교적 상상으로써 세계를 구도(構圖) 잡았다. 특히 태극과 음양과 오행 그리고 팔괘의 운행과 결합을 중시한다. 그 사상은 국가의 중심부인 도성의 구도에 분명하게 적용되었다. 중앙에 황궁이 있고 동쪽에 동악묘서쪽에 사직단이 있고 남북의 수직선과 동서의 수평선으로 구획한 공간에천단, 지단 그리고 일단, 월단을 배치하며 성문으로는 중앙이 천하와 사방팔방으로 통하는 4대문과 4소문을 배치한다. 북문으로는 군대가 출병하는데북쪽은 검은색의 진무(眞武 또는 玄武)대제의 세계이기 때문이다. 황제의 칙령은 생명력을 상징하는 붉은색의 주작의 남문에서 공표된다. 황궁의 북쪽혹은 동북쪽에는 공묘(孔廟)를 모신다. 성 안에는 성의 치안을 담당하는 성황묘와 불교 및 도교 사원이 있다. 대개 도교 사원은 저잣거리에 가까이 있어서 백성들이 일상적으로 접근할 수 있었다. 이 기본 구조 외에 관운장을모신 관제묘를 비롯한 다양한 민간신앙의 대상인 신을 모신 크고 작은 여러묘들이 있다. 섬과 연해지역에는 송나라 때 신격화된 마조라는 해양여신이숭배된다. 이러한 도성의 구도는 지방의 도시와 읍성에도 황궁을 대신한 관아를 중심으로 하여 작은 규모로 적용되었다. 따라서 전통시대의 현성(縣城)은 백성을 다스리는 국가권력과 도덕체계의 구체인 관아와 향교, 백성들의개인적인 욕망과 소원을 들어 주고 보장해 주는 각종 신, 그리고 물질적인생활이 운영되는 시장이 한자리에 모인 곳이다. 현급 아래의 향촌에는 할아버지신[노예(老爺)], 용왕, 삼관, 낭랑, 성황, 관제 등을 모신 작고 소박한 묘가있었다.[10]

---

10 고구려 영류왕 때 중국으로부터 도교가 들어왔다는 기록이 있다. 고구려의 무덤에는 사신도와 천문도가
   그려 있다.

2) 도교와 민간신앙

도교는 세 차원으로 나누어서 이야기해야 한다. 하나는 노장에 초점을 맞춘 도가사상에 대한 학문적 연구를 하는 것이다. 중국의 사상체계를 연구하는 학자들이 이에 해당한다. 또 하나는 도교의 성지와 도관에서 신선도를 익히고 수련하는 전문도사들이다. 민간에서도 전통시대의 무협 차림을 하거나 도사의 복장을 한 사람들이 명산대천을 찾아 기도와 수련을 하는 모습들을 볼 수 있다. 이와 달리 보통 중국인들이 도교를 믿는다고 한다면 일반인들이 생활 속에 도교적 지식과 기술을 적용하고 믿음을 실천하는 것을 말한다.

도교가 현대에 와서 국가로부터 의심을 받는 이유는 그것이 인간으로 하여금 일체의 인위적인 틀과 구속체계를 벗어나게 하는 세계관과 이를 실천하는 세속적인 수단을 제공하기 때문이다. 국가는 개인을 구속하는 가장 강력한 틀이므로 궁극적으로 도교는 국가체계와 긴장과 갈등의 소지를 안고 있다.

그러나 도교가 조직을 갖추지 않는 한 민간의 일상생활 세계에서는 허용되어 왔다. 사람들은 연중 한두 번 도교 성지나 도관을 찾아서 향을 올리고 임신, 치병, 건강, 취업, 혼인, 시험, 사업의 성공을 빌고 아침저녁으로 음양과 오행과 팔괘를 참고한 유연한 동작의 체조, 태극권, 검술, 호흡을 즐긴다. 도사들이 행했다는 불로장수 건강을 위하여 만든 단약을 먹는 일은 이제 없어졌지만 중요한 일에는 팔괘를 분석하고 날짜와 시간과 방향 등에 대한 특별한 분석과 해석에 의존한다.

중국인들은 숫자에 대한 특별한 의미와 상징을 부여하는데 도교에서 나온 것이다. 주역과 관련하여 그것이 실제적인 힘, 즉 기운을 가지고 있다고 믿는다. 예컨대 육(六)은 흐른다는 유(流)의 기운을 가지고 있어서 만사가 순

무당산 도교무술
출처: 필자 2010

리대로 그리고 순조롭고 원활하게 진행되고 모든 차별과 경계를 넘어서 유통되고 교류되게 하는 작용이 깃들어 있다고 보는 것이다. 팔(八)이라는 숫자는 팔괘(八卦)를 의미하는 동시에 발(發)과 같아서 발복, 발생, 발전 등의 생기가 왕성하게 작동하는 형세를 만든다고 믿는다. 숫자는 사람이나 땅이나 회사의 이름을 지을 때뿐만 아니라 움직임의 진행 과정을 결정하는 데에도 쓰인다. 흥미롭게도 국가 차원에서도 숫자는 중요한 관심사가 되고 있는 것이 발견된다. 2008 베이징올림픽 개막식의 시작은 8이라는 숫자에 맞추어 2008년 8월 8일 저녁 8시 8분 8초에 하였으며 삼협댐을 완공한 뒤 정식으로 물을 방류하는 의식을 6자로 하여 6월 6일 6시 6분 6초에 시작하였다. 자동차 번호나 교통수단의 취항식이나 교통망의 개통식은 모두 6자와 관련되는 것을 선호한다. 정부는 봉건과 미신의 잔재를 타파하자는 캠페인을 벌이면서도 국가적 중요 행사와 사업에 관해서는 수천 년 동안 인민의 세계관에 깊이 바탕을 이루고 있는 이러한 도교적 발상을 부정하거나 무시하는 데에는 자유롭지 못하다. 죽은 자에 대해서는 한 번이나 세 번의 절을 하지만 살아 있는 사람에게는 두 번 절을 한다. 선물을 할 때에도 홀수가 아닌 짝수로

베이징올림픽-888
출처: 필자 2008

서 물건의 숫자를 맞춘다. 축의금을 낼 때에도 끝자리가 0, 2, 6, 8 등의 수가
되게 한다.

개개인의 일상의 차원에서 행해지는 도교적 행위는 장례의식, 택지나 묘
지 선정의 풍수, 집의 방향과 높이, 대문이나 지붕 위에 거울을 달거나 대문
과 마당 사이에 영벽(映壁)을 설치하거나 "길상고조"(吉祥高照)나 "태산석감
당"(泰山石敢當)의 글씨를 써서 붙이거나 설치하여 액을 막는 것, 이사를 하거
나 먼 곳을 떠날 때 액(厄) 없는 날을 계산하기, 신년을 맞아 폭죽과 붉은 색
깔의 문신을 대문에 붙여서 녠(年)이란 괴물을 내쫓기, 오방에 맞춘 색깔의
상징분류체계를 이용하고 폭죽과 같은 소리 내기, 절기에 따른 의식과 다양
한 금기, 결혼식이나 장례 또는 특별한 의례에 특정한 시간을 맞추기 등에서
보여진다. 설날 아침에는 흰색을 기피하고 붉은색을 취하며 음양의 기(氣)의
균형을 깨뜨리는 급한 동작, 급격한 심리적 반응, 너무 차가운 기운과 찬 것

으로 분류되는 음식 등을 기피한다. 최근 들어서 젊은이들 사이에 광천수를 들고 다니며 마시고 아이스크림을 먹으며 냉방장치를 이용하는 것이 유행하기 시작하였다. 이것은 단순히 현대적 라이프 스타일을 즐길 경제수준의 향상 때문이 아니라 도교 중심의 전통적 생활방식에서 벗어나는 문화변화의 현상이다. 그러나 젊은이들 가운데 상당수는 아직도 냉수보다는 차를 병에 담아서 휴대하며 택시운전사 중에는 아무리 더운 여름이라도 에어컨을 틀지 않는 사람이 많다. 덥다고 하면 에어컨을 트는 대신 차창을 열어서 바깥의 오염된 더운 공기가 들어오게 하는 경우가 많다.

마을에는 전문적인 도사가 아니지만 주역과 책력과 지남판(나침판)을 가지고 우주의 운행과 인간의 운명의 결합에 대한 지식으로 필요한 일을 처리하도록 도와주는 민간 주역가가 있다. 책력은 우주의 시간을 나누고 분류하여 1년을 정하고 그 마디를 24절기로 나누고 매일매일을 10간(干)12지(支)로써 조합하여 그날이 우주의 기(氣)와 어떻게 배합되는지를 분석하고 해와 달의 운행의 형태와 바닷물의 상황과 바람과 기후와 온도와 계절의 정확한 시점을 편찬한 것인데 고대에는 하늘을 대신하는 천자가 해마다 새로이 펴서 제후들에게 주었다. 그것으로써 중화를 중심으로 사해(천하)의 성원들이 하나의 통일된 시간에 의하여 움직이는 것을 도모하였다. 그러므로 시간의 관할권은 천자에게만 있었으며 제후국이 별도의 책력을 만드는 것을 금하였다. 천문관측은 천하의 운용을 우주의 기운과 일치시키기 위한 과학이자 기술체계의 중추로서 그 관측 기기와 시계나 측우기 등의 소유와 사용은 오직 천하의 중심에게만 있어야 하는 비밀스럽고 신성한 수단이며 기술이었던 것이다.[11] 그러므로 시간의 지식과 운행을 누가 장악하는가는 또한 가장

11 조선조 초기에 세종이 명의 천문관측 기기들을 따로 만들고자 하였을 때 그것은 과학의 자주성 확보에서 더 나아가 문명의 독립성을 확립하려는 의미가 있었다. 명으로부터 엄중한 의심과 감시의 대상이 되었던

핵심적인 정치이다. 우주의 현묘한 진리, 즉 음양과 오행의 운영에 대한 도교적 관심의 전통은 고대로부터 중국의 과학과 기술체계를 발전시켜 온 것이다.

도교는 양생술로써 인민의 관심을 끈다. 음양의 기운을 조화시킴으로써 정신과 육체적 생리가 자연의 순리를 따라 흐르도록 하는 것이다. 도의 원리에 의하여 디자인되었던 옛 무술이 지금 다시 연행되는 것은 단순한 과거의 재생이 아니라 개인의 신체를 우주로 환원하여 그 기운의 흐름을 촉진함으로써 건강 즉 양생을 도모하는 것이다. 유교의 중화(中和)와 같이 음양의 기가 최적 상태에서 평형을 이루는 순간 사람과 우주는 최적 조건에 이르게 된다. 이러한 사고방식에서 그들은 몸을 덥거나 차게 하지 않도록 하고 정서적으로 격한 감정을 갖지 않고 평형을 유지하는 것을 추구한다. 삐에지(別急), 삐에쥐(別激), 삐에동(別動) 등의 말은 그러한 감정과 생리적 상태의 한쪽으로의 급격한 치우침을 경계하는 중용(中庸)의 도를 말한다. 이 양생은 또한 섭생의 도로서 중시된다. 건강, 장수, 치병에서 음식은 아주 중요하기 때문이다. 중국의 음식 상차림에서 식재료나 요리방식 그리고 요리를 먹는 순서 혹은 결합에는 양생의 도가 적용된다.

4. 불교

도교 못지않게 중국인들의 마음을 지배하는 것은 불교라고 할 수 있다. 불교는 도교와 유교와 달리 외래 종교로서 언제 중국에 들어왔는지는 정확

것이 이러한 맥락이었다.

한 기록이 없다. 다만 BC 5세기부터 바닷길로 저장성, 푸젠성, 광둥성 등 창장강 하류 이남으로 불교가 들어왔고 그 외에도 간쑤성, 란저우의 병령 석굴, 둔황의 막고 석굴, 톈수이의 맥적산 석굴 등의 불교 유적지에서 보듯이 히말라야산맥과 곤륜산을 넘어 중국의 서남부 지역으로도 불교가 전해졌다. 후한 말 동오지역이나 창장강 중하류 지역에 불교의 흔적이 보이기 시작했다. 특히 위진남북조시대에 불교가 크게 성행하였다. 선비족이 세운 북위에서 불교가 국교로 인정될 만큼 성장하였는데 산시성 오대산의 운강 석굴은 그 대표적 유적이다.

불교의 전파는 중국의 문명사에 중요한 의미를 갖는다. 유교와 도교가 현세에서의 인간이 갖출 도리와 지혜를 가르치는 대신에 불교는 내세에 대한, 즉 죽음 이후의 인간의 운명에 대한 상상을 제공하기 때문이다. 허영과 욕심을 버리는 것은 유교와 도교에서도 가르치지만 열등한 인간에게 대자대비(大慈大悲)를 베풀어 주고 도움을 주는 부처(보살)에 대한 신앙은 피폐해진 민중의 마음에 큰 위안이 되었다. 내세란 죽어서 가는 극락과 흔히 육도(六道)라고 부르는 여섯 가지의 고통의 세계만이 아니다. 전세, 현세, 내세 혹은 과거, 현재, 미래의 세계와 운명에 대한 믿음이 민중의 마음에 자리를 잡게 되었다. 불교가 중원의 한족사회보다 그 주변을 에워싼 선비족, 흉노족 등에 먼저 전파된 후 이들의 세력이 확장되면서 한족사회를 지배하게 된 과정은 흥미로운 문화전파와 문화접변의 역사이다. 한족과 북방민족의 결합인 당나라에 와서 불교와 도교가 민중의 세계를 풍미하게 되었다. 오랜 전란으로 피폐해진 민심을 달랠 수 있는 종교로서 불교의 역할이 컸을 것이다.

중국인들이 이해하는 불교의 세계에는 아미타불(阿彌陀佛)이 최고의 부처로서 무량광(셀 수 없을 만큼 무한한 광명, 즉 완전한 지혜로서 반야 또는 보리를 뜻한다), 무량수(측량할 수 없는 무한한 수명, 즉 완전한 자비의 뜻)의 부처로서 모든 지혜와 생명력과 사랑과 권능을 베푸는 영원한 존재이다. 아미타불은 서방극락세계, 즉 서방정토에 있으며 전세, 현세, 내세에 걸쳐서 존재하며 인간을 구제하는 구제불이다. '나무'는 귀의를 뜻하는 산스크리트어이니 '나무아미타불'은 모든 것은 아미타불로 귀의된다는 말로서 기독교에서 하나님의 뜻에 맡긴다는 것과 같다. 법당에는 또한 비로자나불(毘盧遮那佛)이 있는데 두루 빛을 비추는 존재라는 산스크리트어에서 나왔다. 우주 만물을 감싸 보호하는 부처이다. 석가모니는 비로자나불의 현신이다. 관세음(觀世音)보살, 세지(勢至)보살, 문수(文殊)보살, 보현(普賢)보살, 지장(地藏)보살, 미륵(彌勒)보살 등이 있는데 민중에게 가장 친근한 보살은 관(세)음보살과 지장보살이다. 대개 법당의 중앙에는 아미타불이 있고 그 오른편에 세지보살, 왼편에 관음보살이 있다. 인간이 죽으면 이승에서의 이룬 삶의 재판을 받기 위하여 명부(冥府)로 가는데 여기에 지장보살이 있다.

흔히 관음이라 부르는 관음보살은 모든 것을 내려다보는 지배자라는 뜻인데 내세불은 미륵이 출현할 때까지 중생을 보살피고 구제해 주는 대자대비의 보살이다. 모든 지혜를 가르쳐 주고(11면관음), 모든 것을 보고 모든 일을 도와주고(천수천안관음), 모든 소원을 들어주는(여의관음) 어머니 같은 존재이다. 관음이 자비로써 인간을 구제하는 존재라면 세지보살은 지혜로써 중생을 제도해 주는 존재이다. 문수보살은 지혜와 용맹을 가진 존재로서 중생 일체의 번뇌를 끊을 수 있게 도와주며 복덕을 베푼다. 지장보살은 대지와 모태의 상징이며 근원이라는 뜻이다. 석가모니가 열반한 후 아직 부처가 다시 오지 않는 동안, 즉 부처님의 진리만 남고 깨달음과 실천은 완전히 사라진 상황에서 오직 지장보살이 중생을 제도한다. 중국과 일본에서는 사회적으로 불안한 민중이 마지막으로 의지할 수 있는 존재가 지장이니 죽은 자의 명복을 기원하고 현세에서의 이익을 기원하는 신앙과 연결된다. 지장은

부처님께 소원 빌기
출처: 필자 2007

명부세계에서 고통을 받는 중생을 모두 제도할 때까지 부처가 되기를 스스로 미룬 존재이다. 사찰에는 대웅전과 분리되어 시왕전 혹은 명부전이 있는데 지장보살은 여기에 명부의 왕과 함께 있다. 명부왕은 재판을 하고 지장은 중생의 영혼을 지옥에서부터 구제한다. 그래서 지장왕이라고도 부른다.

중국의 불교 4대 성지는 관음보살을 모신 저장성의 보타산, 지장보살을 모신 안후이성의 구화산, 문수보살을 모신 산시성의 오대산, 보현보살을 모신 쓰촨성의 아미산이다. 이들 성지 외에 역사적으로 유명한 사원들이 많이 있다. 후한 명제 때(AD68) 세웠다는 뤄양(洛陽)의 백마사는 중국에서 가장 오래된 절로 여겨지는데 삼국시대 오나라가 관운장의 목을 조조에게 보냈더니 조조는 향나무로 관운장의 몸을 다듬어 목과 함께 장사 지내고 백마사에 그 영혼을 모셨다는 전설로 유명하다. 무술로 유명한 소림사는 북위 태화 20년(496)에 효문제가 인도의 고승 발타를 주지로 삼아 세웠으며 520년에는 인도의 승려 달마가 와서 선불교의 중심으로 만들었다. 후베이성 당양의 옥천사는 원래 후한 헌제 때에 작은 선사로 시작되었다. 오나라 군대에 참패하여 죽은 관운장의 영혼이 옥천사로 날아와서 자기 목을 찾아달라고 소리를 쳐서 주지스님이 달랬다는 일화로 유명한 절이다. 수나라 고조 때 크게 중건하고 옥천사로 개명했는데 중국 천태종의 중심사찰이다. 옥천사는 난징의 서하사(栖霞寺), 항저우의 영엄사(靈嚴寺), 천태사(天台寺) 등과 더불어 천태종의 대본산들이다.

당나라 때에 도교와 더불어 불교가 활발하게 전파되었으며 인도로 구법승의 여행이 유행하였으니 『서유기』의 바탕이 된 현장법사의 인도여행이 그것이다. 중국에서는 산시성의 바오지(寶鷄)에 있는 법문사(法門寺)가 석가모니의 진신사리(眞身舍利)를 보관하고 있는 가장 오래된 성지이며 시안(西安)의 대안탑(大雁塔)은 현장이 가져온 불경을 보관하였던 성지이다. 이 두 절은 지금도 불교도들의 성지순례의 지점이다. 신라의 승 혜초(慧超)는 당나라에서 활동하였는데 인도여행기인 『왕오천축국전』(往五天竺國傳)을 썼다.[12] 일본의 고승 엔닌(圓仁)도 장보고가 세운 산둥성 석도(石島)의 적산법화원(赤山法華院)을 거쳐서 당과 인도로 구법여행을 여러 번 하였다. 엔닌의 기록이 남아 있어서 지금 적화원은 온통 엔닌으로 대표되고 있다. 신라 왕자 김교각(696-794)이 스님으로서 안후이성 구화산에서 죽은 후 중국인에게는 지금도 지장보살의 현신으로 추앙을 받는다.

유학이 지식계층에 의하여 지배문화 혹은 대전통의 지위를 누렸다면 불교는 도교와 함께 민중의 세계를 지배하였다. 고통스러운 현실세계로부터 벗어나고 싶은 욕망은 은둔적 생활의 매력을 주었을 것이다. 당나라 왕유의 시는 불교의 풍격을 보인다. 그의 〈죽리관〉,[13] 〈록시〉,[14] 〈산거추명〉[15]은 모

---

12 혜초는 723년 중국의 광저우를 출발하여 스리랑카와 인도의 불교 성지 전역을 여행하고 북부 이란과 우즈베키스탄과 아프가니스탄을 거쳐 파미르고원을 넘고 727년 장안으로 돌아와서 여행기를 썼다. 원본이 둔황 막고굴에 있었는데 지금은 프랑스 국립도서관에 소장되어 있다.

13 竹里館: 獨坐幽篁裏 彈琴復長嘯 深林人不知 明月來相照.

14 鹿柴: 空山不見人 但聞人語響 返景入深林 復照靑苔上.

15 山居秋暝: 空山新雨後 天氣晚來秋 明月松間照 淸泉石上流 竹喧歸浣女 蓮動下漁舟 隨意春芳歇 王

두 세속적인 것을 다 내려놓고 은둔, 관조, 귀의하는 자세를 읊은 시이다.

불교는 도교에 비하여 조직적인 면이 있어서 민중의 삶에 깊고 넓게 스며들었다. 티베트와 몽골 그리고 만주족이 라마불교를 믿었던 데에 비하여 한족은 대승불교를 받아들였다. 오랜 역사를 거쳐 나오면서 민중은 대자대비를 베풀고 인간의 모든 바람의 성취를 도와주는 지혜의 보살과 정토사상과 결합한 극락세계와 지옥으로부터의 구제사상에 더 기울어진 것으로 보인다. 중국인에게 불교는 마음을 비우는 교리로서보다는 개인의 인생을 측은히 여기고 온갖 고통으로부터 구제해 주는 대자대비의 부처에 의존하려는 소망의 종교라고 본다.

대체적으로 화베이지방 특히 산둥지방이 도교가 성한 전통을 가졌다면 창장강 이남의 중국에는 불교가 더 성하였다. 오늘날 도교 사원, 즉 도관과 도교 성지는 일상의 장소와 떨어져 있다. 상대적으로 불교 사찰은 산속뿐만 아니라 도시나 향촌의 생활공간 안에 많이 있어서 사람들의 접근이 아주 쉽다. 그러므로 조직력을 갖춘 종교로서 불교가 중국인의 마음을 지배하고 있다.

5. 민간신앙

한국에서와 마찬가지로 중국인의 정신세계를 논할 때에는 민간신앙이라는 특별한 명칭의 영역을 빼놓을 수가 없다. 개인적으로 기독교나 불교 신자를 자처하거나 유학을 강조하더라도 중국인들의 일상생활 속에는 다양한

孫自可留.

민간신앙들이 존재한다. 그것은 사람이 살아 있는 동안 현실적인 문제를 해결하는 데에 도움을 주며 사후세계에서의 영혼의 존재양상에 영향을 준다고 믿기 때문이다.

사실 중국인의 신앙생활은 모든 종교와 신앙의 융복합체계로 이루어진다. 민간신앙이라 하여 다른 종교와 구별되는 특별한 영역을 갖는 것이 아니다. 그 안에는 도교와 불교 그리고 어떤 경우에는 샤머니즘의 요소가 함께 들어 있다. 달리 말하자면 그러한 요소들을 빼고 나면 민간신앙은 존재하지 않는다고 할 것이다. 많은 종류의 영혼, 귀신, 신들이 있고 각각의 특별한 능력과 직급이 있다. 그래서 중국인의 신앙세계는 세속적인 국가사회의 구조를 그대로 반영한다는 해석을 하게 된다.

대개 신들의 세계는 옥화상제 아래 오곡, 풍우, 항해, 전쟁, 학업, 임신과 출산, 건강, 치병, 재물, 상업, 건축업, 각종 특수 직업 분야를 관장하는 기능적인 신, 즉 행업신들이 있다. 인간세계를 지켜 주는 하위의 신으로서 경찰관과 같은 성황, 집터의 생기운수를 관장하는 복덕, 음택, 즉 묏자리를 관장하는 후토, 하천과 바다를 관장하는 용왕, 산과 숲을 관장하는 산신 등이 있다.

불교 사원을 사(寺)로 부르는 대신에 다른 크고 작은 신들을 모신 것을 대부분 묘(廟)라고 하며 규모가 작으면 궁(宮)이나 당(堂)이나 각(閣)이라 부른다. 전통시대 마을에는 대개 성황, 토지공, 복덕, 왕예, 옥황, 삼관, 용왕 등의 신들 가운데 한둘을 모신 묘나 각이 있었으며 무덤에는 후토(垕土)가 있었다. 이웃하는 여러 마을에 각각 다른 종류이 신이 모셔지면 사람들은 필요에 따라 신을 찾아가서 향을 피우고 기원을 하였다. 현 소재지나 도시에는 규모가 크고 따라서 급수가 높은 신들이 있어서 사람들은 장날이 되면 장을 볼 겸 이러한 묘나 궁에 예배를 올렸다. 불교나 도교의 성지나 큰 사묘에는 송자낭랑(送子娘娘), 태산낭랑(泰山娘娘) 혹은 관음이 모셔져 있다. 도교와 불교의 요소가 혼합되어 있는 것이 많다.

중국인의 신앙세계에서는 사람이 신이 될 수 있다. 동물이나 사물도 신앙의 대상이 될 수 있다. 인간의 영혼은 삶의 질과 죽음의 종류에 따라 온전한 영혼과 떠돌이 영혼 혹은 아귀나 악귀가 되며 뛰어난 능력이나 공훈을 세운 인물은 신이 된다. 제갈량, 관운장, 장비, 마조, 악비, 문천상 등 역사적 인물뿐만 아니라 복희와 여와, 서왕모, 염제, 황제 등 신화나 전설의 인물을 신으로 모신다.

역사적 인물로서 신이 된 가장 대표적인 존재는 관운장과 마조(媽祖)이다. 관운장은 무신으로 여기기 쉽지만 문무를 겸한 신이다. 그가 조조에게 볼모로 지내는 동안 『춘추좌전』을 읽으면서 지냈다는 점이 문신이라는 증거이다. 또한 학교와 상점에도 모셔졌다. 그는 산시(山西) 사람으로서 원래 서당 선생이었다. 그래서 학신(學神)으로 섬겨졌다. 그가 조조의 회유를 끝내 물리치고 형수를 보호하면서 필마단기로 유비를 찾아 나선 이야기는 중국인들의 뇌리에 신의(信義 또는 忠義誠信)의 화신으로 새겨졌다. 그래서 관운장은 또한 상인들의 신이다. 왜냐하면 중국에서 상인들은 장사에 신뢰를 행하고 눈앞의 이익보다 올바른 일(義)인지를 따져 지키는 것을(以信行事 以義思利 또는 見利思義) 상도로 삼았기 때문이다. 산시(山西, 산서)와 산시(陝西, 섬서) 출신의 상인들은 전국 곳곳에 산섬회관(山陝會館)을 지어 전국적인 네트워크를 형성했는데 회관에는 관운장을 모셨다. 패전으로 비극적 최후를 맞은 그는 어느덧 민중의 모든 가치와 윤리와 그들이 추구하는 능력을 갖춘 전지전능한 신으로 변하였으며 그를 관제(關帝)로 부르게 되었다. 오늘날 중국 전역에서 가게와 식당에는 관운장의 상이 모셔져 있으며 곳곳에 관제묘(關帝廟)가 건립되어 있다. 따로 관제묘가 없으면 다른 사묘 안에 반드시 그의 상이

상인의 신으로 변한
관운장
출처: 필자 2011

모셔져 있다.

　마조는 송나라 때 푸젠성의 해안 촌락인 푸톈(莆田)에서 태어난 임(林)씨 여성으로서 어릴 때부터 초인적인 능력으로 해상활동을 하는 사람들을 재난과 위험으로부터 구하거나 보호해 준 인물이다. 그녀는 많은 기적을 일으켰으며 23세 때 산 채로 승천하였다고 전해진다. 그녀는 곧 어부와 선원의 수호신이 되었으며 마조라고 불리며 중국판 해양신이 되었다. 민심을 얻기 위해 역대 황제는 그에게 높은 칭호를 내렸는데 청대에 와서는 마침내 천후(天后)로 봉해졌다. 바닷길로 나가는 사람은 반드시 마조에게 안전을 빌고 섬과 해안지역 가는 곳마다 천후궁(天后宮) 혹은 마조묘(媽祖廟)를 지어서 모셨다. 해외로 이민을 나갈 때에는 마조묘에서 마조상이나 부적을 받아서 지니고 갔다. 마조는 점차 해양신에서 인생의 거의 모든 영역에서 인간을 보호하고 제시하고 도와주는 전지전능한 어머니 신으로 되었다. 해외 중국인의 가게와 식당에도 관운장이나 마조의 상은 거의 예외 없이 모셔져 있으며 차이나타운에는 공자상과 함께 관제묘와 천후궁 중에서 적어도 하나는 반

대만을 향하여 푸톈 메이저우섬에
세운 높이 128m의 마조상
출처: 필자 2015

드시 세워져 있다.

중국인의 신앙생활에서는 또한 인간과 신 사이에 계약과 거래관계가 있다. 유구필응(有求必應: 구하라 반드시 얻을 것이다)이 그들의 사상을 대변한다. 그들은 인생살이에서 부딪치는 모든 일에 대하여 관계되는 모든 신이나 신령 혹은 영험한 존재에게 기도를 올린다. 절이든 도관이든 그리고 길가에 서 있는 낯선 묘(廟)에도 어떤 형식으로든 예를 올린다. 유교는 귀신을 말하지 않는다. 오직 살아 있는 사람들이 현실 속에서 지켜야 할 윤리와 도덕을 가르치는 것이지만 사람들은 공자상 앞에서 학업의 성공을 기원한다. 곡부의 공묘(孔廟) 앞에는 향을 피우고 절을 하며 일본의 신사에서 볼 수 있는 '에마'(繪馬)를 본떠 작은 나뭇조각에 소원을 써서 걸어 두는 것이 유행한다. 곡부의 공자묘 앞에는 소학교, 중학교 학생과 입시를 앞둔 고등학생, 취업시험을 앞둔 대학생 그리고 그들의 부모들로 붐빈다.

그들은 무엇에든지 정성을 다하여 빌면 성취를 할 수 있다고 믿으며 그러한 효험이 있으면 반드시 그 후에 다시 찾아가서 보은의 향을 올려야 한다

고 믿는다. 길가에 처음에
는 초라하게 세운 묘(廟)가
시간이 지나면서 발전하
는 것은 이 때문이다. 영
험이 있으면 소문이 나서
사람들이 자꾸 찾아오는
것이다. 그러므로 민간신
앙의 대상은 끊임없이 만
들어지고 변하고 있다. 보
은이라는 것은 중국인이

유구필응
출처: 필자 2004

사람끼리뿐만 아니라 사람과 신 사이에서도 지켜야 할 의리이며 윤리이다.

한 가지 종교에 충실한 서구인들은 중국인의 이러한 신앙 행위를 미신이
나 기복신앙으로 규정하고 비합리적인 행위로 폄하하기 쉽다. 그러나 이는
중국인들이 매사에 최선을 다하고 정성을 들이는 마음가짐이며 동시에 흔
히 말하는 중국인의 실용성 추구의 표현이라고 할 것이다.

문화대혁명으로 파괴되었던 유교, 도교, 불교, 민간신앙이 개혁개방 정책
이후 특히 2000년대에 들어서 재생하기 시작하는 것은 사회의 급격한 구조
적 변화와 새로운 라이프 스타일 그리고 경제생활의 경쟁구도가 가지고 오
는 실질적 삶의 문제와 심리적 문제를 해결하기 위한 문화적 반응이라고 하
겠다. 특히 주역에 대한 관심이 두드러지고 다양한 모습의 역학연구소나 역
학가들이 출현하는 것은 새로운 시대에 적응하기 위한 제삼의 능력을 추구
하는 것이다. 도처에 '유구필응'과 '일범풍순'(풍순이란 말이 중요하다)의 글씨가
장식품처럼 널려 있다. 천문에 대한 관심과 지식, 과학체계와 기술체계, 그
리고 신화와 역사의 경계와 시공의 인식적 차원을 넘나드는 것은 (과장법이

취푸 석전제에 몰린 인파
출처: 필자 2010

라고 흔히 지적하는) 중국인의 독특한 사유방식이며 상상의 세계이다. 그리고
상상의 세계와 현실적 세계는 종종 합쳐서 중국인의 진정한 삶의 세계를 형
성한다. 손목에 염주를 두르거나 관음보살을 새긴 금목걸이를 한 채 한 손
에 족보를 들고 또 한 손에 향불을 들고 도관을 찾아가는 모습은 전혀 이상
할 것도 없고 새로운 것이 아니다. 개혁개방 이후 전국적으로 번졌던 기공
(氣功), 불교인 소림사와 도교인 무당산의 각각 특색을 지닌 무술을 비롯한
각종 무술, 명산대천을 찾아 명상과 단련을 하는 수련, 단전을 비롯한 여러
호흡법, 유연한 몸동작의 체조, 음식과 성생활에 적용하는 양생법, 관제묘와
마조묘를 찾고 마오쩌둥의 신격화가 일상생활 속에서 유행하는 것을 두고
민중의 낙후된 정신세계라고 비판을 하지만 이는 모두 우주의 기를 신체 속
에 순조롭게 흐르게 하여 신선도를 터득하고 세속적 추구에 부처와 각 신들
의 도움을 추구하는 민중적 실사구시 정신의 실천인 것이다.

　중국의 역사에서 변화에 관한 도교적 상상은 종종 민중으로 하여금 체제
에 대한 반기를 들게 하는 사건을 실제로 연출하였다. 새로운 왕조가 출현

하는 과정에서 도교적 메시지와 도교적 기술, 즉 도술이 강력한 작용을 하는 경우도 있었다. 많은 비밀결사들이 밀교와 연관하여 전개되는데 도교는 그 가장 중요한 사상과 동원의 자원이 되는 것이다. 그러므로 도교의 왕성함은 유교적 질서관에 기초한 국가에게는 경계해야 할 위험한 가능성을 가진 세계관과 행동양식의 전파와 보급 현상으로 간주되는 것이다.

그럼에도 불구하고 유교와 도교가 합칠 수 있었던 것은, 그리고 불교가 번창할 수 있었던 까닭은 나라의 광활함과 지식의 보편화가 이루어지지 않았던 역사적 배경에 기인한다. 지식 엘리트들이 세계관을 만들고 세련화하지만 그것을 궁극적으로 선택하는 것은 인민이다. 유교가 인민에게 절대적인 윤리와 가치관이 되기에는 인민은 그러한 지식, 즉 문명 위주의 유교적 세계질서체계에서 편안한 위치를 보장받을 수 없었다. 그들은 언제나 낮고 열등한 위치에 처해지는 것이다. 사회적 이동의 원활성 혹은 개방성은 유교에 의하여 일정한 제한 속에서만 허용되었던 것이다. 그러므로 유교는 부분적으로 수용되었고 대중적 수준의 유교 윤리가 채용되었다. 유교체제는 도교와 불교를 타파하지 못하였다. 결과적으로 유교, 도교, 불교는 상호 보완적으로 결합하여 독특한 민중 혹은 대중적 세계관을 형성하게 된 것이다.

이러한 혼합주의적인 세계관이 (합리성에 기초한 현대화 과정의 줄기찬 노력에도 불구하고) 지속되어 오며 최근에 더욱 부활의 양상을 띠며 재활성화되는 이유는 무엇일까? 국가의 이성과 인민의 어리석음이 갈등 대신에 상생적 관계를 이루면서 발전하는 이유는 무엇일까?

과학사회주의에 입각한 혁명에서 종교와 신앙생활의 부정은 결국 인민의 생활세계를 단조롭고 경직되게 만들었다. 사회적 경직성은 새로운 시장 경제체제의 사회를 발전시킬 수 없다는 것은 자명하다. 최근 많은 기업 경영가들은 유연성과 흐름(流)의 아이디어에 주목을 하였다. 정보, 지식, 상품,

자본, 노동력 등은 유통이 원활해야 하고 사회의 제도적 장치는 융통성을 가져서 유동적이어야 한다. 그러한 세계관은 도교적인 것이다.

6. 묘회

묘회(廟會)는 불교와 도교의 사원 또는 관제묘나 마조묘 등 민간신앙의 대상이 되는 신을 모신 묘사(廟寺)가 주관하여 일반인에게 제공하는 종교적 의식과 축제와 시장이 결합된 행사이다. 사람들은 신에게 향을 올리고 치병, 건강, 결혼, 임신과 출산, 학업, 입시, 재물, 취업, 성공, 화목, 막연한 행복 등을 기원하는 기복의 예를 올린다. 그리고 넓은 공간에 들어선 많은 가게로부터 물건을 사고 오락과 잡기를 즐기며 음식을 먹으면서 하루를 지낸다.

백성은 평소에 이름 없고 힘없는 존재이지만 일단 군중으로 모이면 그들은 엄청난 잠재력을 지니게 된다. 게다가 축제에서는 평소의 사회적 구별과 정치적 차별과 구속을 넘어서 모든 사람들이 하나의 특별한 공간, 즉 탈구별·탈구속적인 세계에 들어오는 것이다. 거기서는 일상세계에서 통용되는 지배의 규율과 도덕적 기준과 윤리체계를 넘어서 인간의 욕망이 무절제하게 허용된다. 거친 말과 행동, 야바위꾼, 속이기, 거지와 소매치기, 음란한 이야기와 행동들, 평소의 지배체제 및 관리와 사회적 엘리트들의 어리석음과 위선을 풍자하고 즐기는 해학적 대중 예술의 공연, 욕설과 실랑이, 흥정, 시끄러움 등등으로 이루어지는 혼란(카오스)의 세계가 허락되는 것이다. 이런 분위기는 기존의 체제에 대한 의심과 도전을 촉발시킬 수 있다. 사람들은 이러한 활동에의 참가를 통하여 짜여진 현실세계가 주는 억압과 피곤함으로부터 벗어나고 새로운 세계의 건설을 상징적으로 체험하는 것이다. 군

묘회(베이징 디탄)
출처: 필자 2007

중의 힘이 조직되거나 일정한 방향으로 움직이도록 유도되면 그것은 국가의 질서체제에 도전하는 세력으로 변할 수 있다. 러시아의 문학평론가인 미하일 바흐친이 '시장의 언어'(market place language)[16]라는 말을 사용하여 서구 학자들이 유행시켰지만 우리에게도 '난장판'이란 단어가 있다. 묘회는 구조적으로 볼 때 종교와 시장과 축제를 합친 행사로서 일상 차원에서 사람들로 하여금 국가에 의한 정연한 체계에 구조적 반란의 상징적 체험을 즐기게 하는 장치로서 의미를 지닌다. 인류학자 터너(Turner)의 의례 과정에 대한 구조적 분석에 의하면 묘회는 일상으로부터의 탈구조적 행위의 잔치로서 반구조(anti-structural)나 무구조(communitas)의 상징적 실천의례 혹은 반란의례(ritual of rebellion)의 하나로 볼 수 있다.[17]

민국시기와 혁명 초기에 묘회는 금지되었다. 그것은 종교단체가 혹세무민하고 사욕을 채우기 위하여 장사를 하는 것으로 매도되었다. 아마도 거기

---

16 M. M. Bakhtin. 1968. *Rabelais and His World* (trs. H. Iswolsky). Cambridge: MIT Press.
17 V. Turner. 1991. *The Ritual Process: Structure and Anti-structure*. Ithaca: Cornell University Press.

에는 민중의 모임이 커지면서 경찰이 감당할 수 없을 정도의 반정부적인 표현과 행동이 유발될지도 모르는 가능성에 대한 조처도 포함되었을 것이다. 2000년에 들어서 정부의 감독 아래 묘회가 실험적으로 개최되었고 점차 전국 각지의 도교와 불교 사원을 중심으로 묘회가 정초나 추석 또는 신의 생일에 열리고 있다.

7. 천주교와 기독교

중국에서 기독교의 공식적인 역사는 명대에 시작되었다. 이탈리아 태생의 천주교 예수회 소속 마테오 리치(1552-1610) 신부는 1583년 광둥성의 자오칭(肇慶)에 도착하여 1602년까지 장시성 난창(南昌)을 거쳐 난징(南京)에 이르는 여러 지역에 걸쳐 전교활동을 하였다. 프란체스코 수도회는 기층 민중을 포섭하고 아래에서 위로 올라가는 선교방식을 택하는 데 비하여 예수회는 지배층에 포교하여 민중에게로 전파하는 위에서 아래로의 선교방식을 취하였다. 마테오 리치는 지역의 고관들과 교우를 하고 서양의 천문, 지리, 수학 등을 가르치고 과학기술을 소개함으로써 지배계층이 먼저 서구문명과 기독교에 익숙하도록 하였다. 1601년 그는 베이징으로 와서 만력제 신종을 만나고 그의 호의를 얻어서 1605년 베이징의 선무문 근처에 천주교당(南堂이라 부른다)을 세우고 신도 200명으로써 정식 선교활동을 하였다. 그는 세계지도를 작성하여 중국인들의 중국 중심의 세계관을 바꾸는 데 영향을 미쳤다. 그는 고관들의 지원을 확보하였고 유교의 상제가 곧 기독교의 천주와 같은 것이라 하고 유교의 기본 교리를 인정하였다. 인간의 성선설을 지지하고 인간 영혼의 신령스러움을 중국 고전을 통하여 설명하는 등 유교사상과

타협을 하였다. 그의 중국 이름은 리마두(利瑪竇)이며 호는 서강(西江)이며 청
태(清泰)라고도 불리었다. 『천주실의』를 지어 기독교를 설명하고 사후세계
를 천국과 지옥으로 나누어 설명하였다.

명말 청초에 걸쳐서 독일 태생의 예수회 소속 신부인 아담 샬(1591-1666,
중국명 湯若望)이 선교활동을 하면서 1622년 서광계의 추천으로 궁정에 들어
와 서양의 천문학과 역학을 들여오고 서양식 시헌력을 작성하여 소개하였
다. 청초에는 선교 외에도 천문대장을 맡는 등 궁정 벼슬을 하였다. 1644년
병자호란 후 소현세자가 볼모로 잡혀갔을 때 탕약망과 교유하고 그에게서
서양의 문명과 문물을 접하고 진보적 사고와 세계관을 얻었다.

역시 예수회의 신부 주세페 카스틸리오네(1688-1766)가 강희, 옹정, 건륭
의 삼대에 걸쳐 궁정화가로서 활약을 하였으며 원명원의 서양루를 설계하
는 데 핵심적 역할을 담당하였다. 낭세녕(郎世寧)이란 중국 이름을 가진 그
는 〈백준도〉(百駿圖)나 건륭제를 그린 〈대열개갑기마상〉(大閱鎧甲騎馬像) 등
국보급의 명화를 남겼으며 서양화의 기법과 중국화의 방식을 결합함으로써
미술사에 중요한 역사적 전환점을 제공하였다. 이들에 의하여 베이징에는
남당과 동당, 북당이 세워졌으며 이후 천주교뿐만 아니라 청 후기에는 개신
교의 선교활동도 전국적으로 이루어졌다.[18]

천주교 그리고 개신교의 전래는 서구 문물과 문명이 중국에 들어오는 데
선도적인 역할을 하였다. 지도, 자명종, 망원경, 태양력, 서구 천문학과 건
축학 그리고 의료과학과 기술을 포함하여 서구 예술 등의 소개는 중국인에
게 동서양의 문화접변과 문명교류의 중요한 역사적 과정을 제공하는 것이
었다.

---

18 베이징의 남당은 정조 때 이승훈이 1784년 조선인 최초로 세례를 받은 곳이다. 최초의 신부인 김대건은
    1844년 파리외방선교회의 마카오 성당에서 사제서품을 받았다.

그러나 청의 후반기에 들어서면서 서구 열강들이 제국주의적 침략을 함에 따라 기독교에 대한 민중의 의심이 커지게 되었다. 아편전쟁의 패배 이후 보상금을 충당하기 위하여 세금을 올리자 민중들의 부담이 커지고 반정부 감정이 강해졌다. 개신교 특히 침례교파의 교도인 홍수전의 주동하에 태평천국운동(1851-1864)이 남쪽에서부터 시작하여 난징에 이르는 영역으로 확대되면서 농민군과 정부군 사이에 전쟁이 벌어졌다. 혁명가의 눈에는 태평천국운동이 반봉건 항쟁이지만 통치자의 눈에는 국기를 흔드는 반란인 것이다. 청 말기 자희태후를 정점으로 하는 보수파는 개화파의 기세를 꺾고자 의화단 사건을 일으키고 천주교와 개신교를 공격하였다. 이로 인하여 일본이 합세한 서구 열강의 소위 팔국연합군에 의해 나라가 유린당하였고 결과적으로 홍콩, 마카오, 대만의 할양과 조차지역과 항구개방 등의 치욕의 역사가 이뤄졌다. 이러한 일련의 충격적인 사건들은 사람들로 하여금 기독교를 경외와 두려움, 선의와 폭력, 해방자와 침략자라는 이중적인 인식으로 바라보게 하는 싹을 제공하게 되었다.

청말 민초에 기독교는 새로운 과학기술 그리고 근대식 교육을 들여왔다. 베이징의 연경대학과 협화의원은 가장 대표적인 사례이다. 의료선교활동 중에는 길에서 중인환시리에 외과수술을 함으로써 사람들에게 과학에 대한 경이로움과 그것이 서구문명인 것을 확인, 인식시켰다. 근대교육이 또한 선교재단의 고등학교와 대학을 통하여 보급되었다. 베이징, 톈진, 칭다오, 난징, 쑤저우, 상하이, 항저우, 광저우, 우한 등의 대도시에는 서구식 근대교육 기관들이 설립되었는데 대개 기독교와 함께 들어오는 것이었다. 자연히 기독교는 서구와 문명과 모더니티로 이어지는 등식 속에 위치하게 되었다. 이는 나아가서 자본주의와 반전통주의로 연결되었다. 남녀, 빈부, 계급의 차별을 넘어선 평등주의와 개방적인 활동은 특히 사회적 약자와 소수자들을

광저우의 천주교당 내부
출처: 필자 2015

상대로 호소력을 발휘하였다.

이로부터 기독교는 진보적인 지식인들뿐만 아니라 일반 인민들에게 진보, 과학, 발전, 현대의 상징이자 수단으로 인식되었다. 불과 400년도 안 되는 짧은 기간에 기독교는 5,000년 역사의 중국사회에 물질적 차원뿐만 아니라 세계관과 가치관에 획기적인 변화의 충격을 준 것이다. 그러므로 기독교는 정치적으로 중요한 종교로 부각되었다. 국민당 엘리트들 중 기독교도가 많았던 것과는 반대로 공산당은 반기독교 엘리트들이 중심이 되었다.

국가주의가 절대적인 이념이 된 오늘날의 중국에서 기독교가 특별히 정치적으로 민감한 영역이 되어 있는 까닭은 종교를 부정하는 마르크시즘 때문만은 아니다. 그것이 국가를 넘어서 초국적인 공동체 이념을 기본으로 삼으며 초국적인 교회조직과 체계를 가지고 있다는 사실이 국가체제에 대한 도전 내지 전복의 가능성을 가지고 있는 것으로 판단되기 때문이다. 교회는 모든 인습적인 구분과 차별로부터 평등과 해방을 추구하고 술, 담배, 마약, 도박, 게으름을 죄악시하며, 선량함, 이웃에 대한 사랑, 노동, 근면, 성실, 직업과 직종에 대한 존중, 그리고 상부상조 정신을 실천하는 것을 가르친다는 점에서 긍정적인 평가를 받지만 서구와 중국의 경쟁관계라는 맥락에서 서구의 상징이자 대리인으로 여겨진다. 근대사의 기억으로부터 그들은 서구를 선망과 경외와 의심이 혼합된 상대로 인식한다. 기독교는 그러한 모순적인 인식 속에 위치한다.

현대 중국에서 정부가 기독교에 대하여 특별한 관심을 갖는 가장 큰 이유는 그것이 다른 종교에 비하여 강력한 집단 지향성과 조직력을 갖춘다는 점 때문이다. 중국에서 사회주의 혁명이란 국가가 국민 개개인의 복지를 보장해 주고 개인은 국가에 직속되는 체제를 만드는 것이다. 그러므로 국가조직 외에 개인들이 집단을 조직하거나 조직적인 활동을 하는 것은 정치적으로 민감한 사안이다. 기독교는 교회를 가지고 국가를 넘어선 권위체계와 세계관을 전파하며 정기적, 즉 주일마다 일정한 시간에 모여서 예배를 드리고 평소에 상부상조하는 공동체적 생활도덕을 가르친다. 더욱이 천주교는 로마 교황을 정점으로 하여 세계의 모든 교도와 교회가 하나의 전 지구적인 체제와 체계를 이룬다. 그러므로 국가주의와 갈등을 빚을 수 있는 것이다.

중국정부는 종교에 대하여 감독과 통제를 하면서도 헌법상 종교의 자유를 부정하지는 않는다. 종교를 믿을 자유뿐만 아니라 믿지 않을 자유도 보장한다는 말로써 개인의 선택에 방점을 둔다. 정부는 종교법을 공포하여 삼자(三自)교회법을 적용하고 애국교회운동을 벌인다. 즉 불교, 도교, 기독교 등 모든 종교는 자주, 자립, 자전을 한다. 외국의 간섭을 받지 않고 자주를 지키며 외부로부터 재정적 지원을 받지 않고 스스로 경비를 조달하여 자립한다. 남의 선교를 허락하지 않으며 자발적으로 들어오는 신자는 받아들이지만 남에게 강제로 선교를 하지 않는다. 결국 외세의 틈입을 허락하지 않는 것이다. 또한 국가와 민족과 공산당에 사랑과 충성을 바친다는 애국, 애족, 애당의 삼애(三愛)주의가 적용된다. 이는 국가와 민족의 경계를 넘어서 하나님 앞에 평등한 하나의 세계를 추구하는 기독교의 이념과 조직에 대립되는 것이다. 선교를 위한 외국의 단체와의 관계는 기본적으로 금지되어 있으며 종교를 빙자한 외국 조직체와의 접촉은 관계당국의 승인을 거쳐야 한다. 중국 천주교는 로마 교황청으로부터 독립하여 국가의 테두리 안에 존재한다. 개신교는 중국 공민이 자발적으로 가정예배를 보든가 교회를 정부로부터 허가를 받아서 세울 수 있다. 기독교의 경우 외국인은 중국의 교회를 빌려서 중국의 법이 허락하는 틀 안에서 예배를 볼 수 있다.

8. 결론

유교전통에 충실한 한국인들은 조선조 유학이 제시하는 선택적인 조건에 익숙해 있다. 즉 정신적 세련됨을 추구하는 유업(儒業)을 할 것인가(士) 아니면 물질적 풍요를 향유할 상업을 할 것인가(商) 하는 질문이다. 그것은 사회적 신분을 결정하는 치명적인 기준이었다. 그러한 인식체계를 가진 한국인에게 중국인이 물질적 풍요를 추구하면서 정신적인 세계를 동시에 추구하는 모습은 혼란스럽게 보일지도 모른다. 그들은 실용주의적이고 실리를 추구한다. 현실적 실리를 추구함에 있어서 도덕적인 규범은 유교에서 찾는다.

전통 속에서 변화와 생성을 추구하는 마음은 도교와 유교 그리고 불교를 혼합하게 만든다. 그리고 그것은 실질적인 현실의 맥락에서 대중적 해석에 의한다. 그러므로 종교연구가의 신학적 혹은 경전적 해석의 세련화에 구애되지 않은 채 대중은 그들 나름의 해석체계를 갖는다. 물론 이 말은 그들의 대중적 유교나 도교와 경전적 유교나 도교가 상관이 없다는 뜻은 아니다. 그것을 대중에게 전달하는 것은 엘리트이거나 국가의 문화운동이다. 나의 해석은 인민은 그러한 국가와 지식 엘리트 그리고 종교적 사제의 교시에 대하여 주체적으로 반응을 하며 선택적으로 수용한다는 점을 말하려는 것이다. 국가의 지도와 교시에 일상의 삶의 안전과 욕망의 실천을 기대하기에는 국가는 인민의 일상세계에서 너무나 멀리 떨어져 있다.

5·4운동 이래 서구 지향적 근대화운동과 신중국 건설 이후의 과학사회주의의 혁명은 전통문화에 대한 부정을 끈질기게 시도해 왔다. 특히 종교와 신앙은 낡은 사상과 봉건적 질서체제의 잔재로서 타파되어야 할 이념과 가치체계로 간주되었다. 그럼에도 불구하고 오늘날 불교와 도교 전통은 민간신앙과 더불어 백성들의 일상생활 세계 속에 엄연히 존재하고 있고 최근에는 정부가 유교의 가르침을 국학으로 삼아서 재생산을 지원하고 있다. 중국인의 집 대문에는 춘절에 문신(門神)과 재신(財神)의 연화(年畵)를 붙이고 『도덕경』의 문구를 기둥에 써 붙여 일 년 내내 둔다. 집 안으로 들어가면 『논어』나 『대학』의 글귀를 쓴 족자를 걸고 공맹지도를 강조하는 글을 또한 붙인다. 손님을 맞이하는 커팅에는 마오쩌둥, 공자, 관운장, 태상노군이나 복록수를 관장하는 신선, 관음보살, 재신, 마조 등의 그림이나 조각상이 조상의 위패나 사진과 별다른 구분 없이 함께 진열되어 있다. 부엌에는 조군(灶君)의 상이 붙어 있으며 방에는 태산낭랑이나 송자낭랑의 그림이나 상이 있다.

춘절이 되면 하늘과 땅 그리고 조상에게 배년(拜年)을 하고 조상의 묘에 성묘를 하고 절이나 도관을 찾아 기원을 드리고 묘회에 참여한다. 절기에 따라 그리고 수많은 신들의 생일 혹은 승천일에는 해당 묘와 절에 가서 진향을 한다. 때로는 관광을 겸하여 개인적으로 또는 이웃이 한 팀이 되어서 도교 성지와 불교 사찰을 찾는다. 춘절(음력설), 원소(정월대보름), 청명, 중원(음력 7월 15일), 중추(음력 8월 15일), 동지 그리고 조왕이 승천하는 12월 23일은 신앙심을 가지고 지내는 가정의례의 절기이다.

2008 베이징올림픽을 전후하여 정부가 국학의 이름으로 유교부흥운동을 지원하고 불교와 도교 사원의 중건 보수에 중화문화유산의 이름으로 관대한 태도를 보이기 시작하였다. 문화의 시대로 접어들면서 경제와 정치와 함께 문화자본의 중요성을 인식하는 것은 21세기 글로벌시대에서 필연적인 자각이다. 더욱이 국가와 국가 사이에 문화의 상품화와 문화 주도권을 둘러싼 경쟁이 점차 확대되고 있다. 문화는 이제 상품으로서의 경제적 가치 때문이 아니라 국내외적으로 정치적인 자원이 되기 때문이다.

다시 정리해 보자. 종교와 신앙은 세속적인 차원에서 관찰할 필요가 있다. 유학전통은 현실 속에서 수기를 통하여 군자의 도를 추구하고 왕도정치를 실현함을 목표로 한다. 도덕적 인간의 완성을 통하여 지와 예와 의를 실천하는 것이다. 도가는 현실과 현실 바깥의 경계를 없앰으로써 태허 속에 무위로서 만물이 자연스럽게 흘러가는 평화를 추구한다. 도교는 우주의 기운을 조합하여 인간의 한계와 현실의 질곡을 벗어나려는 인간의 욕망을 허용한다. 유교전통과 도교전통이 중국인의 세계관 속에 하나로 융합되어 있는 것은 국가 이성과 권력의 구조적 구속에 대응하여 개인이 국가와 조화를 이루는 동시에 개인의 세계를 실현하려는 욕구의 타협적 산물이다. 그러나 중국인의 정신세계를 이해하는 데에 불교를 간과할 수 없다. 사실 도교가 개인의 욕구를 충족시켜 주는 비조직적이며 하나의 기술적인 종교라고 한다면 불교야말로 중생을 구제하고 교리의 체계와 조직을 가지며 업보와 윤회의 사상을 가지고 영혼의 구제를 추구하는 종교이기 때문이다. 도교가 세속적인 세상에서 현실적인 욕구를 추구하는 것이라면 불교는 초월적인 존재 앞에 자신을 포기하고 귀의하여 영원한 해탈을 염원하는 것이다. 그러므로 중국인은 사회생활에서 유교적 가르침을 존중하고 개인의 양생을 위하여 도교적 기술을 생활화하면서 내면의 정신세계를 불교적 신앙으로 채우는 것이다.

우리는 오늘날 중국에서의 종교생활에 대하여 관광산업이 연출하는 이미지와 개인의 진지한 신앙 행위를 구분하여 읽어야 한다. 유교는 국학의 이름으로 국가의 중화문화 부흥운동의 틀에서 재조명을 받고 있고 도교는 전통적인 개인의 양생을 위한 수련과 음식과 여가활동의 영역에서 볼 수 있지만 최근 문화산업 혹은 관광산업에 의하여 도교 성지와 함께 상품으로서 조장되고 대중화하고 있다. 불교는 부처의 대자대비에 의존하고 욕망으로부터의 해탈을 추구하는 현대인의 욕망에 호소력을 갖는다. 불교는 신자들이 내는 헌금으로 양로원이나 고아원을 위한 시설을 크게 짓고 복지후생사업을 주도함으로써 사회적 호소력을 넓히고 있다. 도교와 유교와 불교의 성지와 유적 및 사찰 등이 오늘날 관광산업과 결합하여 상품으로서 아주 융성하는 듯이 보인다. 그러나 그 속에서도 중국인들이 진지하게 향을 올리고 절을 하는 모습을 볼 수 있다. 아마도 많은 굴곡의 역사를 겪은 그들에게 급격한 세상의 변화는 또 한 번 그들이 종교를 원하게 만들고 있는 것이다.

따라서 최근의 종교생활의 부흥은 "홍양중화문명"(弘揚中華文明)의 기치를 내건 정부의 문화정치와 종교 유적과 성지를 문화콘텐츠의 자원으로 보려는 문화산업계와 관광산업계의 소비문화 발명, 여기에 급격한 변화 속의 현대사회에 적응하기 위한 가치관의 추구를 시도하는 인민의 염원 사이에 긴장과 경쟁과 타협이 이루어지고 있는 것이다. 정부는 공자학의 중흥을 내걸고 도교 사원의 개원식에 국가주석이 참석하며 묘회를 정부에서 지원하는 등 소위 전통에 대한 국가의 관심이 강조되고 있지만 그것은 민간의 전통적인 영역을 국가가 장악하는 새로운 문화정치 혹은 문화경쟁인 것이다. 그러므로 국가와 인민 사이에 세계관의 실천방식을 둘러싼 역동적 관계의 전개 양상은 인문학적 사회과학 혹은 사회과학적 인문학의 중요한 관심사이다.

9. 유가적 지식인의 모습

이 강좌에서 나는 보통 사람들의 일상의 세계를 인류학적으로 이해하는 시도를 하였다. 우리는 인민을 정치와 역사의 바람결에 무상하게 휩쓸리며 사라지는 무리로 상상하기 쉽다. 그러나 그들이 국가와 경쟁하고 타협하는 주체적인 존재로 전제한다면 그들 속에서 그들의 세계를 만들어 나가는 지식인의 존재를 배제해서는 안 될 것이다. 오늘까지 유구한 인민의 일상세계가 역사와 함께 부침을 하면서 존재케 하는 지식인에 대하여 한 사람의 일생을 소개함으로써 그 이해를 돕고자 한다. 아래의 글은 〈떨어지는 꽃잎을 보며 어느 학자의 일생을 반추하다〉라는 제목으로 본인이 서울대학교 신문 (1655호 10-11면, 2005년 5월 16일 자)에 게재하였던 당대 중국의 한 사회인류학자에 대하여 쓴 글의 요약이다.

지난 4월 24일 현대 중국의 대표적 '행동하는 학자'였던 페이샤오퉁(費孝通) 교수가 세상을 떠났다. 그의 장례식에서 받은 깊은 인상을 버릴 수 없어 여기 그에 대한 이야기를 간단히 적는다.

페이샤오퉁은 1910년 장쑤성 오강현의 향신(鄕紳) 집안에서 태어났다. 그의 젊은 시절은 근대라는 폭력을 무기로 삼은 열강의 침략 속에 침몰하는 늙은 제국을 바라보는 울분과 고뇌로 가득 찬 시기였다. 쑤저우의 동오대학 의예과 학생이었던 그는 당시 무능하고 부패한 정부에 대한 통렬한 비판운동을 주도하였고 이 일로 퇴학을 당하게 되었다. 이 뛰어난 자질의 젊은이를 너무나 아꼈던 교장은 그를 베이징의 연경대학으로 전학시켜 주었다. 당시 연경대학은 서구의 저명한 사회학자와 인류학자들을 초빙하여 한 학기 혹은 일 년의 강의를 맡겼는데 그는 이들의 강의를 접하면서 인류학에 눈을 떴고 칭화대학 대학원에 진학하여 사회인류학을 전공하였으며 런던대학 정경학원(LSE)으로 유학을 하여 말리놉스키 교수를 사사하였다. 후에 그는 이렇게 술회하였다. "원래 나는 의사가 되고자 했다. 그러나 연경대학에서의 수업은 나로 하여금 의사가 되면 한 사람의 생명을 구할 수 있지만 5억의 인민을 도탄으로부터 구하는 길은 사회(인류)학을 하는 것임을 깨닫게 해 주었다."

1936년 영국으로 떠나기 전 그는 연경대학 사회학과 학생이던 왕통후이(王同惠)와 결혼을 하였고 함께 남부 광시성 산악지대의 야오(瑤)라는 소수민족 조사길을 떠났다. 조사를 마치고 돌아오는 길에 그는 현지인들이 쳐 놓은 호랑이 덫에 걸렸고 구조를 요청하기 위해 산길을 달려 나갔던 부인은 낭떠러지에서 떨어져 비참한 죽음을 당했다. 결혼한 지 108일째 되는 날이었다. 젊은 학도가 그 학문적 조사의 첫머리에 당한 그 비극은 아마도 파란만장한 그의 일생을 예고하는 것이었는지도 모른다.

두어 달의 요양생활을 마치고 그는 그해 가을에 런던대학으로 갔으며 1938년에 박사학위 논문을 완성하였다. 그것은 그가 학술적으로 이름을 붙인 강촌(江村)이라는 한 작은 농촌에서 행한 현지 조사를 바탕으로 하여 작성한 중국 농민의 사회와 생활에 대한 민족지였으며 이듬해 영국에서 *Peasant Life in China*"라는 단행본으로 출간되었다. 그것은 서구인에게 당시 중국의 현실을 알게 해 주는 최초의 영문으로 된 책이었다.

1939년 가을 그는 일본에 대한 국공합작의 전쟁이 진행되고 있는 조국으로 돌아왔다. "기아에 허덕이는 인민과 풍전등화와 같은 조국의 현실 앞에서 나는 지식인은 조국과 인민의 운명에 책임을 져야 한다고 믿었다. 그것이 자신을 파멸로 이끌지라도 그 운명을 받아들여야 하는 것이다." 그는 윈난성 쿤밍시에 설립된 전시 연합대학에 합류하여 낮에는 가르치고 틈틈이 학생들과 농촌을 조사하고 밤에는 낡은 집에서 호롱불 아래 동료들과 열띤 토론으로 지새웠다. 토지에 얽매인 가난한 농민의 반복되는 삶의 굴레에 대한 조사결과는 세 편의 논문으로 나왔고 후에 "*Earthbound China*"라는 책으로 출간되었다. "당시 우리는 지극한 가난 속에서도 조국의 운명을 구할 수 있다는 신념과 열의로 차 있었다."

1945년 이차대전이 끝나고 그와 동료들은 국민당 정부의 독재와 부정부패를 격렬히 성토하였으며 학생들은 이에 격려되어 강력한 반국민당 시위를 조직하였다. 12월 1일 원이둬(聞一多)와 리궁푸(李公仆) 교수가 참살당하고 페이도 암살대상자 명단에 오르자 그는 영국정부의 도움으로 이듬해 망명생활을 하게 된다.

1947년 2월 그는 베이징으로 귀환하여 칭화대학의 교수직을 되찾았으며 이전처럼 민주운동의 지도자적 활동을 재개하면서 왕성한 저술활동으로 당대 지식인들의 열광적인 지지를 받았다. 그는 폐허만이 남은 중국의 거대한 토지 위에서 가난과 낙후와 무기력의 암울한 현실을 신랄하게 분석하면서 미래를 건설할 제시를 설파하였다. 현실에 대한 두려움 없는 솔직하고 진실된 자세와, 아무것도 가진 것 없는 황량한 조국과 농민에 대한 뜨거운 사랑이 담긴 간결하면서도 유려한 필치의 문장은 〈관찰〉이라는 지식인 상대의 잡지를 통하여 폭발적인 힘으로 쏟아져 나왔다. 그 문장들은 후에 재편집되어 『향토중국』이라는 제목으로 출판되었다.

1949년 신중국이 성립하였을 때 많은 동료들이 해외로 빠져나갔다. 그러나 그는 남기로 결정하였다. 공산당 지배하에서 비판세력으로서의 지식인의 할 일을 스스로 맡기로 한 것이다. 우웬자오(吳文藻), 판광단(潘光旦), 마인추(馬寅初), 첸따(陳達) 등은 모두 컬럼비아대학에서 박사학위를 받은 정치학자, 경제학자, 사회학자들이며 하버드대학에서 인류학 박사학위를 받은 린야오화

(林耀華), 그리고 철학자 펑요우란(馮友蘭), 문학평론가 우한(吳晗), 언어학자 지시안린(季羨林) 등 뛰어난 인문학자들이 그렇게 남았다.

페이는 민주동맹당을 대표하여 정치협상위원으로서 새로운 중국의 국시를 만드는 작업에 힘썼지만 그의 운명은 급격히 몰락하게 된다. 1952년 정치학, 경제학, 사회학, 인류학 등은 제국주의 학문이라는 비판과 함께 대학에서 철폐되었고 학자들은 공장 노동자로 전락하거나 외국문서 번역원으로 배치되었다. 페이는 그나마 운좋게 중앙민족학원으로 배치되어 소수민족 조사업무를 맡았다. 베이징대 총장이던 마인추는 마오쩌둥의 인구정책을 비판하다 사라졌다.

1956년 그는 강촌을 재조사하였다. 〈중방강촌〉(重訪江村)이란 보고서에서 그는 사회주의 혁명에도 불구하고 농민은 20년 전과 다른 바 없이 가난에 허덕이고 있다는 사실을 공개하고, 사람은 많고 땅은 적은(人多地少) 중국의 현실에서는 현지의 자원과 농민의 노동력과 기술을 안정된 기조에서 결합함으로써 생산력을 높일 수 있게 하는 방안이 이데올로기의 순수함보다 더 급하다는 점을 피력하였다. 곧 정부로부터 비판이 나왔고 조사 보조원이었던 학생은 그가 서구 제국주의적 학문의 시각과 방법을 가지고 혁명적 현실을 왜곡하도록 학생들의 사상을 오염시켰다고 고발하였다. 페이는 〈인민일보〉에 "向人民伏罪"(인민에게 죄를 자복함)라는 자술서를 발표하였고 그 후로 조사연구활동이 중지되었다. 그는 이렇게 말했다. "진실과 이데올로기 사이에서 나는 뜬눈으로 밤을 새우곤 했다. 그러나 진실을 말함으로써 내 개인이 겪어야 할 고통은 6억 인민이 겪어야 하는 고통에 비하면 아무것도 아니라는 결론을 내리게 되었다. 나는 내 양심을 말할 기회가 주어지는 한 얼마든지 자술서를 쓸 준비가 되어 있었다."

1957년 마오쩌둥은 백화제방을 외쳤다. 페이는 〈지식분자의 이른 봄 날씨〉

(知識分子的早春天氣)라는 전국을 떠들썩하게 만든 글을 발표하였다. 그러나 반년도 못 되어 이 글과 〈중방강촌〉은 반당 반사회주의라고 단죄되었고 그는 우파분자로 몰려 모든 직책을 박탈당했다. 그의 모든 저작물은 압수되었다. 그는 가끔 영어문서 번역에 동원될 뿐 그의 모습은 나타나지 않았고 목소리도 사라졌다.

그로부터 10년 후 문화대혁명이 일어났다. 페이는 다음과 같이 당시를 나에게 말해 주었다. "그 며칠 전에도 집에 와서 담소를 즐겼던 나의 학생들이 문을 박차고 들이닥쳤을 때 나는 순간적으로 또 하나의 연극이 역사라는 이름으로 연출되는 것을 알아차렸다. 나는 이를 막을 수 없었다. 대신에 이를 즐기기로 하였다." 민중의 거대한 파도를 막을 수가 없으며 억지로 거스르려고 했다가는 파도에 묻혀서 죽을 수밖에 없다고 판단한 그는 일단 이 거센 파도 타기를 즐기기로 한 것이다. 그래서 그는 손수 "자본주의의 개"와 "제국주의의 시녀", "반당 반혁명분자" 죄목을 쓰고 그 판을 목에 걸고 군중집회에 끌려 나갔다. 길에서 군중들이 "페이샤오퉁을 타도하라"라고 외치면 자신도 따라서 힘차게 그 말을 외쳤다. "많은 자연과학 분야의 친구들이 충격으로 쓰러졌다. 그들에게는 도저히 이해할 수 없는 이 엄청난 폭력과 타협한다는 것은 있을 수 없는 일이었던 것이다. 우리들 인문사회과학자들은 대중이 어떻게 폭력이 될 수 있는가, 그리고 역사의 진실이란 무엇인가에 대해 그들 자연과학자나 법학자보다는 어느 정도 융통성을 가지고 바라볼 여유를 축적하고 있었다."

문화혁명 기간 중 아무도 그의 생사를 알 수 없었다. 그는 저우언라이의 특별 배려로 후베이성 간부양성학교의 식당에 잡역부로 배치되었다. 1972년 겨울 그는 베이징의 중앙민족학원으로 귀환되었으나 그의 존재는 알려지지 않았다. 1975년 닉슨이 방문했을 때 미국 측이 제일 먼저 물었던 것은 페이에 대한 생사 확인이었고 몇몇 학자들이 그를 만나도록 허용되었다. 레닌복을 입은 짧은 머리와 검게 탄 얼굴의 65세의 페이는 근 20년 만에 처음으로 서방세계에 그 모습을 다시 드러내었다. 저간의 삶에 관한 질문에 대하여 "나는 이전에는 인민의 가장 본질적인 수준에까지 들어가지 못했다. 나는 여전히 계급적인 위치를 벗어나지 못했던 것이다. 혁명은 나로 하여금 이를 근본적으로 바꾸게 만들었다"고 하였다. 그 혁명이란 것은 곧 사회주의를 말하느냐는 질문에 대하여 그는 "혁명이란 내 자신의 내부에서 일어난 혁명이다"라고 하였다. "당신은 이전의 모든 사상과 학문을 부정하는가"라는 질문에 대하여 그는 잠깐의 침묵 끝에 "개인의 머릿속에 어떤 생각이 들어 있는지는 아무도 모른다. 오직 본인만이 알 뿐이다"라고 짧고 의미심장한 대답을 하였다.

1976년 문혁이 끝나자 페이는 4인방에 대한 재판장을 맡았으며 민주동맹의 당수이자 인민대표대회 상무부위원장으로서 전통적인 학자-정치가로 활발한 활동을 전개하였다. 그는 중국사회과학원에 사회학연구소를 설립하였고 베이징대학에 사회학인류학연구소를 건립하였다. 또한 '사회학 고급강좌'를 조직하여 사회학을 재건하였다. 총서기 후야오방은 페이의 이론을 받아들여 향진기업을 모델로 삼는 개혁개방 정책을 전개하였다. 그것은 농촌의 공업화에 집중하여 촌락을 하나의 집체적 기업 단위로 만들고 소도시를 중심으로 하는 생활세계를 이룩하는 것인데 이로써 농민은 외지로 떠나지 않고 사회적 안정과 향상된 경제를 향유할 수 있는 것이다. 이 정책은 1980년대와 1990년대 중국 전역을 풍미하였으며 현재에도 지역사회 발전의 이론적 기본이 되어 있다.

1989년 6월 4일 천안문사태가 발발하였을 때 지식계의 눈은 페이에게 쏠렸다. 그는 끝내 침묵을 지켰고 실망한 젊은이들 중에는 그가 명예와 권력에 양심을 팔았다고 비난하는 사람도 있었다. 이들 중 적지 않은 수가 그 후 서양으로 가서 유학과 함께 현지 국가의 시민권을 가지고 가끔씩 고향을 방문하면서 특권적인 지위를 누린다. "우리가 그토록 고통과 좌절을 대가로 치르면서 줄기차게 염원해 왔던 우리들의 신중국이 이제 시작하고 있었다. 나는 내가 인민에게 봉사하고자 했던 그 일생의 꿈이 실현될 것인지 아니면 또다시 원점으로 돌아갈 것인지의 엄중한 기로에 서 있음을 깨달았다. 올바른 길로 가기 위하여 유혈적인 희생도 때로 필요하다. 문제는 그러한 희생을 감내할 진정한 자세이다." 당시 말을 하는 것도 큰 용기가 필요한 일이었지만 말을 하지 않는 것도 그에 따른 고통을 감내하는 용기가 필요한 행동이었을 것이다. 천안문사태가 유혈진압으로 끝나고 처벌의 찬바람이 휩쓸자 그는 원로 지식인들의 앞장에 서서 장래의 인재들을 위한 탄원서를 정부에 제출하였다.

그는 젊은이들을 해외유학을 보내는 정책과 방안을 적극 추진하였으며 여러 대학에 사회학과를 건립시켰다. 그는 인류학의 재건에 마지막 정열을 쏟았는데 나는 그를 도와 1995년부터 6년간 여름이면 베이징대학에 '현대사회인류학 고급강습반'을 조직하여 전국에서 선발된 청년 학자들을 훈련시켰다.

"반우파 투쟁과 문혁은 그때까지 내가 썼던 모든 글과 자료를 빼앗아 갔으며 나는 그것들을 두 번 다시 볼 수 없었다. 나는 모든 것을 다시 시작해야 했다. 옛날에 배웠던 바를 반추하여 유용성을 찾아내고 기회가 닿는 대로 인민의 세계 속으로 다시 들어가서 조사를 하면서 통합과학으로서의 인류학을 만들어 내었다. 학문적인 바탕이 열악한 현실에서 우리가 할 수 있는 방법은 이렇게 혼자서 스스로에게 과하는 과외공부, 즉 푸커(補課)였다."

학자로서 그는 현지 조사를 생명으로 삼았다. 학문은 정책을 올바로 세우도록 지식과 방향을 제시하는 것이며 그러기 위해서는 반드시 인민의 현실 속으로 들어가서 직접 보고 듣고 체험을 하여 실증적으로 문제의 심층을 파고

들어야 한다는 것이 인류학자로서 그가 일생동안 견지해 온 자세였고 방법이었다. 그는 강촌을 일생 동안 23차례나 반복하여 방문하였다. 이 작은 한 촌락의 현실을 통하여 그는 중국 전체의 과거와 현재를 파악했으며 또한 미래의 방향을 모색하였던 것이다. 또한 그는 중국의 전 지역을 직접 답사하면서 파악한 바를 국가정책에 반영되도록 노력하였다. 그는 자신을 야생마라고 불렀다. "인민을 잘살게 하는 것이 나의 학문의 목표였다(志在富民). 이를 위하여 나는 사회인류학이라고 정해 놓은 영역에만 머물지 않았다. 사회를 변혁하고 인민에게 보다 나은 세계를 주기 위하여 나는 사회학이건, 경제학이건, 정치학이건 그 담장들을 마음대로 뛰어 넘나드는 학문적 야생마였다. 앞으로도 나는 그럴 것이다."

일생을 쉬지 않고 탐구하는 현실참여의 학자였던 이 대가는 93세이던 재작년 가을에 신장지역의 답사길에서 걸린 감기가 원인이 된 합병증으로 결국 지난 4월 24일 저녁 눈을 감았다. 60세가 훨씬 지나서 다시 시작된 그의 질풍노도와 같은 학자이자 정치가로서의 생은 16권의 전집을 남기고 한 줌의 재가 되어 빠바오산 국가묘역에 묻혔다.

베이징대학, 칭화대학, 중앙민족대학을 비롯하여 그의 발자취가 남겨진 전국의 대학에서 빈소가 차려졌다. 장례식에는 후진타오 국가주석을 비롯한 아홉 명의 국가 영도자 전원이 참석하여 이 대로(大老)에게 예를 표하였다. 전국에서 모인 조문객들이 길고 긴 장사진을 이루었고 시간상 마침내 열 명씩 한 줄로 유체 앞에서 고개를 한 번 숙이는 예를 하는 것으로 영결식을 진행하였다. 그의 죽음은 청조(清朝)의 몰락에서 시작하여 중일전쟁과 국공내전 그리고 사회주의 혁명과 개혁개방에 이르기까지의 파란만장한 중국 현대사의 한 종결이었다. 나는 그의 죽음을 대하는 사람들의 모습 속에서 중국이 다시 살아나고 있음을 발견하였다. 실로 끝없는 시련과 고통의 여정이었던 그의 생애는 성공적으로 끝을 맺은 것이다. 4월 마지막에 떨어지는 꽃잎들 사이로 5월의 싱그러운 초록이 대지를 덮으면서 빛나고 있었다.[19]

---

19 그의 묘는 2010년 고향인 우장(吳江)으로 옮겨졌다. 시민공원 한쪽 언덕진 곳에 그의 무덤이 있다. 낙엽귀 근, 한 개인으로서 귀향을 한 것이다.

제 6 장

—

종합토론

강연자는 시간과 공간을 초월하는 어떤 정신적인 요소에 초점을 맞추는 인문학적 접근방식과 구조, 제도, 정책, 수치 등의 분석에 치중하는 사회과학적 접근방식이 갖는 한계와 문제점들을 지적하면서 현대 중국의 사회와 문화를 이해하는 제3의 시각으로서 인간 중심의 문화해석학을 제안한다. 여기서 문화는 고착되고 정태적인 전통이 아니라 특정한 시대적 조건들 속에서 인간에 의해 다양하게 실천되고 변화하는 것으로 개념화된다.

이 강좌는 사회주의 혁명에 따른 거대한 구조 변동과 문화 변혁 속에서 행위주체자로서의 인민들이 일상에서 보여 준 다양한 전략적 적응과 타협, 공모, 경합을 중심에 놓고 현대 중국에 대한 이해를 도모하는 이런 접근방식을 통해 강연자는 중국사회를 구성하는 서로 다른 문화적 존재들(예를 들어 엘리트, 민중 등의 용어로 표현되는) 사이의 역동적 관계성을 잘 드러냈을 뿐아니라 인민의 전략적인 실천을 통해 문화가 형성되고 변해 가는 과정을 잘 포착하고 있다. 강연자와 동일 학문 분야에 속한 토론자로서 현대 중국을 보는 시각과 접근방식이 비슷하기 때문에 특별히 반론을 제기할 만한 부분은 없다. 단지, 보완이 필요하다고 생각되는 몇 가지 주장들을 중심으로 의견을 개진하고자 한다.

[토론 1] 제1주차 강연에서 초대형 역사영화와 TV 사극, 다큐멘터리 작품들이 쏟아져 나오고 있는 현상과 관련하여, 국가와 민족 공동체의 상징적 구

축이라는 문화정치의 시각에서 그 경향성을 지적하는 것은 공감이 된다. 다만, 특히 시장 논리가 반영된 상업성 작품들에 대한 문화정치적 해석은 조금 더 조심스러울 필요가 있다고 생각한다.

중국정부가 수익성이 매우 낮음에도 불구하고 "주선율" 영화(사회주의 혁명의 역사와 그 영웅들을 찬양하는)의 제작을 적극적으로 지원하는 현상이라든지, 티베트나 신장 등과 같은 소수민족 지역을 소재로 한 영화들이 정부의 지원을 받아 제작되는 현상 뒤에는 국가의 문화정치적 의도가 다분히 반영되어 있다. 그러나 영화 〈영웅〉이나 〈정관지치〉와 같은 대형 TV 사극 등의 경우, 일차적으로 시장의 논리를 반영한 문화상품으로서 그 속에 포함된 국가와 민족의 통합의 중요성에 관한 메시지는 부차적이라 할 수도 있다. 중국정부가 장이머우 감독의 대작 영화들에 대한 대대적인 지원을 하게 된 것은 영상산업의 규모를 확대하고 발전의 가시적 성과를 드러내려는 의도이며, 그런 점에서 국가가 자본과 시장의 영향력에서 자유롭지 못함을 보여준다.

[토론 2] 강연자는 개혁개방 이후 전통적인 문화요소들의 복원이나 활성화 경향을 보여 주는 다양한 사례들을 열거하면서, 여러 다른 행위주체들(국가, 지방정부와 지방사회, 지식 엘리트, 인민 등)이 왜 전통문화의 복원이라는 전략적 선택을 하게 되는지를 그려 내고 있으며, 때로는 서로 대립하고 때로는 타협하고 때로는 공모하는 이 행위주체들 간의 관계성을 포착하고 있다. 다만, 한 가지 크게 주목받지 못하고 있는 것은 이 현상과 관련된 시장(상인)의 역할이다. 전통적 지식이나 기예(사주관상, 풍수, 기공, 무술 등)의 상품화, 상품화된 전통 혼례식의 등장, 개발 이익과 연동된 전통적 주거지역 복원사업 등등은 개혁개방 이후 자본과 시장의 영향력이 확산되면서 나타나고 있는 전

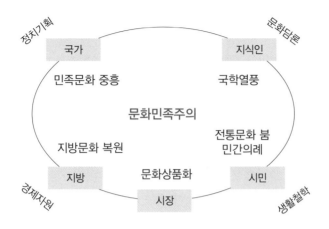

통의 상품화 현상이다.

물론 상품화되는 것은 전통뿐만 아니다. 마오쩌둥 배지를 비롯한 혁명 유품들이 기념품으로서 거래되고, 혁명을 소재로 한 예술작품들이 고가로 거래되고, 혁명 근거지가 관광상품화되며, 지식청년들의 상산하향에 대한 기억들이 지방의 문화자원으로 변용되는 것 등 시장에 의한 혁명의 상품화 현상 또한 적지 않다.

[토론 3] 제2주차 강연은 다민족통일국가를 지향하는 '중화민족'이라는 개념은 관방의 담론에 불과하고, 인민들에게는 여전히 문화적 화이관이 견고하게 자리 잡고 있다고 주장한다. 이것이 의미하는 바가 무엇인지 조금 더 자세한 설명이 필요하다. 강연자는 중국을 구성하는 다양한 민족들이 각각 하나의 독립된 문화적 세계를 구성한다고 믿고 있기 때문에 국가가 개입하여 그것을 깨기 위한 노력을 경주한다고 주장하는 것처럼 보인다. 그렇다면 국가의 강제력 외에는 이들을 하나로 묶을 수 있는 어떤 힘이 없는 것인가?

이들에게 하나의 공동운명체라는 인식을 심어 줄 수 있는 공통성이나 공감대가 없거나 매우 약하다는 뜻인가? 티베트족이나 신장위구르족처럼 분리주의 경향이 뚜렷한 소수민족은 그렇다 치더라도, 그 밖의 다른 소수민족들도 마찬가지인가? 한족에게 소수민족은 종종 여성화된 존재, 도움이 필요한 아우 같은 존재, 교육이 필요한 대상, 특이한(때로는 미개한) 풍습을 가진 사람들로 인식된다. 민족 간 접촉이나 이주의 확대로 인한 한족화 혹은 문화 혼종화가 문화적 화이관의 희석으로 이어질 가능성은 없는가? 혁명경험의 공유라는 것이 문화적 차이가 만들어 내는 간극을 줄여 주는 끈으로 작용할 수도 있지 않을까?

[토론 4] 강연자는 혁명의 시대에 가(家), 족(族), 향(鄕), 민간신앙, 도교전통 등이 새로운 사회에 위협이 되는 구시대의 유제나 봉건미신으로 간주되어 해체되거나 크게 약화되었다가 개혁개방 이후 새로운 환경에 적응하는 데 도움이 되는 사적 자원으로서 다시 부활하고 있는 현상을 잘 그려 내고 있다. 그러나 앞에서도 언급했듯이 새롭게 기억되거나 문화자원으로 부활하고 있는 것은 전통만은 아니며, 혁명의 시대와 그 경험들 역시 문화자원으로 변용되고 있다. 마오쩌둥을 비롯한 혁명 영웅들이 개혁개방 시대를 불안하게 살아가는 많은 사람들을 지켜 주는 신적 존재로 간주되는 것은 대표적인 예라고 할 수 있다.

지배 엘리트에게는 문화대혁명이 대재앙을 뜻하지만, 노동자들에게 그것은 황금시대로 기억된다. 그것은 자신들이 사회주의 중국의 중추이자 주인공으로 선도적 지위를 누리던 시대였다. 개혁으로 인한 사회보장의 감소나 미비한 연금제도, 그리고 실업이나 노사분쟁 등에 봉착할 때, 이들은 종종 자신들이 가장 큰 목소리를 낼 수 있었던 문혁시대의 기억들을 떠올리게 된다. 그 기억들은 단순히 담론 차원에 머물지 않고 때로는 조직의 차원에서 저항이나 단체행동을 위한 자원으로 동원된다. 그것들은 과거의 기억 그대로가 아니라 현재의 맥락 속에서 늘 새롭게 선택되고 재구성된다.

[토론 5] 마지막은 혁명과 인민의 의식변화의 관계에 대한 질문이다. 즉, 사회주의 혁명이 가와 족 위주의 중국 농민의 세계관, 가치관을 얼마나 어떻게 바꾸어 놓았다고 생각하는지, 강연자의 견해를 듣고 싶다. 농촌의 엄청난 제도적 변화들이 농민들의 의식에도 그에 상응하는 변화를 초래한 것인가? 예를 들어 개별 농가 중심의 소농경제를 허물고 집체 중심의 공동체를 제도화한 결과, 농민들의 사고방식이 개별 가정의 이익을 우선시하는 쪽에서 공동의 이익을 우선시하는 쪽으로 많이 이동했던 것일까? 아니면 오히려 집체체제가 사람들로 하여금 이해타산에 더 민감하게 반응하도록 만들어서 (가족)이기주의의 경향을 강화시키는 작용을 한 것일까? 최근 가와 족의 사적 기억들과 활동들이 급속하게 복원되는 현상을 볼 때 혁명은 농민의 의식에 별다른 충격파를 던지지 못했다는 결론을 내려도 되는 것일까?

▣ 답변

[답변 1] 장 교수의 언급은 대중문화 특히 영화와 대형 TV 사극들의 유행의 설명에서 문화상품의 개발이라는 경제적인 맥락에도 관심을 둘 것을 환기하는 것이라고 본다. 문화산업이 시장의 힘과 연결되어 중국에서도 대대적으로 성장한다는 점은 확실하다. 그리고 인민의 일상세계에서 경제의 중요성을 간과해서도 안 된다. 나는 그러한 점을 곳곳에서 언급하였다. 그러

나 본격적인 논의는 국가와 민족 공동체의 상징적 구축이라는 문화의 정치적 과정에 초점을 맞추었기 때문에 시장의 힘에 대한 관찰은 보충적인 성격으로만 처리한 아쉬움이 있다. 개인적으로는 중국연구에서 서구 학계의 경제결정론적인 시각이 갖는 문제점을 따로 논할 기회를 가지려 한다. 시장의 힘이나 경제적 욕구는 배경으로 작용하지만 현재의 중국에서 그것의 실천에는 정치적인 구조와 제도와 과정이 결정적인 힘을 발휘하는 것을 경제결정론자들은 소홀히 여기는 것 같다.

나는 대중을 소비자로 삼는 예술은 혁명 과정에서와 마찬가지로 지금도 정치적 기제로서의 중요성을 부여받고 있다고 본다. TV와 영화산업은 그 프로젝트의 선정과 내용과 심지어 연출진 및 방영 메커니즘에 이르기까지 당국으로부터 면밀하게 검열 관리된다는 점을 주목할 필요가 있다. 영화산업에 대한 국가의 지원책이 시장의 힘에 국가가 일정하게 영향을 받고 있음을 보여 준다는 점에 동의하는데 동시에 그러한 국가의 관심에는 정치적 효과에 대한 판단이 작용하는 이중성이 있음을 간과해서는 안 될 것이다. 즉 국가의 이념과 자본의 욕망이 타협하는 생산의 구조와 제도와 과정을 봐야 할 것이다.

[답변 2] 중국에서 한류의 소비에 대한 중요한 연구서를 펴낸 장 교수는 전통문화의 복원을 시장의 힘과 연결 지어서 이해할 필요성을 보충적으로 제시하였다. 당연한 지적이다. 그런데 문화산업의 유행을 시장과의 연관성과 소위 문화기획자, 즉 상인들의 역할과 입장에 주목하여 이해할 필요가 있지만 현재 중국에서 어떤 양식과 어떤 항목이 유행으로서 복원되는가 하는 데는 반드시 시장성이 결정적인 역할을 하는 것이 아니라고 본다. 시장 자체가 국가에 의하여 관리되고 있다는 점에서 우리는 중국이 개혁개방을 내세

우고 어떤 부문에서는 서구 자본주의 체제적 성격을 강하게 보여 주고 있음에도 어떤 분야에서는 사회주의 체제가 지속되고 있음을 분별할 필요가 있지 않을까 생각된다. 특히 문화생산과 소비의 부문에서는 정부의 관리체계가 강력히 그러나 은밀히 작동하고 있다. 혁명의 상품화를 시장의 역할을 이해하는 사례로 지적하였는데 그렇더라도 그것은 정치가 허용하는 범위 안에서의 사업이다. 즉 혁명의 상품화 현상은 그 밑에 숨어 있는 정치적 의도와 그것이 가지고 오는 정치적 효과를 함께 볼 필요가 있다.

장 교수는 아마도 국가음모론으로 해석하던 종래의 중국연구 시각을 거부하고 인간이 계산을 하고 전략을 꾸미는 존재이며 경제적인 이익을 추구하는 자연스러운 움직임 속에 놓고 보는 시각의 필요성을 강조하는 것으로 보인다. 이 점은 누구나 공감하는 바이다. 그런데 그들의 일상세계에 꾸준히 그리고 깊이 들어가 있으면 중국의 현재는 여전히 사회주의 체제이며 혁명은 진행 중이라는 점을 경험하게 된다. 물론 "모든" 문화활동이 국가에 의하여 치밀하게 의도되고 감시되는 것은 아니며 시민의 자발성과 자본가의 기업가적 조작이 없는 것은 아니다. 점차 그런 조짐도 강해진다. 그렇지만 도표를 보면 장 교수는 국가를 평면적으로 위치시키고 있다. 중국에 관한 한 국가를 사회의 여러 세력 중의 하나로 평준화하여 취급할 수는 없다는 생각이 든다.

[답변 3] '중화민족'의 아이디어는 관방의 담론이고 대중적 차원에서는 화이관이 견고하게 자리 잡고 있다는 강연 내용에 대하여 토론자는 과연 여러 민족의 문화적 특수성을 넘어서 이를 하나로 통합하는 힘은 없는 것인가라는 질문을 제기한다. 그리고 몇몇 분리주의적 민족을 제하고는 모두 한족과의 오랜 통합의 역사적 과정 속에 있어 왔음도 지적한다. 그러므로

다민족의 통합 과정은 곧 한족 중심의 화이관이 희석되는 과정이라고 볼 수 있지 않느냐는 중요한 지적이다. 우리는 어떤 세계관이나 이념체계가 고정불변이 아니라 시대적으로 즉 역사적 과정 속에서 부단한 변화 과정을 겪는다는 것을 잘 알고 있다. 화이관도 그러하다. 인류학자는 한족과 비한족이 일정 지역에 함께 살면서 부단한 문화교류와 상호 동화의 과정을 겪어 나온 역사를 연구함으로써 한족이 특별히 구별되는 특별한 고유성과 정체성을 가지고 있다는 저간의 담론들이 품고 있는 허구성을 규명하는 시도를 하고 있다.

[답변 4] 과거의 기억은 현재적 맥락에서 늘 새롭게 선택되고 재구성된다는 장 교수의 제시에 전적으로 공감한다. 인류학이 역사인식과 역사의 재구성에 대하여 연구할 때 전통적인 역사학자와 다른 점이 바로 이 점에 더 착안을 한다는 것이다. '과거'의 기억 자체가 이미 정부나 혹은 인민 대중에 의하여 정치적으로 재구성된 것이다. 예컨대 나는 앞의 제2장에서 〈대국굴기〉의 방영 이래 대국 중국의 부흥 준비 메시지와 함께 군사력 강화를 주제로 한 TV 논쟁을 소개하였다. 거기서 아편전쟁이 어떻게 핵심적인 역사기억으로 작동하는지를 보았다.

그러므로 나는 과거의 기억이 어떻게 국가와 인민 사이에 갈등과 공모의 틀 속에서 재정의되고 발명되는가를 살펴보는 것이 필요하며 이는 역시 정부의 공식적인 발표문 외에 사람들의 생활 속에서 관찰해야 한다는 점을 강조하고자 한다.

같은 시기에 문화대혁명의 기억이 때로 대중으로 하여금 정부에 대한 시위나 비판의 목소리를 내는 용기 ─서구 학자들이 관심을 두는 인민에 의한 민주화─ 의 원천으로도 작용한다는 점은 흥미로운 지적이다. 지식청년운동의 회고가 1990년대 전반에 일어났었는데 최근에 다시 대국 중국의 굴기를 맞아 지난 혁명 60년을 회고하는 대중매체의 대형 다큐멘터리에서 상산하향(上山下鄕)의 삽대(揷隊)에 용약 참여했던 지식청년의 기억들이 열혈 애국주의와 사회주의 혁명의 언어로 재현되고 있다. 그런데 이것은 홍위병이었던 세대들이 마음속 깊이 우리가 도대체 무엇을 했는가, 우리는 과연 옳은 일을 하였는가 하고 자성적 질문을 하다가 마침내 "우리는 신중국 발전에 필연적으로 요구되는 시대적 사명을 그 시대의 세대로서 담당하였다. 그렇지?" 하는 자문자답 그리고 마침내 자기 긍정의 절규로 이어지는 심리적 갈등을 보이고 있음을 의미한다는 점도 언급하고자 한다. 우리는 일상 속에서 사람들이 문화대혁명에 대한 기억을 떠올리는 것을 그리 쉽게 그리고 즐겁게 여기지 않는다는 것을 볼 수 있다. 1990년대에 출생한 젊은이들은 그것이 무엇인지를 묻기도 하지만.

[답변 5] 마지막으로 인민의 의식변화에 대한 질문에 대하여 소식(蘇軾)이 〈적벽부〉(赤壁賦)에서 읊은 도가적 사설이 생각난다. "달이란 차고 기울고 물은 찼다가 비어지는 것이지만 그렇다고 없어지거나 성장하는 것이 아니다. 대저 변함으로써 논한다면 이 세상에 잠시도 동일한 것은 없으며 변하지 않는 것으로 따진다면 이 세상을 내가 보듯이 변하는 것이 없다"(盈虛者如彼而卒莫消長也 將自其變者而觀之則天地曾不能以一瞬. 自其不變者而觀之則物與我皆無盡也)는 것이다.

제3장에서 언급했듯이 역사시간을 회선 혹은 나선적 진행(spiral road)으로 볼 필요가 있다. 직선적 진화론적 변화(lineal evolutionary transformation) 대신에 어떤 조건을 구성하는 요소들이 일률적이고 제일적(齊一的)으로 나아가는 것이 아니라 서로 위치와 속도를 달리하면서 한편으로 이전의 상태를 유지하

면서 새로운 요소를 가미하고 다시 그 상태를 유지하면서 또 새로운 모습을 가미하면서 진행한다는 것이다. 기어츠는 중층적 기술을 말하면서 다양한 요소의 모순적인 만남이나 필연성의 비껴 나감이 만드는 역사적 사실의 중요성을 지적하였다.

과거의 기억은 현재에 대한 비평의 한 수단으로서 되살아난다. 경제발전이 풍요를 가져왔지만 동시에 계층화를 가져오고 또한 계층구조는 불안정하고 끊임없이 변하는 과정에 있으며 경쟁은 이전의 공동체적 윤리와 가치를 없앴다. 따라서 사람들 중에는 마오쩌둥 시절이 가난했지만 평등했고 사람다운 대접을 누렸던 때라고 말한다. 비록 현재에 과거의 기억이 되살아나고 물리적인 재생산으로 연결된다고 하더라도 과거의 일정 시점과 비교할 때 반드시 동일한 것은 아니다. 가족의 조직적 측면이나 제도적 측면 그리고 심지어 윤리적 구속력은 토지와 농업에 의존했던 과거에 비하여 달라졌다. 경제구조도 원인이 되지만 혁명교육의 결과이기도 하다. 다만 향촌사회에서는 농민은 고향에 머물며 집체적으로 생활 단위를 이루도록 한 국가정책에 의하여 오히려 전통의 보존을 조장한 점도 있었음을 주목할 필요가 있다. 과거처럼 종족이나 전통적인 인간관계가 동일하지는 않더라도 개인적 경쟁력이 요구되는 새로운 구조 속에서 어느 정도 중요한 사회적·경제적 그리고 정치적 자원으로서 재생되고 재활용되는 것은 명백하다. 문제는 이러한 재생을 두고 통치를 위한 국가의 이성과 개인의 사적인 성취욕 사이에 어떤 경쟁과 타협이 문화적 현상으로 전개되는가를 볼 필요가 있는 것이다. 그것을 정부가 말하는 개인의 소질론이나 서구인들이 제시하는 현대성이나 신뢰사회의 조건 등의 개념에 의존하여 평가할 필요는 없다고 본다. 문명의 오랜 역사를 가진 사회에서 형성된 '바람직한 인간적 삶'에 대한 가치판단의 틀에서 볼 필요가 있다.

■ 토론 2. 장정아 교수 (인천대)

[토론 1] 김 교수는 첫 강의에서 현재 한국에서 중국을 바라보는 시각의 한계를 지적하고 인문학과 사회과학적 접근의 필요성을 거론하고, 특히 사람들의 일상세계 속에 들어가 문화의 역동성에 주목하고 사람들이 어떻게 '살고 있는지'뿐만 아니라 무엇을 어떻게 '만들어 내고 있는지'를 분석할 것, 그리고 중국을 바라보는 '우리의 시각'이 필요함을 역설하셨는데 이러한 문제의식들에 완전 동의한다.

현재 우리는 '중국 붐'이라고 하여, 한국에서 마치 중국에 대해 엄청난 관심과 연구가 쏟아지는 듯 여기지만 실제 언론에서 중국을 다루는 방식이나 연구 경향을 보면 제한적이고 피상적이다. 중국에 대해 '우리의 시각'을 가지고 제대로 알려는 진지한 고민은 목전의 쟁점에 대해 당장의 답을 줄 수 있는 연구의 요구에 묻혀 버린다. 이런 상황에서 학술적 연구뿐만 아니라 일반인의 중국이해를 위해서도 더욱 인문학과 사회과학적 시각의 결합이 절실히 요구된다.

예컨대 한국뿐 아니라 미국에서도 끊임없이 던져지는 질문 중 하나는 "중국이 과연 민주화가 될 것인가"라는 것이다. 나는 2011년에 미국의 최고 싱크탱크에서 하는 세미나에 참석했는데 모든 사람들이 이 질문의 고정된 틀을 벗어나지 못하고 토론하는 것을 보고 놀랐다. 인류학자들은 중국사회가 가진 저력과 문제점을 단일한 잣대로 단순하게 이야기할 수 없음을 잘 안다. 이 부분에서 인문학적인 시각과 사회과학적 시각의 결합의 필요성을 절감하게 되는 것이다.

그런데 사실 인문학과 사회과학의 결합은 아주 어려운 일이기도 하다. 특히 인류학은 일상생활 속에서 사람들의 행동과 사고와 감정을 관찰하면서 동시에 중국이라는 사회가 움직여 나가는 전반적인 질서와 규칙과 운영 원리를 관찰하여 이 둘을 결합해야 한다. 사상과 문학, 역사에서부터 정치와 경제까지 아우르는 동시에, 기존의 학문적 틀로는 잡히지 않는 사람의 삶의 순간순간을 포착하는 것이 필요하다. 마지막 강의 때 반란과 무구조(communitas)의 경험 이야기를 하셨듯이 역동적 과정의 순간들과 중층적인 의미의 결합을 사회와 문화와 국가의 맥락에서 해 나가는 것이다. 그런데 이것이 쉽지 않다. 인류학적 현지 조사도 상상 외로 힘이 드는 작업이다. 교수님께서 오랜 기간을 중국연구를 해 오면서 인문학과 사회과학의 결합이라는 과제에 대해 경험하신 것을 보충해 주시기 바란다.

[토론 2] 두 번째 강의에서 중화의 세계를 다루셨는데 인류학자로서 중국과 중화주의 그리고 민족주의에 대해 어떤 입장을 가지는지를 말씀해 주시면 좋겠다. 분명히 중국을 시장으로만 바라보는 한국의 주류 시각에 문제가 있다는 지적에 공감한다. 그런데 경제의 틀을 떠나 중국을 어떤 입장에서 어떻게 봐야 할지는 많이 고민하게 된다.

특히 중화주의와 민족주의의 문제는 서구에서 중국을 바라보는 시각 중에서 가장 중요하고도 민감한 쟁점이며 동시에 중국인들이 서구 학계와 언론에 대하여 가장 반감을 가지는 부분이다. 따라서 한국인 연구자로서 가져야 할 새로운 시각은 무엇이어야 할까?

중국의 민족주의는 비판할 부분도 많지만 동시에 감정적으로 이해가 가는 부분도 있다. 예를 들어 본인이 홍콩에서 조사하며 만난 중국인이, 중국 정부의 정책으로 인해 홍콩에서 가족과 평생 떨어져 살았으니 이제 가족이 같이 살게 해 달라고 중국정부에 대한 시위를 하면서도 개인적으로는 "나는 솔직히 중국정부에 대해 아무런 원망이 없다. 중국정부의 정책이 내 인생을 아무리 비참하게 만들어도 상관없다. 나는 그래도 중국인이라는 게 자랑스럽다. 중국이라는 거대한 국가가 내 배후에 있기에 나는 든든한 마음으로 살아갈 수 있다. 국가에 비하면 나는 지극히 미미한 존재에 지나지 않는다. 중국이라는 국가가 강한 것이 나 같은 미미한 인간의 인생보다 훨씬 중요하다. 나 같은 존재의 인생을 위해서 국가가 뭔가를 바꿀 필요는 없는 것이다"라고 말을 하였다. 중국 본토에서 온 사람들의 이런 모습에 대하여 홍콩 사람들이나 서양인들은 '역시 중국 대륙인들은 구제불능의 골통들'이라고 반응한다. 그러나 나는 이해를 할 수 있었는데 아마 우리 자신의 모습과 비슷한 점이 많았기 때문일 것이다. 이렇듯 중국인들의 민족주의에 대해서 비판만 할 수는 없다고 보지만 과연 중국을 연구하는 한국학자로서 어떤 입장을 취할 것이냐고 물으면 고민이 많다.

역사와 문화의 재조 프로젝트에 대하여 그런 것들이 결과적으로 중화주의의 부흥을 낳는 부정적인 측면이 있지만 긍정적인 측면도 있음을 인정한다. 예를 들어 최근 문화유산운동에 대하여 현지 지식인들은 사라지는 소중한 문화유산들을 이제야 살릴 수 있게 되어 행복하다고 한다. 나는 그들의 문화에 대한 진지한 열정에 감동하지 않을 수 없다. 그러나 바로 그런 생각과 이야기들이 모여서 소위 '중화주의의 부흥'이라는 현상을 낳는 것도 사실이다. 우리는 이런 부분을 모두 봐야 한다. 이처럼 인류학자는 거대담론과 실제 현실의 관계, 정부의 정책과 사람들의 생각의 관계를 항상 고민한다. 교수님께서 말씀하신 '인간 중심의 문화해석학'이라는 시각에서 이 문제에 대해 어떤 입장을 가지시는지 듣고 싶다.

이를 첫 강의에서 말씀하신 한중관계에 관련시켜 보면 중국을 너무 전략적으로만 대하지 말자는 지적에 전적으로 동의하며, 중국에 대한 장기적 안목과 깊은 이해가 현재 한국사회에는 절실히 필요하다고 본다. 그런데 현실에서는 점점 어려움이 많아지고 있다. 최근 중국인이 가장 싫어하는 나라가 일본을 제치고 한국이 되고 있고, 한중 간 역사와 문화 문제를 둘러싸고 갈등이 자꾸 빚어지고 있다. 이런 상황에서 상호 존중과 애정을 가진 비판, 심층적 이해, 표면적인 현상에서의 구조적 이해, 감정보다 이성 등을 이야기하지만 실제 계속 생기는 여러 문제들 속에서 참으로 쉽지 않다는 것을 느낀다. 더구나 최근에는 중국정부의 여러 정책들도 점점 더 호전적이고 노골적으로 되는 측면이 있다. 이런 상황 속에서 교수님께서는 어떤 말씀을 하고 싶으신지.

[토론 3] 교수님께서는 전체 강좌를 통하여 중국과 중국인을 이해하는 데 핵심적이라 할 수 있는 부분들 즉 중화의 세계관, 국가와 사회의 관계, 인간관과 세계관이 실제 삶 속에서 어떻게 복합적으로 얽히는지를 내내 말씀하셨다. 그리고 결코 단순하게 이야기될 수 없다는 점도 강조하셨다.

이 지점에서 인류학자의 고민을 하나 더 묻고 싶다. 즉 '중국문화'를 어떻게 이야기할 것인가 하는 문제이다. 즉 변화와 다양한 변이를 포함하면서 '중국문화'를 이야기하는 것이 쉽지 않다. 예컨대 대륙 출신의 홍콩거주자를 따라 대륙의 그녀의 시집 마을에서 열리는 축제에 참가한 적이 있다. 그는 사람들과 반가운 인사를 나누고 축제에도 즐겁게 참여하였다. 나는 그가 고향과 인맥을 중시하고 외국에 나가서도 본토의 고향 마을을 잊지 않고 찾아오고 돈을 기부하는 모습에 감탄했다. 그러나 그날 밤 그녀는 낮에 반갑게 인사를 나누던 사람들이 실은 예전에 이 마을로 시집온 그녀를 얼마나 학대하고 괴롭혔는지 현대사의 거센 파도 속에서 얼마나 서로 이용하고 괴롭혔는지를 이야기하면서 자신은 지금도 마음속으로는 용서할 수 없고 증오하고 있다는 것과 그래서 더욱 악이 받쳐서 그들에게 금전적인 지원을 꼭 한다고 했다. 이처럼 중국인들이 가족과 친족, 네트워크를 중시한다고 할 때에도 그 밑에는 어떤 마음과 생각이 있는지 그 결과는 어떤지 참으로 단순하지 않다.

또 홍콩인의 경우 같은 중국인이지만 중화주의에서는 많이 벗어나 있고, 그러면서도 어떤 전통문화는 중국 본토보다 더 강하게 실천되기도 한다. 예를 들어 라디오 채널 중 좋은 차량번호를 고르는 문제만 상담해 주는 코너도 있고 젊은이들조차 내가 간혹 무심코 그들의 금기를 어기면 —예를 들어 시계를 선물하거나— 얼굴이 하얗게 질리며 싫어하는 걸 보고 놀란 적이 많다.

이처럼 문화의 역동성과 복합성과 변이에 대해 이해할수록 그것을 하나로 묶어서 '중국의 문화'를 이야기하기가 어려워진다. 교수님께서는 이런 부분을 어떻게 풀어 나가시는지 지혜를 얻고 싶다.

■ 답변

[답변 1] 장정아 교수는 광둥과 홍콩에서 오랫동안 현지 조사를 하고 지금도 매년 끊임없이 남북 중국을 다니면서 민족의식과 문화정체성의 발명과 변화에 대하여 사람들을 만나서 연구를 하는 인류학계의 떠오르는 별이다. 어떻게 하면 우리의 시각을 가지고 중국과 중국인을 이해하는 방법론을 개발할 수 있는가를 자신의 경험을 통하여 고민하고 있다. 인문학과 사회과학의 결합이라는 명제에 전적으로 찬성하면서 그 실천을 위한 방안을 묻고 있다.

나는 전통적으로 인류학자들이 해 왔던 방법을 따라 한 촌락을 통하여 그리고 민중 혹은 농민이라고 부르는 평범한 사람들을 통하여 중국사회 전체를 이해할 수 있다는 신념을 가지고 1990년부터 지난 20년 동안 줄곧 산둥성의 한 농촌에 대하여 지속적인 방문 조사를 해 왔다. 물론 틈틈이 다른 지역의 농촌과 도시와 지식인과 노동자와의 만남을 통하여 비교 점검을 하는 보조적인 방법을 병행하였다.

숫자나 도표로 정리된 '사실'이 아닌 인민의 생활을 구성하고 그들의 삶에 스스로 의미를 부여해 주는 역사와 철학과 가치와 규범을 알아내기 위하여 인류학자는 사람 속에서 지낸다. 그러나 사람의 머리에 있는 생각과 가슴속에 있는 감정을 어느 정도로 깊게 파악할 수 있을 것인가? 그들 민중은 우리가 알고자 하는 바에 조리 있고 체계적인 설명을 할 줄 모르며 언제나 불명료하고 모순적이고 맥락에 맞지 않는 말을 한다.

내가 농촌을 세 번째 방문했을 때 비로소 문화혁명 때 마을 사람 모두가 공모하여 족보 한 질을 당시 공산당 촌지부의 노간부의 손에 은닉하여 보관하였다는 사실을 알게 되었다. 그전에는 족보는 봉건시대의 낡은 사상의 잔재로서 타파해야 마땅한 것이며 문혁 때 그런 것 다 불살랐다고 대답했던 것이다. 문화혁명을 주도한 공산당의 간부에 의하여 숨겨졌고 홍위병의 치밀한 조사와 파괴의 활동 속에서 촌민과 종족원 모두가 모르는 일로 연기(演技)하여 왔던 것이다. 이것은 결국 오래 그들과 함께 살아야 생각하지도 않았던 어느 우연한 순간에 발견할 수 있는 일이다.

그러므로 중국연구에서는 오랜 시간이 필요하다. 그러나 우리나라 학문풍토는 오래 기다려 주지를 않는다. 학문의 가치를 매기는 정부나 기업체 지도자들은 당장에 써먹을 수 있는 임기응변적 일회용 지식을 요구하고 그래서 학계는 특공대식 조사방법에 기울어진다. 유행은 강렬하게 전개되고 학자들은 바쁘게 활약하지만 언제나 외국 학계의 이론과 지식의 보따리 장사꾼이 된다는 자조를 하는 이유는 우리 스스로가 이론이나 지식의 자생력을 갖추지 못하기 때문이다. 지식의 즉각적 효용성을 가치의 기준으로 삼기 때문에 장기간 그리고 심층의 기초를 규명하는 인류학적 연구는 그 가치를 인정받기가 아주 어렵다. 그래서 인류학자들도 이제는 단순 주제에 대한 단기간 일회성 그리고 여러 지점을 방문하는 연구방법을 선호한다. 장기간 민중의 열악한 생활환경 속에서 지낸다는 것 역시 쉽지 않다. 종종 이 열악한 환경 속에서 그들과 거친 생활을 함께한다는 것은 건강을 해치게 만들기도 한다. 토론자인 장수현 교수는 톈진시 교외의 한 농촌에서 장기 체류를 하다가 결국은 악성 간염에 걸려서 몇 년을 고생하였다. 인류학자들은 그러한 위험 속에 항상 노출되어 있다. 내가 중국과 중국 사람에 대한 친근감과 애정 그리고 열악하더라도 나와 다른 삶을 사는 것을 즐기는 성격과 출세에 대한 욕망을 접고 약간의 게으름을 가지지 않았다면 나는 한곳에 그리 오래 지내는 미련한 연구방법에 충실하지 못했을 것이다.

20년이 지난 오늘날 당시 학생이었던 청년과 하급 간부들이 이제는 현과 시와 성 정부 그리고 심지어 중앙 관계와 각종 사회 부문의 고급인력으로 성장하였다. 나는 마을의 3,000명 개개인의 삶의 궤적을 다 알고 있고 인근 마을과 그 마을이 포함된 지방의 많은 인물들이 겪어 나온 숱한 인생의 이야기는 오늘 전국 차원의 중국을 이야기하는 데 참으로 귀중한 자료가 되고 있다. 물론 여전히 내가 몸담고 있는 그 촌락이 중국을 완벽하게 대변한다고 할 수 없고 내가 그 촌락사회를 완벽하게 간파했다고 할 수도 없다. 그 공백을 나는 다른 사람들의 연구에서 찾아서 메운다. 나의 20년에 걸친 자료는 서구의 동료학자들도 부러워한다. 물론 나는 그 자료를 가장 잘 이용하는 탁월한 능력을 갖추었다고는 생각하지 않는다. 그러므로 계속 공부를 할 수밖에 없다.

공부는 얼마나 오랜 시간을 바쳤는가뿐만 아니라 이웃 학문분과와의 대화와 소통을 얼마나 하는가에도 관계된다. 내가 인문학의 여러 하위 분과의 지식을 해당 전문가만큼 갖출 수는 없지만 그들과의 학제적 대화와 협력을 통하여 제한적이나마 인문학적 인류학과 사회과학적 인류학을 결합하는 노력을 한다. "지식의 산으로 가는 데는 근면으로써 길을 찾을 수밖에 없고 배움의 바다는 가없으니 홀로 힘들게 배를 저어 갈 뿐이다"(書山有路勤爲徑 學海無涯苦作舟)라는 한유(韓愈)의 경구는 모든 학자에게 공히 적용되지만 특히 인류학자에게 필요한 좌우명이라고 생각한다. 유소불위(有所不爲: 못하는 바가 있음)라야 비로소 군자의 도를 행할 수 있으며 무소불위(無所不爲: 못하는 바가 없음)면 아무 일도 할 수 없다는 진리 앞에서도 풍전유엽(風前柳葉: 바람 앞에 까불거리는 버드나무 잎)처럼 기동타격대식 학자의 행보가 많은 것이 안타까울 뿐이다. 사실 우리나라의 중국연구 행태를 보면 메뚜기를 연상하게 된다. 메뚜기 떼는 황사보다도 더 무서운 존재이다. 하늘을 새까맣게 뒤덮은 메뚜기 떼가 날아와서 삽시간에 곡식을 다 갉아먹고 다시 다른 곳으로 까맣게 날아간다. 개인적으로는 메뚜기처럼 한곳에 머물지 않고 끊임없이 이곳저곳을 튀어 다니고 집단적으로 당장의 이슈를 찾아서 수백 수천리 길을 떼 지어 휩쓴다. 몇 년의 짧은 기간 안에 그렇게 광활한 중국 천지를 동서남북 가보지 않은 데가 없고 다루지 않은 주제가 없다. 그런데 무엇이 남았는가? 한 번 쓰고 버리는 일회용 현지 참관기 수준의 이야기뿐이다.

학자에게 연륜은 참으로 중요한 것 같다. 젊었을 때는 무소불위의 자신감으로 세상에 이름을 날리는 야망에 불탔는데 나이가 들면서 유소불위를 깨닫게 되고 그러고 나니 비로소 내가 추구하는 지식이 무엇이어야 하며 진리 앞에서 내가 어떤 입장을 가져야 할 것인지를 생각할 수 있게 되었다. 그런 의미에서 이번에 석학강좌에 초대된 것이 한편으로는 영광으로 여겨지면서 다른 한편으로는 아직도 두려움과 불편함을 맛본다. 또한 후배 학자들이

나의 당시에 비하여 더 일찍부터 진지하고 자기의 길에 충실한 것을 보면서 후생가외와 청출어람을 발견하는 즐거움과 함께 어정쩡한 시대를 살아갈 수밖에 없었던 나의 세대를 반추하게 된다.

[답변 2] 장 교수는 자신의 현지 조사경험을 예로 들면서 중화주의나 민족주의에 대해 한편으로 그들을 이해할 수 있다고 하였다. 그렇다. 서구인들이 우리에게 그러하듯이 중국인이 자기 나라와 민족에 대한 관심과 감정을 강하게 표현하는 것을 편협하고 낙후된 감정의 폭력이라고 매도하는 것은 중국인의 입장에서 보면 공정하지 못한 것으로 생각된다. 나는 다만 —역시 우리 자신에게도 적용되는데— 자기의 문화와 문명에 대한 자부심만큼 남의 세계를 인정하고 포용하는 능력을 함께 갖추지 못하면 그 민족적 자부심과 애국주의는 배타적이고 파괴적일 수밖에 없음을 경고하는 것이다. 현재 중국 국가는 인민이 가지고 있는 소박하고 순수한 애국 혹은 민족사랑 즉 원초적인 감정(primordial sentiment)을 문화주권의식과 중국제일주의로 변환함으로써 내부적 통합의 감정적 바탕으로 삼는다. 이를 위하여 야만적인 열강의 침략에 의하여 문명의 극치에 있었던 중국이 어떻게 부당하게 착취되었는가 그리고 공산당의 영도와 사회주의의 혁명에 의하여 어떻게 성당제국(盛唐帝國)의 현대판 도래가 이루어졌는가를 인식하는 역사의식을 대중화하고 있는 것이다. 그것은 인민의 가슴 깊이 존재한 자존에 대한 열망과 결합하여 어마어마한 중국 다시 읽기의 열기를 만들어 내고 있는데 그것이 동시에 대외적으로 폭력적이고 배타적인 열기로 되는 조짐을 경계하는 것이다.

[답변 3] 이 질문은 중국이라는 아주 다양하고 이질적이며 크고 복합적인 세계를 한마디로 정리하여 규정하는 것에 대한 문제성을 제기한 것으로 본

다. 이 점은 사실 중국을 연구하는 사람들을 짓누르는 고민이다. 대상무형(大象無形)이란 말이 있다. 거대한 코끼리는 너무나 커서 형체를 끝내 알 수 없다는 것인데 노자가 말하는 태허(太虛)라는 도가적 사상이 그렇고 퇴계나 추사와 같은 유학자들이 도학을 논할 때 하던 말이다.

나는 중국인을 특수한 종류의 사람으로 볼 것이 아니라 나와 같은 부류의 인간이라고 볼 것을 제안한다. 고집도 있고 자기 나름의 판단을 하고 외부적인 폭력이나 권력 앞에서 움츠리면서 속으로는 저항과 자존의 전략을 세우며 공공의 규범과 윤리를 외치면서 사사로운 이익을 추구하는 인간. 그런 사람이 사회주의, 혁명, 자본, 국가, 공공의 도덕, 이상과 이념, 역사인식 등의 환경과 어떻게 타협하고 저항하고 그리고 공모를 하는가를 맥락에 따라 간파하는 것이 중요하다.

인류학적 연구는 곧 그 과정에서 의도한 바와 의도하지 않은 바가 하나의 전통으로 되는 것을 밝힌다. 영국의 역사학자 홉스봄과 레인저가 공편한 『전통의 발명』이라는 책의 내용이나 인류학자 기어츠가 어긋남 또는 모순적인 것의 모호한 만남이 역사적 사건을 만들어 낸다는 것을 언급한 것은 그러한 점을 증명한다. 『고양이 대학살』, 『치즈와 구더기』, 『마르탱 게르의 귀향』 등의 작품으로 나타난 미국의 신역사학파는 이러한 기어츠의 아이디어에 촉발된 것이다.

그러므로 인류학자는 중국에 대하여 다양한 이야기를 해 줄 수 있다. 대중이 그들의 취향과 이념적 정향에 따라 듣고 싶어 하는 이야기의 성격과 방향이 정해져 있다 하더라도 인류학자는 오히려 다양한 이야기를 해 줌으로써 비록 대중적 인기를 얻지 못하더라도 그들이 진실을 알도록 고정관념의 틀을 깨트려 주어야 한다.

내가 중국의 다양성을 지적하면서도 이 강좌의 주제를 "중국인의 세계"로 한 것은 물론 문제가 있다. 다만 편의상 타협을 한 것인데 여기서는 한족에 초점을 맞추었다. 그리고 한족도 지역에 따라 문화적 차이가 있다. 사회주의 국가체제에서 인민의 일상적 세계가 어떤 문화적 현실의 모습을 보이는가를 논하는 데 집중하였으므로 자연히 대만이나 홍콩이나 기타 한족이 중심이 된 사회를 포함시키지 못하였다. 그런 점에서 나의 중국에 관한 이번의 강의는 제한적일 수밖에 없다.

▣ 토론 3. 문지성 교수 (대전대)

제1주 「중국연구의 제삼의 시각: 인간 중심의 문화해석학」에 대하여

[토론 1] 한국인의 중국에 대한 이해가 답보 상태를 면하지 못하는 원인 중의 하나가 국내학계의 중국연구 방법과 태도에 있다고 진단하신 점에 대해 깊이 공감한다. 특히 미국식 사회과학 연구방법이 팽배된 국내학계의 분위기 속에서 문화인류학적 연구방법의 채택은 국면전환의 촉진제로 작용할 것이라 확신한다.

최근 우리나라의 중국연구에 대한 성과는 획기적 진전을 이루지 못하고 실용적 의미의 구현이 미흡하다는 문제를 노출하고 있다. 이는 연구 자체가 엄밀한 체계성 속에 이뤄지고 있지 못하다는 점, 단편적 연구결과들이 적절히 구성되거나 종합되지 못한다는 점 등이 원인이라 생각된다. 앞으로 국면전환을 위해 단편적 지식을 모으는 조급함을 버리고 기본적 사안으로부터 공감대를 형성하는 노력이 필요하다.

사실 중국이해의 핵심이자 어려운 점은 국토가 넓다는 것, 인구가 많다는

것, 그리고 역사가 오래됐다는 것이다. 그중에서도 가장 중요한 것은 오랜 역사에 대한 이해이다. 실증적 태도로 현장 조사방법을 통해 객관적 사실을 추구하는 것이 인류학의 장점인데 기존 인류학 연구결과들을 조감하건대 역사와 철학적 인식을 보다 강화할 필요가 있다고 생각한다. 인류학적 연구가 궁극적으로 수행(修行)을 통해 확립되는 정신세계(관념·이상·신앙 등)를 규명하는 전통경학 내지는 인간의 신명(神明)을 규명하는 민속학 등을 아우르는 방향으로 진전될 필요가 있다. 또한 지식수요자 입장에서도 지식의 성격, 그 생산자의 태도나 입장 등에 대한 판단을 통해 획득한 지식의 실용성을 보다 증대시킬 수 있을 것이다.

[토론 2] 강의 중 중국인에 대한 이해와 관련해 "엘리트 vs 민중"으로 분류하셨고 그중 "민중"에 대해 관심을 지녀야 한다고 강조하신 데 전적으로 공감한다. 사실 현대적 입장에서 어느 사회에 대해서나 이러한 관점은 적용될 수 있을 것이다. 그러나 5,000년의 긴 역사를 지닌 중국에 대해서는 보다 특별한 이해가 필요하다.

토론자의 생각으로는 중국의 특정 시기에 착안해 보면 분명 "엘리트 vs 민중"의 구도를 축출할 수 있을지 모르지만 역사적으로는 그러한 분류가 의미를 지닐 수 있었던 것은 아주 짧은 시기에 지나지 않았다고 본다. 주대(周代) 초기 노예를 해방하고 천자/제후/(대부)사/서인[天子/諸侯/(大夫)士/庶人]으로 구성되는 신분제도를 수립하였지만 춘추시대에 들어서면서 거의 유명무실한 상황에 처하게 된다. 위진(魏晉)시기 사인(세족·한문)/평민/부곡[士人(世族·寒門)/平民/部曲] 등 신분분류가 통행되긴 했으나 그다지 엄밀하지 못했던 것으로 판단된다. 즉 중국역사를 통해 엄밀하고 고착적인 사회적 신분분류보다는 오히려 수행(修行)을 통해 확립되는 개인적 "수준[德性] 차이"가 강조돼

왔다고 여겨진다. 즉 매 시기마다 엘리트와 민중의 분류는 가능하지만 그 분계가 고착적이지 않고 상호 이동이 자유로운 관계이었다. 현대 중국사회의 역동성, "통합과 공모"의 메커니즘, 홍성과 쇠락에 관한 미래가능성 등에 대해 이해하고 예측하는 데 있어서도 "엘리트 vs 민중"의 대립적 시각보다는 "노력에 의해 달성되는 인간적 수준 차이"로 이해하는 것이 유리할 것으로 여긴다.

제2주 「중화(中華)의 세계: 상상과 현실」에 대하여

[토론 3] 전체적으로 중국의 "중화주의"에 대한 깊은 우환의식(憂患意識)을 느낄 수 있었다. 중국은 우리의 인접 국가로서 중국에 대한 이해를 통해 국가 간에 발생할 수 있는 문제에 대해 미리 대비하고 해결점을 제시할 수 있다고 생각한다. 하지만 중화주의에 대해서는 좀 더 색다른 시각이 필요하다고 생각된다!

중국의 중화주의는 문화이념적 성격으로 묘사하지만 사실 국가 이데올로기로서 정치이념적 성격이 강하게 나타난다. 중화주의는 긴 형성역사와 보편적 국민공감대를 가지고 있다. 『장자·천하』(莊子·天下)를 비롯한 고서(古書)에 나타나는 "중국"(中國: 문화중심지)을 통해 이미 그 근원을 파악할 수 있고, 국민의 약 92%를 차지하는 한족(漢族)들 사이에 보편적으로 공감되고 있다.

한족은 56개 민족 중 하나지만 중국인의 주류를 이룬다. 그러나 한족은 그들의 호구(戶口)상의 표기일 뿐 사실상 그 혈통적·문화적 정체성에 대해서는 이렇다 하게 정립된 바가 없다. 한족을 중심으로 말해지는 중화주의란 것도 마찬가지이다. 중국의 국가 이데올로기로서 그리고 외부로부터 중국을 바라보는 입장에서 말해지는 이질감에 대한 막연하고 포괄적인 표현일 뿐 그것이 구체적으로 외부세계에 영향을 미칠 정도의 실체를 형성하지 못했다고 판단된다.

중화주의의 내용에 대해 논하다 보면 유가이념의 깊은 영향을 발견할 수 있다. 이는 역대 왕조가 표방했던 통치이념이 대부분 유가이념이었기 때문이다. 따라서 중화주의를 이해하기 위하여 유가사상에 대한 이해가 필요하다. 그런데 유가사상을 대하는 데 있어 "모든 학문"의 성격이었던 공자의 유가사상과 "한 학파"의 성격이었던 전국시대 이후의 유가사상을 구분해 볼 필요가 있다. 역대 왕조가 표방했던 것은 후자에 속한다. 사실 그들의 입장에서 생각해 보면 "9류(流)10가(家)" 중 필연적으로 유가의 이념을 선택할 수밖에 없었다. 즉 중화주의에 대한 유가이념의 영향이 대단히 소극적·우발적·우연적이었다는 사실이다.

중국의 5,000년 역사 속에서 한족이 정권을 차지했던 적도 있었지만 이민족이 차지했던 적도 많았다. 그런데 이민족정권의 외부세계 침략사례는 많이 발견되지만 순수 한족의 외부세계에 대한 침범의 사례는 찾아보기 어렵다. 춘추(春秋)시대 진(秦)나라와 초(楚)나라의 영토 확장, 진시황(秦始皇)의 남월(南越)에 대한 침범, 한무제(漢武帝)의 흉노(匈奴)에 대한 전쟁 등은 단지 방어책의 일환이었고, 명(明)대 유민들의 베트남 침공 등은 단지 자구적 행위로 이해할 수 있다. 우리나라로서는 수(隋)나라와 당(唐)나라의 침공을 잊을 수 없겠으나, 그 또한 북방 이민족에게 시달리던 입장에서 안전을 확보하기 위한 자구적 행동으로 이해할 수 있을 것이다. 그러했기 때문에 군사행동이 적극적이지 못했고, 결국 모두 실패로 돌아가고 말았다. 명청(明淸)시기 조선(朝鮮) 조정의 각종 사절단 파견은 중국의 요구이었기보다는 우리의 요구에 의한 것이었다. 오늘날 중국의 거대한 영토는 이민족의 한족에 대한 침입의 결과이지 결코 한족의 외부세계에 대한 침략의 결과는 아니다.

사실 한족은 침략의 욕망이나 의지가 없어서가 아니라 자신의 내부문제를 해결하는 데 진력했기 때문에 외부세계에 대한 침략의 여력이 없었다. 현재 중국의 한족정권도 사실 내부의 문제를 해결하기에 힘이 부족해 허덕이고 있다. 그들은 한족들을 단합시키고 내부의 문제를 해결하는 데 있어 한 이념적 수단으로 오랜 전통 속에 형성된 중화주의를 이용한다. 그러나 어떻게 평가해도 강력한 기제는 되지 못하고 있으며, 외부세계의 입장에서도 단지 자가당착적 허구에 불과할 뿐이다. 중화주의로부터 발휘되는 문화력(文化力)이 중국의 현대화와 해외 화교들의 힘을 결집하는 등에 있어 약간의 기여를 하고 있다고 하더라도 한국과 일본 등에 대해서는 거의 무용지물에 가까운 상황이다. 한국과 일본의 문화력도 그만큼 강하다는 반증이다.

오늘날 우리의 중국에 대한 이해는 마땅히 중국과 어떻게 협력하고 조화를 이룰 것인가를 모색하는 결과로 나타나야지 중국을 두려워하고 경계하는 결과로 나타날 상황은 아니라고 판단된다. 지역 공동체의 세계적 추세 속에서 일본이 실패한 동북아세계가 세계무대의 중심에 설 수 있도록 이끄는 향도적 역할을 앞으로 중국이 담당할 가능성도 배제할 수 없다고 생각된다. 그러기 위해 중국에 대한 깊고 정확한 이해가 필요하다. 우리는 조급증을 버리고 우선 그들의 입장에서 세심히 검토하는 자세가 필요하다. 그러다 보면 장송곡(葬送曲)으로 여겼던 우리의 애국가에 대한 인식을 바꾸듯이 서로의 인식을 바꿀 수 있을 것이다. 중국의 "동북공정"을 "역사 훔치기"로 인식하는 한국인들이 있는 것 같다. 이는 우리가 강릉지역의 단오절 풍속을 유네스코 문화유산으로 등록했을 때 중국인들이 "우리의 전통명절을 빼앗겼다!"라고 절규했던 것과 다름이 없다. 2008년 베이징올림픽 개막식 장면(어린아이의 립싱크와 베이징 시내 일원의 폭죽놀이 장면)에 대해 우리는 "속았다!"

라는 느낌이었지만 저들은 속일 마음이 조금도 없었고, 오히려 우리를 이상하게 생각하였다. 과거 우리가 "삼풍백화점"과 "성수대교"의 붕괴로 인해 커다란 충격에 휩싸였을 때 중국인들은 "별것 아닌 일에 대한 호들갑" 정도로 여겼지만 황 모(某) 교수의 허위 연구결과, 표절의 문제로 장관과 대학총장이 사퇴하는 상황에 대해 저들은 부러워하고 남대문 소실사건에 안타까워했다. 우리는 겉으로 나타나는 것 외에 저들의 내면까지 살피는 자세가 필요하다. 2008년 쓰촨대지진 때 원자바오 총리가 단숨에 달려간 사실을 통해 중국정부의 고뇌를 볼 수 있어야 한다. 중국에 "한류"(韓流)가 유행한다는 사실과 함께 일각에 싹트는 "반한감정"(反韓感情)을 보아야 한다. 중국의 국력신장을 두려워하기 이전에 우리의 문화적 정체성이 흔들리는 것을 걱정해야 한다!

제3주 「국가와 사회의 관계: 가(家), 족(族), 향(鄕), 국(國)」에 대하여

김광억 교수님의 강연 내용을 통해 이해하듯, 중국은 전통적으로 "수신제가치국평천하"의 개념 속에서 상하 간에 엄밀한 이념과 제도를 발달시켰고 그러한 체계 속에서 질서와 소통을 유지해 왔다. 그러나 1949년 공산화 이후, 더욱이 1966년부터 약 10여 년간 진행된 "문화대혁명"을 통해 그러한 전통들은 철저히 파괴되었다. 하지만 최근 자본주의식 경제발전체계를 도입하고, 또 그러한 조치가 효과를 나타내면서 잃었던 전통과 풍습들이 민간을 통해 급속히 회복되는 양상을 보여 주고 있다. 본인은 김광억 교수님의 강연 내용을 바탕으로 관련되는 약간의 내용을 보충하고자 한다.

최근 중국사회에 나타나는 "전통회복"의 조류는 주로 광둥성에서 푸젠성을 거쳐 저장성(상하이 포함)에 이르는 남부 해안지역에 의해 주도되고 있다.

그러한 이유는 해당 지역들이 경제적으로 발달했고 사회적 경쟁양상이 치열하다는 것 외에 동남아 지역(홍콩과 대만 포함)에 거주하는 화교들의 영향을 많이 받고 있기 때문이다. 공산화 이후의 중국정부는 화교들과의 단절정책을 채택하였고[1956년 저우언라이(周恩來) 총리의 미얀마 연설], 그 결과 해외 화교들은 대만국적을 유지하거나 거주국의 국적을 취득하여 살아오고 있었다. 그들은 중국인의 전통을 그대로 유지하며 살아왔고, 중국의 개혁개방 이후 각자의 고향을 찾아 투자하고 봉사하는 과정에서 자연스레 전통과 풍속의 회복을 자극하고 있는 것이다. 그러나 현재 중국에서 회복되고 있는 전통과 풍속의 내용을 자세히 살펴보면 파괴되기 이전의 것과 차이를 드러내는 양상이 나타나기 때문에 주의를 기울일 필요가 있다.

과거 중국에서는 "혈연"적 유대가 대단히 강했다. 그러나 최근 회복되는 양상에 있어서는 그다지 크게 부각되지는 못하고 있다. 그 이유로서 저출산으로 인한 소가족화, 기성세대와 신세대 간 의식과 관념 차이의 격화, 근대 혼란기에 겪었던 개성(改姓) 풍조로 인한 혈연맥락의 혼효(混淆) 등을 들 수 있으나 무엇보다도 중요한 이유는 소규모의 혈연유대로써 현실적 요구를 충족시킬 수 없기 때문이다. 그 결과 가제(家祭)보다는 종친회 주도의 종제(宗祭)가 성행하고, 가보(家譜)보다는 족보(族譜)를 찬수하는 형태로 나타나고 있다.

"학연"(學緣) 역시 그다지 크게 부각되지는 못하는 상황이다. 과거에 비해 학교의 규모가 커져 지역성이 배제되고 있기 때문이다.

"지연"(地緣)의 경우 지역문화에 대한 공감대를 포함한다. 중국정부가 "지방주의" 배제정책에 의해 강력히 견제하고 있음에도 크게 부각되고 있다. 중국은 전통적으로 지연(地緣)유대가 강한 사회였는데, 해외 화교들이 그것을 가지고 나가 그대로 유지하며 살아왔다. 그들은 이른바 "5대방(大幇)[福建(閩

南)·廣府·客家·潮汕·海南]이라는 엄격한 분계 속에서 전통적 "회관(會館)문화"를 유지하고 있다. 최근 중국인들이 사회적 필요에 의해 다시 역수입하고 있는 상황이다. 각 지역별 종족문화대전[懇親大會]에는 무려 4,000-5,000명의 인원이 참여하고, 각 지역의 거점 대학교에 연구소나 심지어 단과대학을 설치해 지역문화의 상시교육과 정기·부정기적 학술대회 개최를 담당하게 한다. 현대 중국사회를 이해함에 있어 지연유대에 대한 이해는 필수적이라 생각한다.

이 밖에 "선연"(善緣)과 "업연"(業緣)에 주목할 필요가 있다. 선연은 일정한 종교나 신앙적 사원을 중심으로 유대를 형성하는 것인데, 그 결속력과 사회적 영향력이 대단히 강하다. 중국정부의 종교 폄하정책에 의해 중국 국내에서는 아직 활성화되지 못하고 있으나 앞으로 크게 진작될 부분이라 판단된다. 업연(業緣)은 동일 업종 종사자 사이에 형성된 유대인데 업종의 성격과 상황에 따라 형태와 영향력이 다양하지만, 화교들이 지연에 따른 주력업종을 나타내고 있기 때문에 중국사회에 대해 일정한 영향을 미칠 수 있다고 생각된다.

제4주 「인간관과 사고방식: 물질문명과 정신문명」에 대하여

유교와 도교의 대비를 통해 중국인의 물질문명과 정신문명에 대한 사고방식을 설명해 주셨다. 전체적으로 대단히 공감하는 내용이어 별다른 의문이나 반박은 없다. 다만 청중들의 이해를 돕기 위해 약간의 보충을 가하고자 한다.

유교와 도교의 모태가 되는 유가사상과 도가사상의 연원은 전국(戰國)시대까지 추적할 수 있다. 당시 유가사상은 황허강 유역의 비교적 척박한 생활환경에서 생성됨으로써 다분히 현실적·이지적·투쟁적 경향을 나타낸다. 반면 도가사상은 상대적으로 남쪽인 창장강 유역(당시의 송나라·초나라 지역)의 풍요롭고 안락한 생활환경에서 생성되어 다분히 낭만적·공상적·평화적 경향을 나타낸다. 이처럼 두 사상이 서로 이질적 내지 모순적 경향을 나타내지만 오랜 역사 속에서 적절히 조화를 이루고 융회되어 중국인의 관념 속에 보편적이고도 커다란 구성요소를 형성하고 있다. 만약 유교와 도교가 서로 융회되지 못하고 파별을 형성했다면 어쩌면 커다란 분열과 혼란의 원흉이 될 수도 있었을 것이다. 그러나 개인과 사회 속에서 적절히 소통되고 조화를 이루었기 때문에 국가적으로 정부와 민간 사이에 어느 정도 견제하면서 서로를 포용하고, 개인적으로 양쪽의 장점을 원만히 보완하는 형태를 수립할 수 있었던 것이다.

중국인들이 국가발전과 경제성장의 과정에서 보여 주는 강인한 도전정신, 각고분투의 기상, 투철한 국가관과 애향심 등은 모두 유교의 영향일 것이다. 그러나 적절한 선에서 타협하고 절제함으로써 극단으로 흐르지 않을 수 있는 힘은 도교로부터의 훈도(薰陶)결과라 할 수 있다. 특히 현실적이거나 실리적 경향은 누구에게라도 쉽게 나타날 수 있지만, 자신을 절제하고 극단을 배제하도록 도와주는 도교의 힘은 중국인에게서 나타나는 커다란 특징이라 할 수 있겠다.

학술적 측면에서 분석하건대, 중국인은 유교로부터 세간법(世間法)을 배우는 동시에 도교를 통해 출세간법(出世間法)을 인식한다. 세간법과 함께 출세간법을 인식하고 있다는 것은 커다란 장점이 아닐 수 없다. 그러나 중국의 민중들은 출세간법에 대한 이해가 깊지 못하고, 또 관련 실천이 철저하지 못하다는 문제를 낳고 있다. 그 결과 도교 관련 신앙대상이 자의적으로 수립돼 극히 복잡다단한 양상을 나타내고, 신앙 행위가 대단히 난잡해 "문란"

으로 흐르는 면이 있다.

"문화의 시대 21세기"를 맞아 중국정부는 외부세계와의 소통을 위한 "문화행사" 내지 "민속풍정"의 명분으로 어느 정도 허용하는 태도를 나타내고 있다. 하지만 종교나 신앙 관련 사안의 연구나 발굴에 대해 내심 깊은 우려를 지니고 있으며, 더욱이 그것을 빙자해 집단을 형성하는 것에 대해서는 엄격한 태도로 취하고 있다. 이러한 면에 있어서의 "개혁개방"은 좀 더 기다려야 할 것 같다!

▣ 답변

[답변 1] 중국 경학에 전문가인 문 교수는 중국연구에서 제삼의 시각이라 명명한 나의 제안, 즉 인문학과 사회과학의 통합적 접근 혹은 현실의 주체인 사람에 보다 비중을 둔 관찰과 분석의 강조에 대해서 동감을 표시하였다. 문 교수는 지식생산자의 입장도 함께 고려해야 한다는 제안을 하는데 나는 전적으로 찬성한다. 다만 이 강좌에서 나는 지식과 현실의 관계를 냉철하게 재고할 필요성을 강조하여 제안했다. 즉 지식이 곧 현실을 반영하거나 만들어 낸다고 할 수 없으며 그 사이에는 일정한 시간과 시행착오의 과정이 있다. 인류학은 역사인류학과 지식사회학으로서의 관심을 가지고 있다. 즉 지식생산체계 혹은 지식의 정당성과 지배력을 둘러싼 경쟁들을 보는 인류학의 개발이 필요하다. 물론 그것은 모든 학문에도 적용이 된다. 특히 우리가 사회제도나 특정의 조건의 분석이 아니라 현실을 만들어 내는 "사람"에 초점을 맞출 때는 더욱 그러하다.

[답변 2] 내가 엘리트 위주의 지식생산에 집중된 연구로부터 인민의 현실로 눈을 더 돌려야 한다고 제안한 것은 현실세계를 엘리트와 민중의 대결구도에서 보자는 뜻이 아니다. 강의에서도 언급했듯이 국가와 사회의 관계라는 틀이 더 유용하다. 인민의 일상의 세계라 할 때 그것은 엘리트와 대비시키기보다 −엘리트도 인민의 세계를 이루는 성원이다− 국가권력, 즉 지식의 정당성과 급수를 결정하는 국가와 인민의 생각과 실천으로 이루어지는 사회의 사이에 존재하는 상호적 관계의 역동성에 초점을 맞추자는 것이다.

문 교수의 지적처럼 엘리트와 민중은 고착된 계급이 아니다. 긴 역사적 과정을 놓고 보면 그런 고착성을 발견할 수 없다. 내가 인민의 존재를 거론한 이유는 엘리트 중심의 역사와 세계관의 한계성을 말하려는 것이다. 개인의 신분적 이동, 즉 사회적 이동성을 부정하는 것은 아니지만 그럼에도 불구하고 언제나 다수의 민중은 있어 왔다. 우리의 인문학 세계에는 지식생산자의 입장과 언술만 있고 '그들' 인민의 삶의 현실은 없다는 점과 경제학을 비롯한 사회과학에는 아예 행위의 주체로서의 사람의 존재가 없다는 점을 지적하려 한다.

[답변 3] 문 교수는 중화주의란 국가 이데올로기로서 작동하지만 실제로는 우발적이고 우연적으로 발전한 것이고 실체가 불분명한 허상에 가깝다는 것과 외부세계에 구체적인 영향을 줄 정도가 아니라는 점을 지적한다. 그리고 중국의 역사는 이민족의 침략과 한족의 방어로 이루어졌다는 점, 현재의 영토는 이민족의 침략의 결과이지 한족이 팽창주의식으로 침략하여 뺏은 영토가 아니라는 점을 거론하고, 한족 자체가 정체성이 모호하기 때문에 한족중심주의로 보는 것은 무리라는 점 등을 제시한다.

강의에서 나는 한족 중심의 중화세계는 "상상의 공동체"라는 개념을 적용해서 이해할 것을 제안하였다. 이 이미지 혹은 상상력을 누가 소유 통제하는가 그리고 왜, 무엇을 위하여 통제하는가를 파악할 것을 제시하였다. 통제란 사람을 일정한 방향으로 생각하게 하고 행동하게 구속력을 행사하는 것을 말한다.

문화적 세계관 혹은 이념으로서의 중화사상은 그 사상적 내용에서 볼 때 훌륭한 것이다. 중화사상이 주나라 때에 실현되었던 것을 모델로 삼아서 전쟁과 물질적 탐욕, 도덕의 해체와 오염의 현실세계를 극복하기 위하여 세련된 문화와 보편적인 문명으로 가득 찬 세상을 다시 세운다는 이상을 뜻한다면 그것은 아주 바람직한 것이다. 그런데 그것이 현대에 와서 국가이념체계로 채색되고 나아가 한족의 종족주의(인종주의) 혹은 민족주의의 이념적 바탕이 되거나 한(漢)문화 주권론의 바탕이 되어 가고 있는 형세에 대해서 나는 뜻 있는 중국 지식인들과 함께 우려를 갖지 않을 수 없다.

문 교수는 오늘날의 영토는 한족의 타 민족 침략이 아니라 이민족의 한민족 침공의 결과라는 해석을 하고 있는데 나는 이 흥미로운 해석에는 좀 더 치밀한 역사분석이 필요하지 않을까 하는 생각이 든다. 한족의 팽창은 자기 방어의 한 전략이며 이민족의 침입은 침공이라는 해석은 침략과 방어적 공격에 본질적으로 어떤 차이가 있는지에 대한 설명을 필요로 한다. 한족이 물자가 풍부하고 안정된 농경사회를 이루는 데 비하여 돌궐, 흉노, 선비의 지역은 열악한 환경에 유목생활을 하는 점을 대비시키면 서역을 두고 벌인 전쟁은 모두 열악한 변방민족의 약탈적 침략과 한족의 방어적 대응으로 인식할 수 있다. 그러나 그 쌍방은 다양한 이유로 싸움을 끊이지 않고 벌였고 수와 당은 한반도 침략을 기도하였다. 현재도 그렇지만 평화나 전쟁은 오직 강자 혹은 스스로 강자라고 판단하는 측에서 하기 나름이다.

중화주의의 강조는 현재의 중국의 내부적 취약성으로부터 나온 하나의 통합기제라는 지적은 바른 지적일 수 있다. 내부적 불안은 종종 외부적인 강력함을 표출함으로써 은폐하고 또한 사회를 통합시키는 것은 정치적 전략의 하나임은 상식이다. 그런데 인류학자로서 내가 더 강조하려는 바는 내부 통합을 위하여 발명되는 중화세계의 부흥이라는 이념적 상상이 문화적 세련화 혹은 보편적 문명의 재현을 의미하는 데에서 나아가 비한족의 문화와 문명을 희생시키는 것을 정당화하는 논리로 이용되는 가능성을 신중히 경계해야 한다는 점이다. 즉 소수민족의 언어문제나 역사문제 그리고 그들의 문화유적 복원이 한족전통의 틀에서 재생산되면서 고유한 형태가 사라지는 것, 즉 문화적 경관이 바뀌는 경우가 많다. 이는 중화주의가 잘못 적용되고 있는 사례가 된다. 또한 중화라는 단어의 유행이 대중적 한족중심주의와 문화주권주의를 애국심의 틀로서 조장하고 그로 말미암은 외부세계에 대한 배척과 왜곡의 폭력을 조장하는 문화적 메커니즘을 발명하고 있는 경향은 우려해야 한다. 중화시대의 부흥 혹은 재도래에 대한 열광적 상상은 중국 중심의 세계질서체계의 확립에 대한 욕망과 열정을 계발하고 있고 지난 30년간의 폭발적인 경제성장과 그에 따른 국제적 위상의 제고가 부여하는 자신감은 종종 대중적 폭력으로 표출되기 시작하고 있음이 주목되는 것이다.

　물론 이러한 애국주의와 신민족주의는 글로벌시대에 오히려 세계 곳곳에서 다양한 형태로 나타나고 있으므로 중국만이 유일한 예가 아니다. 그러나 최근 30년간의 개혁개방 정책이 가져온 가시적인 수준에서의 괄목할 만한 국력의 성장은 중국으로 하여금 팽창주의와 제국에 대한 향수를 애국심과 한족 중심의 민족주의의 발명으로 연결시킨다는 의심을 가지게 만든다. 그것이 내부적 통합을 위한 정치적 고육지책이라 하더라도 그 정당성을 완전히 인정받을 수 있는 것은 아니다. 왜냐하면 내부적으로도 문화의 다양성을 억제하고 외부적으로는 타 민족 타국의 문화항목에 대한 주권시비를 하면서 국가 지배력과 민족 우월성의 근거로 삼는 풍조를 조성하기 때문이다. 10대들은 이러한 국가의 레토릭으로 교육되고 있다. 티베트, 위구르, 몽골 그리고 조선족의 한화(漢化)가 당연하고 자연스러운 일이라는 해석을 놓고 이견이 있다.

중국의 동북공정과 한국의 강릉단오제를 유네스코 세계문화유산에 등재하는 것은 별개의 성격의 사안이며 평면적으로 대비시킬 수 없다고 본다. 동북공정은 현재의 국가 영토의 틀 안에서 역사를 말하는 소위 영토주의적 역사서술의 입장을 취하는 것인데 이로써 현재적 영토의 정당성을 고대사를 가지고 주장하는 증거를 만드는 작업이 된다. 크게 보면 새로운 중화제국을 건설하는 대대적이고 근본적인 문화 구축사업인 것이다. 고구려 민족을 고대부터 중국을 구성하여 온 민족의 하나로 규정하는 것이나 고구려와 발해 역사유적과 문화유산을 중국의 것으로 하는 것, 그리고 고구려 성터의 흔적을 완전히 없애고 그 위치에 만리장성을 본뜬 성을 축조하여 장성의 최동단이라고 설명을 하는 것은 역사 훼손이며 왜곡이기 때문에 학문적으로 비판받게 되는 것이다.

'강릉'(江陵)이라는 한 지방의 '단오제'(端午祭)는 음력 5월 5일의 어디에서나 지내던 절기로서의 '단오절'(端午節)과는 그 내용과 의미와 역사가 아주 다르다. 그런데 중국의 한 원로 민속학자가 중국 문화부 부부장에게 한국이 중국의 단오절을 자기네 문화유산으로 유네스코에 등재했다고 긴급 보고를 하였고 급기야 전국 매스컴에서 한국이 중국의 문화를 '훔쳤다'고 보도를 하여 중국을 들끓게 하였다. 그 학자는 한국 민속학계의 초청을 받아서 강릉 단오제를 참관하기도 하여 사정을 잘 알면서도 왜곡하였던 것이다. 그래서 한국에 대한 대중적 이미지는 심각히 훼손되었지만 중국 내부적으로는 자기 문화에 대한 자각과 애국심을 고취하는 계기가 되어 민간과 정부가 적극적으로 나서서 중국문화유산 유네스코 등재운동을 대대적으로 벌이고 또한 문화재 복원사업에도 박차를 가하게 만들었다.

한국에서와는 달리 중국에서는 유네스코 세계문화유산 등록을 대국굴기의 한 항목으로 인식하여 전 국민이 대단한 애국주의 열기로써 관심을 쏟는다. 내가 2006-2007년 일 년을 베이징대학에 가서 가르치는 동안 여러 대학에 강연을 하였는데 그때마다 강연 주제와 관계없이 학부와 대학원 학생 그리고 교수들까지도 반드시 왜 한국은 남의 단오절을 훔쳐서 자기 나라 것이라고 조작하여 유네스코에 등재하였는가 하는 항의와 비판을 서슴없이 하였다. 나는 단오절과 강릉단오제의 차이를 사진을 곁들여 설명하였고 또한 단오절은 중국만의 발명이 아니라는 점도 설명하였다. 그들은 오해를 풀었지만 몇몇 흥분한 사람은 계속 "그렇지만 허준의 『동의보감』은 중국의 의학서이고 그게 한자로 씌어진 것인데 왜 한국의 문화유산이라고 하느냐"고 항변하였다. 심지어 대만에 갔을 때에 인류학계의 중진 학자들조차 한국이 무엇 때문에 굳이 남의 문화를 표절하여 등록하느냐고 충고 겸 걱정을 하는 것을 보고 나는 참으로 기가 막혔다. 최근 들어 강릉단오제 논의를 정정해야 한다는 내용이 중국 국내 인터넷에 오르지만 중국의 학계에서는 이를 공식적으로 수정하는 어떠한 반응도 없다.

그러므로 우리는 중국인이 몇몇 학자와 정부가 의도적으로 잘못 입력한 정보에 의하여 대중적 애국심으로 스스로를 왜곡하는 이런 일에 대해서는 양비론을 적용할 것이 아니라 진실을 직시하도록 해 줘야 한다. 물론 중국인과 한국인 사이에 상대방에 대한 인식의 자세에 대하여 양쪽 모두 반성해야 하고 우리는 상대방을 비난하기에 앞서서 우리 스스로를 반성해야 한다는 점에 있어서 문 교수의 지적에 공감한다. 내가 인류학이 상대방을 아는 것이 아니라 궁극적으로는 자기 성찰로 귀결되어야 한다는 점을 첫 강의에서 출향과 귀향이라는 말로써 강조한 뜻이 거기에 있다.

우리는 평소에 각자의 전공에 따른 지식인을 만난다. 그들은 대개 점잖고 열린 자세를 가지고 있다. 그리고 거리의 사람들과 농민과는 깊이 이야기를 나눌 기회가 없을뿐더러 그들은 보통 양순하고 덤덤하다. 그러나 세대에 따라 어떤 순간에 잠재의식이 폭발할 때가 있다. 그것은 장기간 그들 속에서 생활할 때 비로소 경험적으로 발견하게 된다. 지난 20년간 나는 거의 매년 여름과 겨울 방학을 중국의 농촌에서 주로 보냈다. 또한 일 년을 대학에서 가르치면서 젊은 지식인들과의 폭넓고 깊은 접촉의 기회를 가졌다. 그들의 일상 속에서 그들의 사고방식과 세상에 대한 태도를 볼 필요가 있다.

TV에서는 국가 차원의 저명 학자를 초청한 강의 시리즈가 있고 라디오에는 역사 이야기 시리즈가 나오는데 잘 들어 보면 한국은 언제나 중국의 복속국(服屬國)이라는 단어와 결합되어 말해진다. 우리가 접하는 중국의 표층적 사회공간에서는 듣지 못하는 이야기들이 대중을 상대로 하는 지식산업의 공간에서는 다르게 나타나는 것이다. 그러한 속에서 중화주의는 다른 성격과 모습으로 중국 인민의 세계관에 자리를 잡는 것이다.

그러므로 나는 여기서 레토릭과 현실 사이, 지식과 현실 사이, 그리고 그러한 지식과 상상과 기억의 생산과 변형을 관리하는 힘의 존재를 파악해야 한다고 믿으며 그런 것은 인류학적 방법 즉 장기간 사람들의 생활세계 속에서 함께 살면서 관찰하는 방법이 필요함을 강조하는 바이다.

제3주의 관계에 대하여 문 교수는 종교와 직업에 따른 관계의 중요성과 동향회의 유행이 시작되는 점을 보충해 주신 것으로 보겠다. 더 보충하자면 남쪽은 혈연을 바탕으로 하는 관계가 종족조직과 같이 보다 구체적으로 조직되는 면이 강한 반면 북쪽에서는 중앙정부의 통제에 더 가까이 있고 전통시대에는 농업생산력이, 즉 경제력이 떨어지는 관계로 남방에 비하여 호화로운 사당은 그렇게 정교하게 발달하지 못하였다고 할 것이다. 그러나 이념의 차원에서는 마찬가지로 강하며 족보를 간행하고 종족관계는 잘 기억되며 생활 속에서 중요한 사회적 자원으로서 활용되고 있다.

　제4주의 종교에 대해서 문 교수는 보충을 해 주신 것으로 본다. 다만 도교가 민간신앙 차원에서 난잡과 문란현상을 만든다는 점을 지적하였는데 이는 민중 차원에서 미신적인 행위나 비과학적인 행위를 하는 것을 보게 되기 때문이다. 인류학자로서 내가 관심을 두고자 하는 바는 어떤 행위가 어떤 시대적 혹은 정치적 맥락에서 국가로부터 용인되거나 사회적 윤리와 이성에 대한 '문란' 행위로 규정되는가 하는 점이다. 즉 국가 이성과 인민의 욕구 혹은 욕망 사이의 긴장과 갈등의 사회 및 문화적 역동성을 이러한 종교 영역에서 읽어 보는 시각을 개발하자는 점이다. 문 교수가 지적하듯이 인민의 세계관에 관한 한 개혁개방은 좀 더 기다려야 할 것 같다.

제 7 장

—

에필로그:
새로운 시작을 위한 마무리

1991년 가을 나는 한중합작으로 설립된 위동항운회사의 배를 타고 인천을 출발하여 웨이하이(衛海)에 도착하였다. 당시는 수교 전이어서 선상에서 중국 당국의 특별 상륙허가증을 발부받아야 했다. 위동페리가 부두에 들어오거나 떠나는 것은 웨이하이 그리고 크게는 산둥성으로서는 하나의 큰 구경거리였다. 배가 도착하면 미수교국인 한국에서 오는 손님들을 맞이하는 관광회사와 유관 단위의 사람들 그리고 그 틈에 고국을 방문하는 화교를 맞이하는 친척들, 발 빠른 보따리 장사꾼들을 맞이하는 짐꾼들, 그리고 할 일 없는 구경꾼들로 북적대었다. 내가 마지막으로 부두로 나오니 사람들은 다 가 버리고 길은 한산하였다. 나는 옌타이(煙臺)로 가서 밤 10시에 떠나는 지난(濟南)행 야간열차를 타야 한다. 그런데 웨이하이에서 옌타이로 가는 시외버스는 어디에 가야 탈 수 있단 말인가? "장보고 유적 탐방 장씨종친회 환영"이라 쓴 플래카드가 바람에 나부끼는 텅 빈 부둣가에 서 있으려니 마침 지나가던 중형 트럭이 멈춘다. 나의 상황을 듣고는 젊은이가 나를 타라고 한다. 자기도 옌타이로 가니 태워 주겠단다. 운전사 옆에 앉아 있던 자신의 부인을 바깥 짐칸에 나가 앉으라 한다. 내가 거세게 사양했으나 결국은 졌다. 그들 모두가 나는 외국에서 온 손님이고 자기들은 주인이니 나를 바깥에 앉힌다는 것은 예의를 저버리는 일이라는 것이다. 운전자 옆에는 나와 두 70대 여인들이 앉았다. 한 여인은 운전사 장씨의 어머니이고 또 한 여인은 그의 이모인데 한국에서 화교로 살고 있다. 오늘 처음으로 친척방문차 고향에 오는 길이다.

구불구불 비포장도로를 달리는 차가 일으키는 먼지 사이로 양쪽에 펼쳐

진 낮은 산들을 바라보며 한국의 시골에 온 듯한 기분을 맛보는데 옆자리의 노파가 검은 비닐 가방에서 커다란 무를 하나 꺼내더니 칼로 껍질을 벗긴다. 그리고는 퍼런 윗부분을 잘라서 내게 준다. 목이 마를 테니 먹으란다. 무는 윗부분이 물이 많고 달다는 설명을 한다. 순간 나는 어린 시절이 생각이 났다. 소학교 시절 방학에 외가 과수원에서 지냈다. 어느 날 동네 아이와 함께 터덜터덜 길을 걷다가 피곤하고 목이 말랐다. 주위에는 인가도 없었다. 그 아이는 밭에 들어가더니 무를 쓱 뽑아서 엄지손톱으로 두꺼운 껍질을 벗겼다. 그리고 나에게 주었다. 윗부분이 달고 물이 많다면서. 물을 상품으로 파는 시절이 아니었다. 음료가 따로 없고 아이스크림도 없던 시절이었다. 길가의 무밭은 지나가는 사람들에게 무료로 갈증을 풀어 주는 일종의 샘이었다. 아 여기 중국 낯선 길에서 나는 기억의 심연에 묻혀 있던 보통 사람들의 덤덤하나 따뜻한 인간미를 다시 찾아내는 것이었다. 좋은 부분을 손님에게 주는 인정 어린 사회가 아직도 남아 있다는 것은 축복이었다.

엔타이에 도착하니 장씨는 내가 내미는 차비를 결사적으로 거절하였다. 그리고는 자기는 일을 해야 하니 일단 오후에는 길거리를 구경하다가 6시에 만나자고 했다. 천후궁도 찾아가 보라고 했다. 마조를 모시는 천후궁은 이미 문물국으로 바뀌어 있었지만 사람들의 마음 깊숙이에는 여전히 민간신앙의 대상으로 자리 잡고 있는 것이다. 즉 천후궁은 종교를 부정하는 사회주의 국가 이성이 자리를 잡은 터가 되었지만 사람들은 자기들의 신앙의 전통의 장으로 간직하고 있는 것이니 일종의 문화적 대결과 긴장이 암묵적으로 진행되는 곳이다.

내가 어슬렁거리며 길을 걸었을 때 가장 요란하고 북적대는 곳은 금은(金銀) 가게였다. 나중에 장씨에게 왜 이렇게 금 시장이 활성화되어 있는가를 물었을 때 그는 "경제가 좋아지니 제일 먼저 금을 사는 것이다. 중국인에게

금은 딸과도 바꿀 정도로 귀한 것이다"라고 하였다. 아마도 땅을 사는 것이 더 우선일 테지만 사회주의 국가에서 토지는 국유이며 사유가 불가능하다. 그러니 반지, 목걸이, 팔찌의 금붙이를 사느라고 북적댄다. 백성이 개인적으로 할 수 있는 저축인 동시에 가장 확실한 투자인 것이다. (6·25를 겪은 한국인들은 금을 사는 버릇이 생겼다. 전쟁의 와중에서 살아남을 방도는 금붙이를 가지고 있는 게 가장 확실하였다. 중국인들도 갑자기 개혁개방을 실시하고 급변하는 와중에서 불확실한 미래에 대한 스스로의 보장을 금에다 거는 것이렸다.)

저녁 6시에 그는 나에게 밥을 사 주었다. 그리고 귤과 과자를 담은 비닐봉지를 주면서 야간열차에서 먹으라고 하였다. 왜 이렇게 친절하냐고 물었더니 우리 이모가 당신의 나라에 가서 도움을 받으며 살아왔으니 우리는 당연히 당신에게 보답을 해야 하지 않느냐 하였다. 그 순간 서울 이웃에 사는 화교 출신 젊은 의사 생각이 났다. 부산에서 고등학교까지 다녔는데 툭하면 한국학생들에게 놀림을 당하고 심지어 맞기까지 했다고 하였다. 화교라고. 속에서 뜨겁게 올라오는 부끄러움을 감추고 있는데 장씨는 언제든지 옌타이에 오면 자기를 찾으라고 말했다.

그가 전화번호를 써서 준 종이쪽지는 그 후 없어져 버렸다. 전화도 이제 스마트폰 시대에 들어서서 없어졌다. 이렇게 나는 인연을 소중히 여기지 않고 보은에 소홀하다. 그렇지만 나는 인정(人情)을 도리로 삼았던 우리의 문화를 옌타이에서 다시 찾았던 기억을 결코 잊지 못할 소중한 경험으로 간직한다. 옌타이는 나에게 그런 곳이다.

2015년의 옌타이는 더 이상 옛 모습을 가지고 있지 않다. 이제 옛 기차역과 해원(海員)구락부가 있었던 터 외에는 모두 30층 이상의 고층 아파트 집단이 들어섰고 옛 건축양식으로 다시 지은 장유(張裕) 포도주 박물관이 중국 곳곳에 자리 잡은 포스트-모더니티를 연출한다. 즐비하였던 낮은 상점들의 터에 호화 대형 백화점, 커피숍, 서양 패스트푸드점, 옷가게, 고급자동차 진열장들이 들어섰다. 2000년대에 들어서 유행하기 시작한 관광업과 문화유산 등재운동이 애국주의와 결합하면서 천후궁은 완전히 원래의 마조신앙의 묘로서 재단장하게 되었다. 신옌타이시가 산을 넘어서 광활하게 펼쳐져 있다. 거기서 고속철도를 탄다. 보통 급행열차로 거의 하루가 걸렸던 옌타이-지난의 철길을 이제 4시간 만에 주파를 한다. 특등칸은 비행기 일등석보다도 몸을 완전히 뻗고 누울 수 있는 침대형 좌석이다. 창밖의 풍경은 내가 카메라에 담았던 시절과는 전혀 달라졌다. 지난역은 독일 바바리안풍의 건축이었는데 흔적도 없이 사라졌고 온통 유리와 철근으로 덮인 어마어마한 현대식 건축물로 바뀌었다. 이제야 그 건물을 헐어 버렸던 어리석음을 뉘우치며 복원하자는 운동이 가동되고 있다. 나는 옛날 옌타이 사람이 그립다. 그것은 결코 잃어버려서는 안 되는 소중한 인간적인 것이기에.

스스로를 라오바이싱(老百姓)이라 칭하는 중국인에게서 발견하는 특징은 그들은 모든 것을 국가에 매달리지 않고 자신의 힘으로 해결하는 성향이 강하다는 점이다. 국가(정부)가 개인의 권리와 이익을 보장할 것을 요구하는 것을 민주주의의 핵심사상이라고 믿는 서구인의 눈에 중국은 민주시민사회가 아닌 것으로 비쳐질 것이다. 대부분의 사람들은 국가에 대하여 불만을 토로하지 않으며 자신과 격차를 보이는 관료의 권력과 풍요에 대하여 굳이 시비를 거는 대신에 강 건너 불구경하는 듯한 태도를 보인다. 군중대회가 열리면 그들은 통지를 받는 대로 천천히 모여서 간부가 열심히 하는 말을 듣기보다 조용히 바라본다. 집회가 끝나면 그들은 천천히 물 빠지듯 흩어진다. 외국인들은 그러므로 중국인들이 민주주의에 대한 자각이 낮고 시민정신에 대한 열망이 낮은 상태에 있다고 판단하기가 일쑤이다. 그래서 개혁개방 정책으로 인한 경제발전과 사회변화 그리고 열린 세상의 진행이 궁극적으로 사람들에게 민주시민사회에 대한 욕망을 촉진할 것이라는 대전제에서 중국의 사회적 변화를 관찰한다. 중국정부가 인민을 소질론(素質論)으로써 평가하면서 계도와 교화의 대상으로 삼는 것도 백성들의 이러한 자세와 태도에 대한 해석과 맥락을 같이한다.

그러나 내가 관찰하건대 인민을 소질이 낮은 존재로 평가하는 것은 간단하지 않다. 서로 기대하는 소질의 표현방식이 다르다고 말하는 것이 더 적절할 것이다. 그들이 어느 정도 거리를 두고 소극적이거나 덤덤한 반응을 보이는 것은 국가의 통제력이 강하여 인민의 표출코자 하는 내면적 욕구를 억누르기 때문도 아니다. 인민은 수천 년을 그들만의 세계를 가지고 살아왔다. 그들에게 국가를 좌우하는 권력은 그 권력을 추구하고 경쟁하는 자칭 권력 엘리트들의 관심사이며 그들 인민은 자기들의 세계가 크게 억압되지 않은 한 주어지는 현실에 관대하다. 결론적으로 인민은 어리석거나 모자라거나 쉽게 흔들리는 나약한 존재가 아니다. 그들 나름의 윤리와 도덕을 가지고 있고 다양성과 이질성의 현실 속에서 조화롭게 사는 지혜와 전략과 자원을 사용하는 융통성을 가진 존재들이다.

백성은 굳이 자기 바깥의 세력에 기대지 않고 자기의 인간관계를 통하여 추구하는 바를 성취하면 된다. 음양오행설을 믿는 게 좋으냐 나쁘냐를 논쟁하는 것보다 그것으로써 심신의 건강, 사업의 성공, 이웃과의 평안을 얻을 수 있다면 그것을 행하는 것이 현명한 것이다. 식의동원(食醫同源)이라 하여 음식에 의약적 지식을 연계시키고 양생이니 기공(氣功)이니 하여 몸동작을 건강과 연계시켜 아침에 체조하고 태극권을 연마하고 명상과 선(禪)에 잠기며 차가운 기운에 몸을 노출하지 않고 음양과 온랭의 평형을 유지하고, 그리고 먹고 자고 대화를 즐기면서 건강을 누리는 것이 정부를 향해서 눈발을 세우는 것보다 실리적이다. 그들은 언제나 '불로장생의 도는 내가 닦는 것이지 황제가 주는 것은 아니다'라고 말한다. 황제가 언제 죽든 그것은 황제의 운명이며 나는 내 수명에 관심을 기울이고 충실하면 되는 것이다. 이러한 중국인의 소박한 가치와 낙천적 기질 그리고 긍정적인 자세는 그들의 세계관에도 영향을 미친다.

한국인이 강력한 집단적 항의와 저항과 도전을 조직하고 따지는 데 비하여 중국인은 상대적으로 관후하고 낙천적이며 개인적으로 실용을 추구한다. 그러한 태도는 명분론과 원칙론으로 무장된 한국인의 눈에 거슬릴 수 있다. 학자이면서 상업에 종사하는 유상(儒商)은 한국에서는 인정하기 어렵지만 중국에서는 충분히 가능하다. 물론 오늘날 한국인들은 학자이면서 장사를 하는 경우도 많으며 금융과 기업체에 종사하는 것과 공무원이 되는 것을 선호한다는 점에서 중국과 다를 바 없다. 다만 한국에서는 겉으로는 여전히 학자가 되는 것을 가장 고상한 듯이 말하는 반면에 중국에서는 각자가 하고 싶은 것에 얼마나 충실히 성공했느냐가 더 중시된다는 점일 것이다. 결국 중국인은 명분보다는 실리 혹은 실용성을 더 중시한다. 조선의 유학자들이 주자학을 절대시하여 거기에 머물러 있는 동안 중국에서는 양명학, 고증학, 실학 등으로 지식계가 거듭났으며 유학을 추구하는 동시에 도교와 풍수를 중시하는 융통성과 융합성이 중국인의 실용성과 풍부한 상상력을 낳게 한다.

이들의 실리추구와 융통성은 상대방에 앞서서 자기의 의도를 먼저 그리고 분명하게 드러내지 않는 것과 묘하게 결합되어 있다. 대체로 중국인들은 참을성이 강하다. 웬만한 고난에 대해서도 말없이 견딘다. 누군가 야단을 치면 그대로 야단을 감수한다. 한국인처럼 결코 신랄하게 따지고 분신자살을 하면서 맞서지 않는다. 야단이 끝나면 그들은 묵묵히 다시 금지된 것을 시도한다. 이런 점에서 한국인들은 중국인이 뚝심이 강하고 도대체 그 속내를 알 수 없는 사람이라는 평을 한다.

그들이 감정을 쉽게 드러내지 않는 것은 인간관계에 대한 특별한 조심 때문이다. 그들은 상대방으로부터 원한을 사서는 안 된다는 점을 일상생활의 핵심적인 교훈으로 언제나 강조한다. 격렬한 논쟁에도 적당한 선에서 멈출 줄 알아야 한다. 상대방의 체면을 여지없이 짓밟을 만큼 도를 지나치면 안 된다. 그러한 모습은 때로 중국인이 철저하게 따지지 않고 불의와 타협하는 것으로 비칠 수도 있지만 화해라는 가치의 묘를 살리는 지혜이기도 하다. 어차피 함께 살아갈 사람이라면 비록 그가 잘못을 저질렀다 하더라도 그를 영원히 생활세계에서 추방을 할 수 있는 게 아니라면 최소의 체면은 살려줘야 된다. 그에게 제 혼자 살아갈 공간은 허하되 다만 그와 더 이상 교류를 하지 않으면 된다. 도(道)가 다르면 상종을 하지 않는다는 공자의 말씀을 따른다. 그들이 파벌주의자이지만 눈앞의 이익을 좇아서 이합집산을 하는 것은 아니다. 오래 사귀어 친구가 된다는 뜻은 그들의 화해정신과 도(道) 그리고 긴 역사의식을 통해서 실천되는 것이다. 눈앞의 합리적 계산과 전략을 따져서 인간관계를 확정하려는 사람들은 중국인의 이러한 태도 즉 긴 시간을 두고 사귐이라는 것의 의미를 이해하기 어려울 것이다.

감정을 쉽게 드러내지 않는다는 것은 또한 그들이 참을성이 많으며 감정에 흔들려서 실질적인 이익 혹은 목적을 달성하는 이성과 합리적 실천을 잃어버리지 않으려는 태도를 의미한다. 그들은 명분에 흥분하기보다는 실질적으로 해결책이 무엇인지를 생각하는 데 더 관심이 있다.

백양(柏楊)의 『추잡한 중국인』이 한때 통렬한 자기반성을 이끌어 낸다는 찬사를 받으며 중국 독서계를 휩쓸었다. 그러나 얼마 가지 않아서 비판을 받기 시작하였는데 그 까닭은 그것이 중국인에게 특유한 것이 아니고 중국인의 특징을 한쪽 시각으로만 선택적으로 바라본 결과이기 때문이다. 그러한 자기 성찰적 문화비판은 오리엔탈리즘의 발로에 지나지 않는 것이다. 인간은 고귀함과 비천함, 선과 악, 정직과 교활, 충실과 게으름, 공익과 사익, 사회와 가족 등의 모순된 성향을 동시에 가지고 있는 존재이다. 어느 것이 어느 시기와 장소에서 더 강하게 나타나는가에 불과하다. 마찬가지로 한국인과 한국문화를 질타했던 이어령의 『흙 속에 저 바람 속에』라는 수필집은 이미 메이지유신 시절에 일본 지식인들이 일본의 자성에서 말한 것이며 그 이전에 영국인이 인도인을 폄하할 때도 말해진 것이다. 그러므로 바로 왜 동일한 성향이 그 나타남의 정도가 시기에 따라서 달라지는가를 살피는 사회과학자의 시선이 필요하다.

그러나 개인은 국가와의 관계 속에서 자유로울 수 없다는 점도 주목해야 한다. 혁명과 국가라는 두 단어는 지금도 절대적인 목표이자 사명이며 수단으로 각자의 머리에 각인되어 있다. 개인은 한편으로는 중국인의 마음의 세계를 가지고 있고 한편으로는 중국인을 넘어서는 국가라는 체제에 위치한다. 종종 국가는 가차 없는 냉철하고 냉정한 논리와 힘을 개인에게 작동한다. 한국인이 중국을 대할 때 이를 분명하게 구분하지 않기 때문에 혼란을 겪는 일이 많다. 오랫동안 사귀어 라오펑여유(老朋友)라고 부르는 중국인 친구가 갑자기 이전까지의 태도와 다른 반응을 보이면 왜 그러한지 그 행동과 말의 뒤에 숨어 있는 의미를 잘 파악해야 한다. 그는 노골적이고 직접적으로 이유를 말하지 않는다. 적어도 친구에 대한 의리와 국가 이성의 괴리 속에서 그 나름으로 고민하면서 친구를 도와줄 방법을 고심하는 것으로 보는 편이 낫다.

문제는 만약 국가 이익과 친구에 대한 의리가 어긋날 때 어떻게 하는가? 사람에 따라서는 의리를 취하기도 하지만 궁극적으로는 국가를 따른다. 중국인은 국가와 일정한 거리를 두고 자기 나름의 전략으로 살아가며 이기적이고 자기중심적인 행위를 하지만 또한 국가에 개인을 허용하는 정도가 우리보다 더 크다고 볼 것이다.

관(官)은 권위와 권력의 상징이다. 공권력의 위세는 대단하다. 사회주의 혁명의 주체로서 정부 혹은 국가는 개인의 이익을 넘어서 이성과 합리 그리고 공공의 도덕과 가치를 대변한다는 입장이기 때문이다. 혁명은 특별한 것이다. 중국의 5,000년 역사에서 현재와 같이 국가권력이 인민의 사적인 세계에 깊이 강력하게 침투한 적이 없었다. 그리고 지금처럼 그렇게 침투 지배하는 문화정치의 기술이 발달한 적이 없었다. 한편으로 혁명에 대한 인민의 최종적인 평가는 호의적이다. 왜냐하면 절대다수의 인민이 겪은 경험은 해방이라는 말로써 표현할 수 있기 때문이다. 절대다수의 농민들이 토지를 갖게 되었으며 평등의 프로그램을 통하여 처음으로 자기 존재에 대한 긍정적 이유를 부여받았기 때문이다. 전통시대에서 절대적 소수가 절대다수의 부와 권력을 장악하고 있었기 때문에 이들의 존재를 없애는 혁명에 대하여 그들은 찬성하는 것이다. 사람들은 소수의 엘리트들이 향유하는 경제적 부와 권력을 선망하지만 그들 권력 엘리트가 사라지는 것에 대해서 냉정하다. 이러한 역사적 경험은 현재의 권력 엘리트들도 알 것이다. 즉 백성은 권력 엘리트에게 도전하지는 않지만 그들이 권력으로부터 물러나더라도 동정하거나 그들을 위하여 변호하지는 않을 것이다. 왜냐하면 인민은 언제나 절대다수의 주변인이기 때문이다. 그들은 주변인인 동시에 영원한 주인이다. 마오쩌둥이 "인민에게 복무한다"(爲人民服務)를 강조하였고 시진핑 정부가 들어서 "인민을 나라의 본으로 삼는다"는 민본주의(民本主義)를 강조하는 것은 이러한 까닭이다.

이 강좌를 관류하는 이론적 틀은 국가와 사회 혹은 국가와 인민의 정치적
관계였다. 우리는 이 주제를 몇 가지 부문에 눈길을 주어 간략하게 살펴보
았지만 무엇을 볼 것인가와 어떻게 볼 것인가는 여전히 우리에게 남겨진 숙
제이다. 다만 역사적 과정을 짧은 직선적인 흐름에서 긴긴 나선형의 흐름으
로 보는 시각이 필요하다는 점과 중국은 하나의 공동체이지만 그 안에는 다
양한 이질성이 존재하며 실제로 그러한 이질성이 공동체의 활력이자 동력
이 된다는 역설적 사실을 간파해야 한다는 점은 깊이 새겨야 할 것이다.

중국인이 보여 주는 행동과 생활의 특별한 모습을 이해하기 위해서는 사
람을 정치적 권력이나 법의 압력 그리고 경제적 인센티브에 전략적으로 반
응하는 존재로 취급하는 소위 사회과학적인 시각 외에 특별한 역사 경험과
기억에 의한 세계관과 사고방식 그리고 다양한 인간관계의 궤적 등에 대한
이해가 함께 따라야 한다. 중국인의 마음속에는 세계를 지배했다는 고대 제
국에 대한 기억과 근세사에서 외세에 침략당하고 지배력을 빼앗겼다는 기
억이 역사교육을 통해 강하게 교직되어 있고 이 기억이 결합하여 만들어 내
는 제국의 자존심과 외세의 '침략'에 대한 경계심 그리고 절대적 윤리로서의
'애국심'은 때로는 보편적 가치와 부딪치면서도 한동안 정부에게는 인민을
통합하는 정치적 자원이며 인민에게는 국가에 제공하는 지지의 문화자원으
로서 절대적인 중요성을 발휘할 것이다.

국가와 인민의 관계는 공산당 집권체제를 매개로 한 타협의 과정이라는
맥락에서 이해할 일이다. 곧 사적 영역의 축소와 공산당에게 정치권력을 이
양하는 것은 혁명으로 인한 해방과 평등의 기억, 개혁개방 정책이 가져온 경
제생활의 발전과 마침내 대국굴기의 성취를 매개로 하여 당과 인민 사이에

이루어지는 타협의 역사이다. 이 타협을 더욱 확고히 하기 위하여 시진핑 정부는 "중국의 꿈"이라는 이념적 구호를 발명하였다. 이제 인민에게 "중국"이라는 개념이 실체화되는 "신중국"으로의 도약이 약속으로 주어지는 것이다. 그것은 "관통중서마"(貫通中西馬)라는 말로 압축되는데 중국과 서구와 마르크스주의의 이념과 가치관을 대립 갈등의 관계에 두는 것이 아니라 이 셋이 하나의 큰 체계로 통합되는 "새로운" 중국문명을 추구한다는 메시지이다.

혁명의 역사적 단계로 볼 때 5·4운동은 중국의 전통을 부정하고 전면적인 서구화를 주장하였다. 마오쩌둥의 혁명은 마르크스 사상으로써 중국과 서구의 문명전통을 극복하는 것이었다. 그러나 덩샤오핑은 마르크스 사상을 핵심으로 깔고 서구와의 타협을 시도하였다. 시진핑은 이제 중국의 전통까지 타협의 바구니에 담았다. 공자에 대한 예(禮)가 부활되고 유교에 대한 긍정적인 재조명이 정부에 의하여 적극적으로 지원되고 있다. 세계 유교에 관계된 모든 문헌 및 물질 자료를 모으는 유장(儒藏)사업이 진행되며 유교의 발상지이자 종주국으로서의 위상을 확보하려는 문화운동이 활발하게 전개되고 있다. 이러한 일련의 새로운 문화운동은 유교가 중화를 부흥하는 국학으로서 지위를 회복하는 기대를 갖게 한다. 그러나 이는 또 하나의 문화의 정치학이라는 맥락에서 관찰할 현상이다. 정부의 공식적인 태도는 유교는 중국의 우수한 문화의 하나이며 그 안에 있는 "좋은 점"을 찾아내어 실현하는 것이 중요하다는 언급으로 표현된다. "좋은 점"이 무엇인지는 마르크스주의와의 관계 속에서 평가될 일일 것이다. "문명 간의 대화"라는 열린 중화주의를 내세우면서 유교와 서구 사상을 마르크시즘과 소통하여 하나의 위대한 "중국적" 사상체계를 이루는 요소로서 재조명하는 것을 공식화하는 것은 문화적으로 그리고 정치적으로 대단히 의미심장한 역사적 "사건"임에 틀림없다. 우리는 새로운 중국과 새로운 이념체계의 개발이 진전되는 것을 성급하게 단정 짓기에 앞서 차분히 그리고 치밀하게 주목해야 할 것이다.

마지막으로 중국이 새로운 시대에 들어섰다는 사실에 대한 깨달음과 그러한 중국의 현실에 접근하는 방식에 대한 혁명적 전환, 그리고 중국은 사회주의 체제라는 엄연한 사실에 대한 객관적이고 냉철한 인식이 우리에게 필요하다. 생존전략이니 공략이니 하는 전투용어와 우리와 적 사이의 이기고 지는 전쟁의 사고방식으로 중국에 접근해서는 안 될 것이다. 천박한 한탕주의와 대결의식은 일시적으로 기업가들을 격려하고 상인들에게 전의를 불태우게 유도함으로써 공격적인 시장진출을 도울 수는 있지만 그것은 올바른 방법도 아니고 건설적인 관계를 맺을 수 있는 길도 아니다. 깊고 객관적인 이해를 통하여 호혜적이고 함께 살아가는 이웃관계를 만들어야 한다. 그러나 우리 주변에는 오직 단편적이고 단기적이며 감정에 의한 성급한 접근 태도가 판을 친다. 중국은 다양한 민족으로 이루어진 거대한 동반자라는 냉철한 통찰력이 필요하다. 광활한 영토(廣), 13억이 넘는 많은 인구(多), 56개의 민족과 해외 화교(화인) 네트워크로 이루어진 민족과 문화의 복합성(複), 그리고 국제 정치와 경제에서의 막강한 힘(大)를 염두에 두어서 현실적이고 지속적인 접근을 해야 할 것이다.

또한 중국을 한류(韓流)로 대표되는 우리의 문화상품의 일방적인 소비시장으로서 보는 좁은 안목을 벗어나야 한다. 아직도 한국의 젊은이들 사이에는 일본으로부터는 배울 것이 있지만 중국으로부터는 별로 배울 것이 없다는 왜곡된 생각이 강하다. 중국을 오직 한국 상품의 시장으로만 인식하고 있을 뿐 중국의 노동력과 생산력의 어마어마한 잠재력에 대해서는 깊이 깨닫지 못하고 있다. 대중문화산업이 기업화하는 데에 따른 소비 풍조와 성향 그리고 광고의 결과이다. 그러나 서구의 많은 나라들이 중국이 중심이 되는 동아시아 시대의 부상을 직시하고 소위 태평양 중심의 새로운 세계질서에 참여하는 작업을 시작한 것은 우리보다 훨씬 오래전부터이다. 중국에 대한 강의는 인기를 누리고 중국에 대한 인문학, 사회과학 그리고 심지어 자연과학 영역의 연구는 적극적인 지원을 받고 있다. 2000년, 한국의 젊은이들이 미국과 일본으로부터 대중문화와 유행을 배우느라 열정을 쏟고 있는 동안 미국의 한 공립 고등학교의 교장은 학교에서 중국어를 외국어 선택과목으로 개설한 데 대하여 다음과 같이 말하였다. "10년 후면 이 아이들이 미국 사회의 기층세력이 될 것이다. 그때 세계질서는 미국과 중국에 의하여 결정된다. 지금부터 그 시대를 대비해야 한다. 10년은 금방 지나간다." 그로부터 또 10년이 지난 후 오바마 정부와 후진타오 정부 사이에는 전문가 양성 계획이 세워졌다. 즉 향후 10년 사이에 미국에 중국전문가를 일만 명 양성한다는 계획하에 중국의 유수 대학과 연구소에 미국의 젊은 인재들을 대거 파견하고 중국은 이를 받아들이는 것이다. 바야흐로 미중이 중심이 된 세계질서를 이끌어 갈 인력을 배양하는 것이다. 아쉽게도 우리가 일으키는 '중국 붐'(中國熱)이란 중국어를 배워 취업을 하거나 중국 소비시장을 파고드는 데 필요한 지식과 기술을 습득하는 차원에서의 열기이다. 미래를 함께 구축할 동반자로서의 중국을 대할 이상이 차세대 젊은이들에게 심어지는가? 이명박 정부가 들어서서 한중일 문화부장관이 제주도에서 만났다. 관료 출신인 중국의 문화부장은 삼국이 문화 협력을 통하여 경제번영을 이루자고 하였다. 일본의 문화부장관은 문화인류학자인데 그는 세 나라의 차세대들에게 상호 이해와 협력 능력을 배양하는 문화교류 프로그램을 개발하자고 제안하였다. 연예인 출신의 한국 문화부장관은 별다른 제안 없이 그냥 서로 잘해 보자는 외교적 인사말을 하였다. 문화의 개념이나 문화가 차지하는 정치 및 사회적 위치가 세 나라에서 각각 어떻게 다른가를 보여 주는 장면이었다.